Dominik Markl / Kerstin Offermann

W0229215

**Ökumenische Bibelwoche 2019/2020**
Arbeitsbuch

# Vergesst nicht...

Exegesen, Bibelarbeiten und Anregungen
zum Deuteronomium

**Texte zur Bibel 35**

**ß— neukirchener**

Wir haben uns bemüht, alle Rechteinhaber ausfindig zu machen und zutreffend zu benennen. Wir bitten um Kontaktaufnahme, sollten Rechte nicht oder nicht ausreichend angegeben sein. Die Rechtsansprüche bleiben gewahrt.

Zur 82. Bibelwoche 2019/2020
herausgegeben von der Arbeitsgemeinschaft Missionarischer Dienste in der EKD, der Deutschen Bibelgesellschaft und dem Katholischen Bibelwerk e.V., Stuttgart

Bibliografische Information der Deutschen Nationalbibliothek:
Die Deutsche Nationalbibliothek verzeichnet diese Publikation in der Deutschen Nationalbibliografie; detaillierte bibliografische Daten sind im Internet über http://dnb.d-nb.de abrufbar.

© 2019 Neukirchener Verlagsgesellschaft mbH, Neukirchen-Vluyn
Alle Rechte vorbehalten
Umschlaggestaltung: Grafikbüro Sonnhüter, www.sonnhueter.com
unter Verwendung eines Bildes von Josef Ebnöther, „Gottesliebe und Weitergabe des Glaubens" 2018, Mischtechnik auf Papier, 73 x 52,8 cm
Cartoons, wenn nicht anders vermerkt, © Johann Mayr
Lektorat: Ernst Neumann, Bonn
DTP: Breklumer Print-Service, www.breklumer-print-service.com
Verwendete Schriften: Clan, Swift
Gesamtherstellung: CPI Clausen & Bosse GmbH, Leck
Printed in Germany
ISBN 978-3-7615-6658-9

www.neukirchener-verlage.de

# Inhalt

Dr. Erhard Berneburg
**Zum Geleit** 5

Kerstin Offermann
**Vorwort** 6

**Einleitung** 7

**Lied zur Bibelwoche** 9

**Kanon zur Bibelwoche** 10

**Psalm zur Bibelwoche – Psalm 16** 11

Sven Körber / Stephan Zeipelt
**Einleitung zur Jugendbibelwoche – Praxisentwürfe für Jugendliche** 12

Johannes Beer
**Einleitende Gedanken zu den Bildern von Josef Ebnöther** 15


**1 | Gott zieht voran – Dtn 31,1-13; 34,1-12** 28
  Dominik Markl                Exegese                                          28
  Kerstin Offermann            Der Text heute – Themen und Bausteine            35
  Rita Müller-Fieberg          Vorschlag für eine Bibelarbeit                   41
  Johannes Beer                Bildbetrachtung                                  44

**2 | Ich bin dein Gott – Dtn 5,1-22** 45
  Dominik Markl                Exegese                                          45
  Kerstin Offermann            Der Text heute – Themen und Bausteine            52
  Katharina Wiefel-Jenner      Vorschlag für eine Bibelarbeit                   58
  Johannes Beer                Bildbetrachtung                                  61

**3 | Treue zu Gott – Dtn 6,4-9; 6,20-25** 62
  Dominik Markl                Exegese                                          62
  Kerstin Offermann            Der Text heute – Themen und Bausteine            67
  Katharina Falkenhagen        Vorschlag für eine Bibelarbeit                   72
  Johannes Beer                Bildbetrachtung                                  75

**4 | Segen und Fluch – Dtn 7,1-10; 28,45-57** 76
  Dominik Markl                Exegese                                          76
  Kerstin Offermann            Der Text heute – Themen und Bausteine            80
  Kerstin Offermann            Vorschlag für eine Bibelarbeit                   85
  Johannes Beer                Bildbetrachtung                                  88

**5 | Dankbarkeit – Dtn 8**                                                89
   Dominik Markl                Exegese                                          89
   Kerstin Offermann      Der Text heute – Themen und Bausteine       94
   Kerstin Dominika Urban  Vorschlag für eine Bibelarbeit              98
   Johannes Beer           Bildbetrachtung                            100

**6 | Mitmenschlichkeit – Dtn 10,17-19; 15,1-15**                          101
   Dominik Markl                Exegese                                         101
   Kerstin Offermann      Der Text heute – Themen und Bausteine      106
   Claudia Elisabeth Pfeiffer  Vorschlag für eine Bibelarbeit          109
   Johannes Beer           Bildbetrachtung                            114

**7 | Wähle das Leben – Dtn 30**                                           115
   Dominik Markl                Exegese                                         115
   Kerstin Offermann      Der Text heute – Themen und Bausteine      120
   Katharina Wiefel-Jenner  Vorschlag für eine Bibelarbeit         125
   Johannes Beer           Bildbetrachtung                            129

**Ökumenischer Bibelsonntag 2020:**
**Du zeigst uns deine Herrlichkeit (Dtn 5,24)**                            130

Roland Kohm
**Medienempfehlungen**                                                     138

**Literaturempfehlungen**                                                  142

**Weitere Materialien**                                                    145

Dominik Markl / Kerstin Offermann
**Arbeitshilfen zur Bibelwoche 2019/2020**                                 146

**Inhalt der DVD**                                                         147

**Autorenverzeichnis**                                                     148

## Zum Geleit

Diesmal führt uns die Bibelwoche wieder in das Alte Testament. Nicht in den Trost und Dank der Psalmen, auch nicht in Gericht und Verheißung bei den Propheten, sondern in das 5. Buch Mose, in das Deuteronomium. Ob es noch christliche Bibelleserinnen und -leser gibt, die das Deuteronomium, das 5. Buch Mose von der ersten bis zur letzten Zeile gelesen haben? Mit großem Elan kann man vorne in der Bibel mit der Lektüre beginnen, flüssig kommt man durch die Urgeschichte, durch Erzväter-Geschichten und die schöne Joseph-Novelle. Im 2. Buch Mose (Exodus) folgt man dem Volk Israel aus Ägypten an den Sinai. Dort allerdings bleibt Israel lange. So wird man es bei der Lektüre vorziehen, die Sinai-Gesetzgebung zu überspringen. Dann jedoch benötigt man einen geeigneten Neuanfang, und der bietet sich mit der Erzählung von der großartigen Eroberung Jerichos an. Das Deuteronomium wird dabei leicht übersprungen. Eine Ursache für die nicht sehr hohe Einschätzung des Deuteronomium mag darin liegen, dass vieles wie eine Wiederholung von längst Bekanntem aus dem Buch Exodus erscheint.

Dabei ist es originell in seinem literarischen Stil, einem eindringlich mahnenden Predigtstil, drei Abschiedsreden von Mose, die aber weit grundsätzlicher als persönliche Worte sind.

Der Leser des Deuteronomiums wird mit hineingenommen in eine lange Geschichte des Glaubens, der sich im alten Israel in vielen Umbrüchen und Krisen bewähren musste. Konsequenterweise haben die Autoren dann auch diese Bibelwochenmaterialien überschrieben mit „Vergesst nicht ...“ Erinnert euch des einzigartigen Bundes, den Gott mit seinem Volk geschlossen hat. Der Israel gewährte Bund ist Gnade, nämlich von Gott gesetzt. Er gründet in Gottes freier Liebeszuwendung und Erwählung. „Ich bin dein Gott“. Das ist der Grund, warum dieser Bund einzigartig ist und unbedingte Loyalität erfordert. In der Treue zu Gott entscheidet sich Segen oder Fluch.

Das Buch Deuteronomium enthüllt zusammen mit den Psalmen und Jesaja vieles über Gottes Wesen. Folglich wird es im Neuen Testament über 40 Mal direkt zitiert (was nur von den Psalmen und Jesaja übertroffen wird) – zudem finden sich viele Anspielungen auf seinen Inhalt. Das Deuteronomium zeigt auf, dass der Herr der alleinige Gott ist, voller Liebe und Barmherzigkeit. Über 250 Mal wiederholt Mose den Ausdruck: „der HERR, dein Gott“. Israel sollte Gott gehorsam sein; ihn fürchten und lieben, indem es in seinen Wegen wandelte und seine Gebote hielt.

Vergesst nicht ... In diesen Strom der Erinnerung dürfen wir eintauchen, wenn wir uns in der Ökumenischen Bibelwoche dem Deuteronomium zuwenden. Sei es in der Kleingruppe eines Bibelgesprächskreises, in einer Veranstaltung der gesamten Gemeinde, beim Bibelsonntag oder in der persönlichen Bibellese.

Nicht nur Textarbeit sollte die Bibelwoche bestimmen, sondern auch andere Impulse, die die Gemeinde zum tieferen Verständnis führen wollen. Das vorliegende Arbeitsbuch gibt dazu hilfreiche Anregungen: Bilder aus der Kunst, Materialhinweise und methodische Ideen. Auch die beiliegende DVD ist in diesem Jahr noch reicher bestückt. Schauen Sie unbedingt, welche Schätze dort noch zu finden sind – insbesondere auch Anregungen zur Gestaltung des Bibelsonntags (www.bibelsonntag.de). Hier gibt es auch Anregungen für eine Jugendbibelwoche oder das Heft „Meine Woche mit der Bibel“ für das persönliche Bibelstudium. Auf der DVD findet man übrigens auch weitere Übersetzungen des Deuteronomium.

Ich danke allen, die an der Erstellung dieses Heftes beteiligt waren, insbesondere Prof. Dominik Markl für die Exegese und Kerstin Offermann für die Koordinierung der Fertigstellung. Nicht nur Kompetenz und Sorgfalt ist der Arbeit an den Texten jederzeit abzuspüren, sondern auch die Leidenschaft, sie für die Gemeinde aufzubereiten und fruchtbar zu machen.

*Dr. Erhard Berneburg, Generalsekretär der Arbeitsgemeinschaft Missionarische Dienste*
*Berlin, im Mai 2019.*

Der Blick der Bibelwoche geht in diesem Jahr in die Weite – wir starten mit Mose auf dem Berg Nebo, ziehen zum Horeb und bereiten uns darauf vor, in unbekanntes Neuland aufzubrechen. Es geht um die Wurzeln, die uns tragen. Um das, was Mut und Kraft verleiht für den Weg ins Unbekannte und um Gottes Nähe und Begleitung in alldem.

Das Deuteronomium schärft den Blick für das Wesentliche. Es hilft dabei, fokussiert zu sein und gute Entscheidungen zu treffen. „Damit ihr lebt!" – das ist Gottes Ziel mit uns und mit seiner Welt. Leben zu lernen, ist die Absicht des Deuteronomiums. Dem spüren wir in der Bibelwoche nach.

Einen herzlichen Dank an alle, die am Bibelwochen-Material für dieses Jahr mitgearbeitet haben: Sei es auf der Bibelwochen-Konferenz in Bamberg im September 2017, beim Workshop im Januar 2019 oder durch das Erstellen von Materialien und Texten, Bildern und Fotos bzw. Recherchieren, Nachdenken, Beten, Bibellesen. Ein besonderer Dank gilt dabei Prof. Dominik Markl, der durch seine brillante Exegese das Buch Deuteronomium zum Leben erweckt hat. Auch einen herzlichen Dank an Josef Ebnöther, dessen symbolstarke Bilder einen wertvollen künstlerischen Beitrag zur Bibelwoche darstellen.

Uns hat das Deuteronomium angeregt, manchmal aber auch aufgeregt. Wir sind Gott und uns selbst begegnet, unserer Welt und der Welt unserer Vorfahren. Mit ihnen stehen wir in einer gemeinsamen Geschichte. Das ist uns beim Lesen und Bearbeiten der Texte sehr deutlich geworden. Es ist eine Segensgeschichte, aber auch eine Geschichte, die mit Schuld und Missverstehen belastet ist. Das Deuteronomium spiegelt eben das ganze Leben in all seinen Facetten wider und bringt es mit Gott in Verbindung.

Wir wünschen Ihnen anregendes Lesen und interessante Gespräche, die Begegnung mit Gott und gutes Miteinander, ganz im Sinne des Deuteronomiums: „Damit ihr lebt!"

Herzliche Grüße und Gottes Segen

*Kerstin Offer*

# Einleitung

*„Vergesst nicht..."* - das Deuteronomium schärft den Blick auf das, was im Leben wirklich wichtig ist.

Im Titel der Bibelwoche schwingen ganze Welten mit:

Die ganz alltägliche Vergesslichkeit „Wo hab' ich bloß meinen Autoschlüssel?" wird in der Bibelwoche zum Deuteronomium nicht im Mittelpunkt stehen. Die alltägliche Bitte „Denkst du bitte dran, dass ..." ist schon näher am Anliegen des Deuteronomiums dran. Denn nicht zu vergessen, heißt auch, sich zu kümmern, Verantwortung für andere und für die Gemeinschaft in der wir leben zu übernehmen. Wie das gelingen kann, darum geht es im Deuteronomium und darum auch in dieser Bibelwoche.

Die Erfahrung, vergesslich zu werden, trägt in sich die Angst vor einer schleichenden Demenz. Durch den Verlust der Erinnerungen würde man seine eigene Identität verlieren. Identität ist ein zentrales Thema dieser Bibelwoche. Wer wir sind, hängt zentral damit zusammen, welche Geschichten wir über uns erzählen, an was wir uns erinnern, welche Erfahrungen uns geprägt haben, wo unsere Wurzeln liegen. Das Deuteronomium entwirft eine faszinierende Erzählung von der Identität des Gottesvolkes. Im Konzept des Deuteronomiums liegt zudem begründet, dass es seine Leserinnen und Leser dazu auffordert, sich selbst in diese Geschichte zu verstricken.

Ein gutes Gedächtnis lebt von einem trainierten Geist und einem offenen Herzen. Es lebt von intellektueller Auseinandersetzung und ausgewogener Lebensführung. Es braucht gute Nahrung für Geist und Körper. Zumindest für das erste ist bei dieser Bibelwoche gesorgt. Denn „der Mensch lebt nicht vom Brot allein, sondern von einem jeden Wort aus dem Mund Gottes." Das zu erinnern, damit Leben zu lernen, das wird in dieser Bibelwoche unser Thema sein.

Das Deuteronomium behauptet, das Gottes Wort hautnah und prägend unter uns erfahrbar zu machen. Gottes Wort macht mutig für die Zukunft und heilt die Wunden der Vergangenheit. Damit hält es uns im Leben. Und das nicht nur zu biblischen Zeiten, sondern auch bei den Themen, die uns jetzt umtreiben. Die Texte des Deuteronomium berühren in erstaunlicher Weise tatsächlich unser Leben heute. Darum wird eine Auseinandersetzung mit diesen Texten zu einer Auseinandersetzung mit uns selbst.

Vielleicht wird in der Bibelwoche von den Teilnehmenden immer mal wieder die Frage gestellt werden, ob die Ereignisse und Personen des Deuteronomiums historisch sind.

Dazu sind Einblicke in den Redaktionsprozess des Deuteronomiums und ein Überblick über die archäologischen Funde hilfreich, die Sie hier im Buch finden werden. Wahrscheinlich ist es angemessen zu betonen, dass der Mose des Deuteronomium eine „erzählte Figur" ist und damit fiktiv. Als erzählte Figur verkörpert er aber Erfahrungen und Erinnerungen, die sehr wohl real sind. Erzählungen sind verdichtete Erfahrungen und bilden damit eine Realität ab, die über die Frage des Historisch-Faktischen hinausgeht. Zugleich ist es aber wohl auch nicht völlig von der Hand zu weisen, dass sich in den Geschichten Erinnerungen an tatsächliche Ereignisse und an reelle Führungsgestalten spiegeln, zu denen wir aber nicht mehr vordringen können. Der Versuch, zu einem solchen vermeintlich historischen Kern vorzudringen, bleibt spekulativ und lässt einen zumeist mit einen Häuflein zerbröselter Textfragmente zurück, die dann keine Kraft mehr entfalten können und sowohl der Schönheit, als auch der Wahrheit der Erzählung des Deuteronomiums in keiner Weise gerecht werden.

Als Hilfestellung für die Entdeckung der Schönheit und der Kraft des Deuteronomiums finden Sie in diesem Buch in gewohnter Weise eine Vielzahl von Materialien und Zugangsoptionen zu den Texten.

Jeder Bibeltext wird zunächst aus wissenschaftlich-exegetischer Perspektive von Prof. Markl beleuchtet. Seine Exegesen öffnen bereits den Blick auf die Verbindungen zwischen den biblischen Texten und uns heute. Diese Perspektive wird in den folgenden Themen, Impulsen und Bausteinen vertieft und geweitet. Beide sind als Materialpool gedacht. Für einen schnellen Überblick entnehmen Sie bitte die Kernthesen den gefetteten Textpassagen. Wir hoffen so auch denen entgegenzukommen, die nicht viel Vorbereitungszeit einplanen können. Daher finden Sie auch zu jedem Text eine ausgearbeitete Bibelarbeit, die Sie direkt in die Praxis umsetzen können. Das Teilnehmerheft der ökumenischen Bibelwoche ist auf die Bibelarbeiten abgestimmt. Außerdem finden Sie darin die Bibeltexte abgedruckt, Kurzerklärungen zum Text, Anregungen zum Gespräch und die Bilder von Josef Ebnöther. Zu jeder Einheit hat der Künstler ein Bild gestaltet, das sich sowohl hier im Arbeitsbuch als auch im Teilnehmerheft findet. Im diesem Buch finden Sie Interpretations- und Sehhilfen von Pfarrer Johannes Beer, während das Teilnehmerheft Fragen zur Reflexion enthält. Die Bilder finden Sie auch in hoher Auflösung auf der DVD.

Bei manchen Texten weichen die Textabgrenzung und Textauswahl der Bibelarbeiten und des Teilnehmerheftes von der Auswahl in den Exegesen ab. Um zu einem tieferen und angemessenen Verständnis der Theologie des Deuteronomiums zu gelangen, betrachten wir hier, in „Texte zur Bibel", an einigen Stellen größere Textzusammenhänge. Für die Umsetzungen in der Gemeinderealität ist aber eine Begrenzung der Textlänge hilfreich.

Eine Übersicht über die Themen und Texte der jeweiligen Einheiten finden Sie auf einem hilfreichen Schaubild auf der DVD. Sollten Sie nicht alle sieben Einheiten machen können, hilft Ihnen dieses Schaubild bei der Entscheidung, welche Themen für Ihre Gemeinde am relevantesten sind.

Auf der DVD finden Sie ein reichhaltiges Angebot an ergänzendem und kreativem Material:
- Die Jugendbibelwoche
- Verschiedene Motive für das Bibel-Art-Journaling
- Ein *praise&pray*-Heft
- „Meine Woche mit der Bibel" – eine kurze Auslegung der Texte für die individuelle Lektüre
- Wie finden Bibeltexte und Alltag zusammen – Information zu den Methoden des kontextuellen Bibellesens und der *Lectio divina*
- Fotos vom Berg Nebo
- Das Material zum Ökumenischen Bibelsonntag
- ... sowie die Bilder, die Cartoons und das Teilnehmerheft und Texte zur Bibel im PDF-Format.

Für die mediale Außenkommunikation Ihrer Gemeinde finden Sie auf der DVD außerdem das Plakat zur Bibelwoche und einen vorformulierten Einladungstext. Sie können aber auch sehr gerne das *praise&pray*-Heft und / oder „Meine Woche mit der Bibel" auf ihrer Homepage einstellen und dadurch Menschen mit der Bibelwoche ihrer Gemeinde verbinden, die nicht zu (allen) gemeinsamen Gesprächen kommen können oder wollen.

Weitere Anregungen und Materialien finden Sie auch unter www.bibelwoche.de und www.bibelsonntag.de

## Schenke mir, Gott

Text *Thomas Laubach*
Musik *Thomas Quast*
© *tvd-Verlag Düsseldorf*

Schenke mir, Gott, ein hö-ren-des Herz, das sei-nen
Schenke mir, Gott, ein se-hen-des Herz, das mir die
Schenke mir, Gott, ein füh-len-des Herz, das für den

Oh-ren traut in die-ser Welt. Schenke mir, Gott, ein hö-rendes Herz,
Au-gen öff-net für die Welt. Schenke mir, Gott, ein se-hendes Herz,
an-dern auf-geht, je-den Tag. Schenke mir, Gott, ein fühlendes Herz,

das seinen Oh-ren traut in die-ser Welt. R Schenke mir,
das mir die Au-gen öff-net für die Welt.
das für den an-dern auf-geht, je-den Tag.

Gott, ein Herz, das lebt und schlägt, das für das Le-ben schlägt. Schenke mir,

Gott, ein Herz, das lebt und schlägt, das für das Le-ben schlägt.

*Schenke mir, Gott*
*Text: Thomas Laubach*
*Musik: Thomas Quast*
*aus: Ruhama-Liederbuch, aktualisierte Ausgabe, 2015*
*alle Rechte im tvd-Verlag Düsseldorf*

## Kanon zur Bibelwoche

Öff - ne mei - ne Au - gen, dass sie se-hen die Wun-der an dei-nem Ge-setz A -men.

Die Gott su-chen, die Gott su-chen, de - nen wird das Herz auf - le - ben, de - nen wird das Herz auf - le - ben,

Text: Psalm 119,18; Psalm 69,33
Melodie und Kanon für 4 Stimmen:
Friedemann Gottschick 1983

# Psalm zur Bibelwoche – Psalm 16

**Du zeigst mir den Weg zum Leben**

Ein Lied Davids

*Schütze mich, Gott! Ich vertraue dir.*
*Ich sage zu dir: »Du bist mein Herr.*
*Mein Glück finde ich allein bei dir!«*
*Im Land werden viele Götter verehrt,*
*an denen auch ich meine Freude hatte.*
*Jetzt aber sage ich:*
*Wer anderen Göttern nachläuft,*
*muss seine volle Strafe tragen.*
*Ich gieße diesen Göttern kein Opferblut mehr hin;*
*nicht einmal ihre Namen spreche ich aus.*
*HERR, was ich brauche, du teilst es mir zu;*
*du hältst mein Los in der Hand.*
*Mir ist ein schöner Anteil zugefallen;*
*was du mir zugemessen hast, gefällt mir gut.*
*Ich preise den HERRN,*
*der mir sagt, was ich tun soll;*
*auch nachts erinnert mich mein Gewissen an seinen Rat.*
*Er ist mir nahe,*
*das ist mir immer bewusst.*
*Er steht mir zur Seite,*
*nichts kann mich erschüttern.*
*Darum bin ich voll Freude und Dank,*
*ich weiß mich beschützt und geborgen.*
*Du, HERR, wirst mich nicht der Totenwelt preisgeben!*
*Du wirst nicht zulassen, dass ich für immer im Grab ende;*
*denn ich halte in Treue zu dir!*
*Du führst mich den Weg zum Leben.*
*In deiner Nähe finde ich ungetrübte Freude;*
*aus deiner Hand kommt mir ewiges Glück.*

Gute Nachricht Bibel, durchgesehene Neuausgabe, © 2018 Deutsche Bibelgesellschaft, Stuttgart

Sven Körber / Stephan Zeipelt

Auch in diesem Jahr laden wir Jugendliche und junge Erwachsene zur Ökumenischen Bibelwoche ein mit einem Programm, das sie altersgerecht anspricht. In vier Praxisentwürfen bieten wir die Möglichkeit, sich mit einzelnen Texten aus dem 5. Buch Mose / Deuteronomium zu beschäftigen. Dabei ist ein kleiner Pool von Ideen und Bausteinen herausgekommen.

### 1. „Dies ist das Land!" – Gott liebt (zuerst)
(Dtn 34,1-12; 7,6+8)
Das Ende des Buches steht am Anfang der Jugendbibelwoche; der Tod des Mose für junge Menschen am Anfang ihres eigenständigen Lebens. In dieser Einheit gibt es eine Einführung in das Deuteronomium und zu der Person des Mose. Gleichzeitig wollen wir schauen, wie Gott seine alten Versprechen einlöst und was dies für den eigenen Glauben bedeuten kann.

### 2. „Ich bin der HERR, dein Gott!" – Du sollst lieben
(Dtn 5,1-22)
Die 10 Gebote sind Grundlage menschlichen Zusammenlebens. Was will Gott eigentlich? Warum will er das? Kann man Gesetze, Gebote oder auch Verbote als Raum für Freiheit verstehen? In dieser Einheit entdecken wir, dass die Liebe der Kern der 10 Gebote ist: die Liebe zu Gott und die Liebe zu den Menschen.

### 3. „Wenn eure Kinder später fragen …" – Erinnere dich an die Liebe.
(vgl. Dtn 6,4-9;20-25)
Warum soll ich Gott lieben? Welche Erfahrungen haben Menschen im Glauben gemacht und warum sollte man sich daran erinnern? In dieser Einheit sollen Vorbilder im Glauben zu Wort kommen. Menschen, die aus ihrem Leben mit Gott berichten und „Zeugnis" geben.

### 4. „Ich stelle euch vor die Wahl …" – Liebe ist nicht schwer.
(vgl. Dtn 30,11-19)
Oft erscheinen uns (Gottes) Gebote und Gesetze zu schwer. Dabei haben wir in seinem Wort doch Möglichkeiten vorgelegt, wie ein Leben gestaltet werden kann, in dem man selbst und andere glücklich werden können. In der letzten Einheit wollen wir erforschen, wie ein Leben in Liebe zu Gott und den Menschen mit Hilfe seiner Gebote gelingen kann. Von den Worten des Deuteronomiums wird eine Brücke zum gesamten Wort Gottes gezogen.

Parallel zu diesen vier Einheiten ermutigen wir, sich mit allen Teilnehmenden per Messenger-Dienst, zum Beispiel in einer geschlossenen Gruppe bei WhatsApp, auszutauschen. Dazu bieten wir ergänzendes Material an, in dem weitere Textabschnitte oder Verse mit Gebotscharakter der Bibel thematisiert und besprochen werden. So wird auch die Möglichkeit gegeben, dass Teilnehmende sich zwischen den Treffen näher mit den Themen und Texten beschäftigen.

**Wie sind die einzelnen Einheiten aufgebaut?**

Jede Einheit ist ähnlich aufgebaut. Zuerst bietet eine Verlaufsskizze einen schnellen inhaltlichen Überblick. Neben einer Materialliste und Hinweisen zur Gestaltung gibt es noch eine kurze thematische Zusammenfassung.

Anschließend beginnt der eigentliche Praxisentwurf. Nach einem kurzen Rückblick auf die letzte Einheit wird mit einem **Türöffner** als Aufwärmaktion begonnen. Eine (spielerische) **Aktion** führt ins Thema ein. Ein kurzer Impuls fasst den Text(abschnitt) aus dem Deuteronomium **In der Bibel** zusammen. Danach greifen die Teilnehmenden selbst zur Bibel: **Lest die Bibel**. Von da aus können die Teilnehmenden eine Brücke ins eigene Leben schlagen: **Werdet aktiv**. Jede Einheit endet mit einer kreativen Gebetsidee: **Sprich mit Gott**.

Für jede Einheit sollten ca. 90 Minuten eingeplant werden.

Das Material kann unterschiedlich genutzt werden. Zum Beispiel als Themenabendreihe im Jugendkreis, integriert in den Konfirmandenunterricht oder als Bibelarbeitsreihe auf einer Freizeit. Gerne können bei der Durchführung auch eigene Ideen einfließen.

Das Material ist auf www.bibelwoche.de – Bibelwoche aktuell zu finden. Neben ausführlichen Mitarbeiterinfos stehen auch die möglichen Chats für die Begleitung mit einem Messengerdienst zum Download bereit.

Über Feedback, Anregungen und Kritik freuen wir uns.

# Einleitende Gedanken zu den Bildern von Josef Ebnöther

**Johannes Beer**

Die Mose-Erzählungen sind immer wieder illustriert worden und waren Thema für verschiedenste Kunstwerke. Uns allen haben sich bestimmte Darstellungen eingebrannt. Seien es die Statue von Michelangelo Buonarroti, die Darstellungen von Rembrandt van Rijn oder von Marc Chagall, seien es filmische Umsetzungen oder die Bilder der Kinderbibeln. Eines jeden inneres Mosebild ist bereits geprägt. Natürlich steht dabei die Figur des Mose im Vordergrund, oft gehörnt und mit den Gesetzestafeln im Arm. Bestimmte Geschichten, wie die Übergabe der Gebote, das Goldene Kalb oder das Manna- oder das Wasserwunder sind oft dargestellt und fallen uns sofort ein. Aber unsere Bilder sind eher vom zweiten Buch Mose geprägt, da dieses in seiner Anschaulichkeit öfter für Illustrationen die Grundlage bildete. Das fünfte Buch Mose tritt dagegen deutlich zurück.

Natürlich kann man auf vorhandene Darstellungen als Bilder für die Bibelwoche zurückgreifen. Spannend ist aber doch, wie ein zeitgenössischer Künstler zu diesen Texten arbeitet. Wir wollen ja auch sonst zeitgemäße Predigten und Bibelarbeiten. So ist es für einen zeitgenössischen Künstler eine Herausforderung, zum einen gegen bestehende Mosebilder und -illustrationen etwas Eigenes zu setzen und zum anderen das fünfte Buch Mose, das Deuteronomium, dabei in den Fokus zu nehmen. Der bekannte Schweizer Künstler Josef Ebnöther hat sich, als ich ihn am Telefon fragte, gerne und ohne Zögern auf beide Herausforderungen eingelassen. Allerdings hat auch er gedanklich den Weg über das zweite Buch Mose genommen, um dann für diese Bildreihe zum Deuteronomium eine ganz eigene, durchgehende Symbolsprache für sich zu entwickeln. Sicher, die Bilder sind abstrakt, aber nicht gegenstandslos. Sie arbeiten mit wiederkehrenden Zeichen und einer durchgehenden Farbsymbolik. So haben alle sieben Bilder einen blauen und, zumindest meistens, zwei gelborangene Felder, wobei der blaue Bereich in diesen Arbeiten von Josef Ebnöther für den Raum Gottes steht und die gelborangenen für den Raum der Menschen.

**Josef Ebnöther** wurde 1937 in Altstätten in der Schweiz geboren. Er hat an der Kunstgewerbeschule in St. Gallen, der *Académie de la Grande Chaumière* und der *Ecole des Beaux Arts* in Paris studiert. Er ist mit zahlreichen Werken im öffentlichen Raum und öffentlichen Sammlungen vertreten und hat etliche Preise gewonnen. Immer wieder mal hat Josef Ebnöther auch für Kirchen gearbeitet und sich mit biblischen Geschichten künstlerisch auseinandergesetzt. Weitere Informationen finden Sie auf der DVD zu diesem Buch und www.josefebnoether.ch.

# Das Buch Deuteronomium

**Dominik Markl**

## Einleitung: Die erzählte Welt

Am letzten Tag seines Lebens, 40 Jahre nach dem Auszug aus Ägypten, endlich an der Schwelle des Jordan angelangt, weiß Mose, dass er – trotz seines sehnlichen Wunsches – nicht mit dem Volk ins verheißene Land einziehen darf. Seine Leitungsverantwortung muss er an seinen Nachfolger Josua weitergeben. Die Zeit für seine letzten Worte ist gekommen. Worte des Abschieds enthalten für gewöhnlich Ermutigungen und weise Ermahnungen wie etwa jene von David an Salomo (1 Kön 2,1-9). Wer sich zum Sterben bereit macht, hinterlässt seinen Segen. Mose segnet die zwölf Stämme Israels, so wie Jakob seine zwölf Söhne gesegnet hatte (Gen 49; Dtn 33). Seine letzten Worte beinhalten jedoch noch viel mehr. Sie sind das ausführlichste geistige Testament der Bibel. Über dreißig Kapitel hinweg hören wir beinahe durchgehend die Stimme des Mose (Dtn 1-30). Im Zentrum dieser Reden erläutert Mose dem Volk Israel die göttliche Offenbarung, so wie es Gott selbst ihm am Berg Horeb aufgetragen hatte (Dtn 4,14; 5,31). Dort war die Gesetzesoffenbarung im Rahmen eines Bundesschlusses geschehen, der weiterhin gilt (5,2-3). Nun aber schließt Mose im Land Moab, erneut in Gottes Auftrag, einen weiteren Bund (28,69-30,20). Mose schreibt seine Lehre, die Tora, am Ende nieder und übergibt sie den Levitenpriestern und den Ältesten, um sie zukünftig an Israel weiterzugeben (31,9-13). Jetzt könnte Mose eigentlich von der Bühne abtreten, hätte Gott nicht noch eine beunruhigende Botschaft für ihn. Israels zukünftiger Bundesbruch und die darauffolgende Katastrophe sind gewiss (31,16-21). Das daraufhin offenbarte Lied endet jedoch mit der Hoffnung auf göttliche Rettung (32,1-43). Mose segnet Israel, schaut das Land und stirbt.

**Der Erzählbogen des Buches Deuteronomium lässt sich so kurz zusammenfassen. Der gedankliche Reichtum dieses Buches liegt jedoch in den Inhalten der großen Reden des Mose.** Er hält Israel die zurückliegenden Erfahrungen vor Augen: die Befreiung aus Ägypten, die einmalig feurige Begegnung am Gottesberg, die vierzig Jahre göttlicher Begleitung in der Wüste. Mose ermutigt Israel zur unmittelbar bevorstehenden Landnahme, warnt vor den spirituellen Gefahren des Reichtums, der Gottvergessenheit und der Selbstüberschätzung, die letztlich sogar zum Verlust des Landes führen können. Moses sich wiederholende, aber auch facettenreich variierende Lehre über Israels Bundesbeziehung mit seinem Gott JHWH betrifft die wechselseitige Liebe zwischen JHWH und Israel und zielt darauf hin, das Volk zum Gehorsam gegenüber den göttlichen Geboten, den „Zehn Worten" (in Dtn 5) sowie den „Gesetzen und Rechtsvorschriften" im Zentrum des Buches (Dtn 12-26), zu motivieren. All diese Schwerpunkte finden sich in den Themen der Bibelwoche wieder.

Moses Rechtslehre betrifft das religiöse, politische und soziale Leben Israels als geschwisterliches Volk. Das Gesetz ist so reichhaltig wie das Leben selbst: Es geht um den erwählten Ort für Israels Gottesdienst und die dortigen Wallfahrtsfeste, aber auch um das Gold des Königs, um Tötungsdelikte, um Krieg, Familienkrach, einen zusammengebrochenen Esel, die Wichtigkeit des Dachgeländers und um die Frage, wovon die Armen, Waisen, Witwen und Fremden im Lande leben können.

## 1. Ein Buch der Grenzen und „zwischen den Zeiten"

Schon in seiner erzählten Situation zeigt sich das Deuteronomium als Buch, in dem Grenzen eine wichtige Rolle spielen – sowohl im wörtlichen als auch im übertragenen Sinn: am Übergang zum verheißenen Land, der in der symbolischen Schwelle des Jordan wiederholt angesprochen ist (z.B. 1,1; 4,21; 9,1), aber auch an der Grenze des Todes, die Mose zu überschreiten hat. Aus der Spannung zwischen diesen beiden Grenzen ist das Buch geboren. Israel muss den Jordan überschreiten (9,1). Mose darf ihn nicht überschreiten, sondern muss die Todesgrenze überwinden (4,21-22). Daher hinterlässt er sein geistiges Vermächtnis, das Deuteronomium. Während Mose in Moab stirbt, nimmt Israel sein geschriebenes Vermächtnis mit über den Jordan ins verheißene Land.

Die geografischen Bezugspunkte in der geistigen Landkarte des Buches verdeutlichen die Weite der Reflexion des Mose. Ein stetiger Ausgangspunkt ist der Berg Horeb. Von dort brach Israel auf zum verheißenen Land (1,6), dort erhielt Mose seine göttliche Lehrbefugnis (4,10-14). Dort geschah der große Bundesschluss (5,2; 28,69), ebenso aber die Sünde mit dem Kalb, in der sich die zukünftigen Krisen des Volkes bereits verdichtet abzeichnen. „Horeb" ist im Deuteronomium die Bezeichnung für den Berg Sinai. Die Verschiedenheit der Namen mag auf unterschiedliche Erzähltraditionen zurückgehen oder, wie der Theologe und Deuteronomium-Experte Lothar Perlitt vorgeschlagen hat, mit der Prominenz des Mondgottes Sîn unter König Nabonid (vgl. S. 102) zusammenhängen, aufgrund derer die Bezeichnung „Sinai" im Deuteronomium vermieden worden sei. In die Vergangenheit zurückblickend kommt Mose auch wiederholt auf Israels Weg durch die Wüste zurück (bes. 1,31; 8,2; 29,4) und auf die Befreiung aus Ägypten (z.B. 5,15; 6,12.21; 15,15), aus denen Israel lernen soll.

Auf Zukunft ausgerichtet hat Mose immer – jenseits der Grenze des Jordan – das verheißene Land im Blick: schon den Erzeltern wurde es versprochen (1,8; 6,10; 34,4), dorthin soll Israel jetzt mutig ziehen (9,1; 31,1-6), und dort soll Israel nach den Gesetzen leben, die Mose im Zentrum seiner Lehre darlegt (12,1). Der Blick auf das Land ist unablässig eine Perspektive des Buches, was Moses Landschau, die er am Ende genießen darf (34,1-3), eindrücklich symbolisiert. Zugleich liegt ein bedrohlicher Schatten über diesem Hoffnungsbild. Im Fall des Ungehorsams würde Israel das Land wieder verlieren (bes. 4,25-26; 28,15-68; 29,17-27). Damit erhalten auch jene Nationen Aufmerksamkeit, unter die Israel verstreut werde (4,27; 28,64), jedoch ohne Nennung ihrer Namen. Assyrien und Babylonien sind die großen Ungenannten des Buches Deuteronomium.

**Die Grenzsituation des Buches und seine geistige Landkarte spiegelt sich in den zeitlichen Perspektiven der Mose-Reden. Mose blickt zurück in die Vergangenheit und schaut voraus in die Zukunft.** Er tut dies – unablässig betont – „heute" (z.B. 4,8; 5,1; 6,6; 8,1). Das „Heute" ist ein Schlüsselwort des Deuteronomiums, denn es dient systematisch dazu, die erzählte Welt aufzubrechen und sich ins Heute seiner Leser zu drängen. So unterbricht die Erzählstimme unversehens die Mose-Rede, um Leser auf harte Fakten zu verweisen, die „bis zum heutigen Tag" sichtbar sind (2,22; 3,14). Der entscheidende „Tag der Versammlung" der Offenbarung am Horeb (9,10; 10,4; 18,16, vgl. 4,10) wiederholt sich im Heute der Vollversammlung Israels in Moab (29,9-10), die sich zukünftig bei der Lehre der Tora am Laubhüttenfest neu aktualisieren soll (31,10-13). Besonders eindringlich wird das Heute der Mose-Rede, wenn es auf die Zustimmung zum Bundesschluss ankommt, auf die Wahl für das Leben (Dtn 30,15-20), die letztlich von den Lesern des Buches in ihrem Heute zu treffen ist (vgl. zu Dtn 30 S. 115-119).

Der Alttestamentler Eckart Otto bezeichnet das Deuteronomium daher treffend als Buch „zwischen den Zeiten". In der erzählten Welt steht es zwischen dem Auszug aus Ägypten und dem Einzug ins verheißene Land. Zugleich spricht das Deuteronomium die Übergangszeit von Babylonischem Exil zur Rückkehr ins Land an – besonders in jener Verheißung, die ganz am Ende der Mose-Reden steht (30,1-10). Mit dem Ausdruck „zwischen den Zeiten" spielt Otto auch auf die gleichnamige theologische Zeitschrift an, die Theologen um Karl Barth in der Zwischenkriegszeit herausgaben (1923-1933) und vergleicht sie so mit den Autoren des Buches Deuteronomium. Wie jene Theologen darum rangen, mit der Katastrophe des ersten Weltkriegs umzugehen, ringt die Vollgestalt des Buches Deuteronomium mit den niederschmetternden Katastrophen der assyrischen und babylonischen Vernichtungsschläge gegen Israel.

## 2. Die Erzählungen aus Israels Urzeit und ihre historischen Hintergründe

In der erzählten Welt der fünf Bücher Mose spielt das Leben des Mose am Ende der Bronzezeit, im späten 2. Jahrtausend v.Chr. Geschrieben wurde das Buch Deuteronomium jedoch viele Jahrhunderte später, wobei es mehrere Phasen der Entwicklung durchlief. Die frühesten Texte des Buches entstanden in der Spätzeit der Könige von Juda (7. Jh. v.Chr.). Das Buch erfuhr wichtige Redaktionen in exilischer Zeit (587-539 v.Chr.) und gelangte vermutlich bis 400 v. Chr. weitgehend in jene Gestalt, die uns heute vorliegt. Das heißt: **Historisch-kritische Forscher gehen heute davon aus, dass nichts, was im Pentateuch geschrieben ist, auf Mose zurück geht. Mose ist vielmehr jener Prophet und Schriftgelehrte der Gründungszeit Israels, den viel spätere Autoren im Pentateuch als ihr großes Vorbild entwerfen. Wenn im Folgenden von „Mose" die Rede ist, ist damit nie eine historische Gestalt gemeint, sondern die literarische Gestalt des Mose im Deuteronomium.**

Drei Hauptgründe sprechen für die Annahme der Entstehung einer Vorform des Deuteronomium (oft „Urdeuteronomium" genannt) im 7. Jh. v.Chr. Erstens zeigen manche Texte des Deuteronomium intensive Ähnlichkeiten mit neuassyrischen Dokumenten dieser Zeit, besonders dem Treueid Asarhaddons aus dem Jahr 672 v.Chr. (siehe zu Dtn 28, S. 80). Zweitens bestehen intensive Verbindungen zwischen dem Buch Deuteronomium und der Erzählung von der Auffindung des „Tora-Buches" zur Zeit des Königs Joschija im Tempel von Jerusalem (2 Kön 22,8) im Jahr 622 v.Chr. Schon die Kirchenväter sahen die Verbindung zwischen dieser Episode und der gemäß Dtn 31,9 von Mose niedergeschriebenen Tora. Erzählungen der Auffindung von Büchern dienten in der Antike oft der Zuschreibung althergebrachter Autorität. Obwohl es nicht unmöglich ist, dass im Tempel eine Schrift gefunden wurde, ist doch viel wahrscheinlicher, dass ein „Urdeuteronomium" erst um die Zeit des Königs Joschija entstand. Drittens deuten archäologische Befunde darauf hin, dass der Kult im 7. Jh. v. Chr. in Jerusalem zentralisiert war, was einem zentralen Anliegen des Deuteronomium entspricht.

Vieles spricht dafür, dass intensive Bearbeitungen des Deuteronomium durch die Zerstörung von Jerusalem durch die Babylonier (587 v.Chr.) und das darauf folgende babylonische Exil geprägt sind. Offenkundig ist dies in manchen Texten der Fall, die ausdrücklich vom Verlust des Landes und vom Exil sprechen (bes. 4,25-30; 28,45-68). Auch die erzählerische Situation des Buches sowie der Tod des Mose außerhalb des verheißenen Landes in Moab dürften durch eine exilische Perspektive beeinflusst sein. Dass das Deuteronomium betont vom erwählten „Ort" spricht, dabei aber nie einen Tempel erwähnt, könnte die Zerstörung des Jerusalemer Tempels zum Hintergrund haben.

Manche Texte schließlich haben deutlich die Rückkehr aus dem Exil im Blick. Als leise Hoffnung deutet sie sich schon in der Rede vom erbarmungsvollen Gott in 4,31 an, ganz ausdrücklich aber ist die Rückkehr ins Land der Verheißung in 30,1-10 im Blick (vgl. S. 117). Besonders die letzten Kapitel des Buches (Dtn 31-34) bringen viele literarische Fäden der fünf Bücher Mose zum Abschluss, indem sie große Textzusammenhänge berücksichtigen und integrieren. Dieser Prozess wird allgemein in die nachexilische, persische Zeit datiert.

Warum verwendeten gelehrte judäische Schriftsteller um das 6. Jh. v.Chr. so viel Energie, um Texte zu schreiben, die sie dem Mose in weit zurückliegender Vorzeit zuschrieben? Der Hauptgrund dafür liegt wohl in den bedrängenden und existenzbedrohenden Krisen des assyrischen und des babylonischen Imperiums, die mit allen Mitteln imperialer Machtstrategie und mit unerbittlicher militärischer Gewalt (28,50) gegen umliegende Völker vorgingen. Besonders das babylonische Exil drohte die gemeinsame Identität der Judäer gänzlich zu zerstören. Mit unerhörter intellektueller Anstrengung entwarfen die Schreiber hinter dem Deuteronomium – und dem Pentateuch insgesamt – ein Bild von einem idealen Israel in seiner Urzeit, das dem Volk Halt geben sollte, selbst wenn es „bis ans Ende des Himmels versprengt" war (30,4). Dieses Programm hatte Erfolg. Indem das Judentum an seinen Urgeschichten festhielt, bewahrte es seine Identität in weltweiter Zerstreuung über Jahrtausende hinweg.

## Hauptaspekte: Gesetz, Lehre, Prophetie, Politik, Theologie

### 1. Moses Tora – ein Gesetzbuch?

Das Deuteronomium gilt weithin als alttestamentliches **Gesetzbuch**. Das hat einerseits gute Gründe, ist andererseits aber auch eine Verengung und aus christlicher Sicht oft negativ besetzt – besonders aufgrund des paulinischen Gedankens, dass der Buchstabe des Gesetzes „töte" (2 Kor 3,6). Ein Schlüsselwort für ein tieferes Verständnis des „Gesetzes" des Deuteronomium ist das hebräische Wort „Tora", das den zentralen Inhalt der Mose-Reden bezeichnet (vgl. besonders 1,5; 4,44; 31,9). Die Tora beinhaltet zahlreiche Rechtstexte – „Satzungen und Rechtsvorschriften" (vgl. 4,45; 6,1; 12,1), weshalb das Wort oft mit „Gesetz" übersetzt wird (griechisch *nómos*, lateinisch *lex*). Diese Übersetzung ist jedoch zu eng und einseitig. „Tora" bedeutet viel allgemeiner „Lehre". Sie enthält tiefgehende theologische, geschichtliche und ethische Reflexionen, welche die rechtlichen Bestimmungen begründen. Im Alten Orient wurde nicht wie heute streng zwischen säkularem Recht und Religion unterschieden, sodass die Tora Israels kulturellen Schatz zivilisatorischer Weisheit in einem umfassenden Sinn beinhaltet.

**Die Tora ist daher der ganze Stolz Israels: „Wer ist eine so große Nation, die gerechte Satzungen und Rechtsvorschriften hätte wie diese gesamte Tora, die ich euch heute vorlege?"** (4,8). Die Babylonier hatten sich schon seit einem Jahrtausend ihrer Rechtstradition, besonders des Codex Hammurabi gerühmt, und die Römer sollten einige Jahrhunderte später ihre Rechtswissenschaft zum Blühen bringen. Obwohl das entstehende Judentum im Vergleich zu diesen Supermächten der alten Welt ein verschwindend kleines Häuflein ist – wie im Deuteronomium selbst betont wird: „ihr seid das kleinste unter allen Völkern!" (7,7) –, nimmt es den kulturellen Wettkampf mit ihnen auf und versteht sich als Nation des Rechts *par excellence*. Dieser Stolz auf die Tora kommt etwa in dem monumentalen Übersetzungsprojekt des Pentateuch ins Griechische (Septuaginta) im dritten vorchristlichen Jahrhundert zum Ausdruck. Der Aristeasbrief behauptet, der ägyptische König Ptolemaios II. Philadelphos (282-246 v. Chr.) habe dieses Werk für seine Bibliothek in Alexandria in Auftrag gegeben. Philo von Alexandrien legt in seinen Werken um die Zeitenwende ausführlich dar, dass das jüdische Gesetz auch im Licht der griechischen Philosophie eine ideale Verfassung sei. Noch in der frühen Neuzeit suchten jüdische und christliche Rechtsphilosophen und Juristen Rat im Deuteronomium. Paulus – selbst ein pharisäisch gelehrter Jude – hat mit dem „Gesetz" der Tora gerungen und gekämpft. Teils argumentierte er dabei polemisch, wenn Parteien in den Gemeinden Gesetzesgehorsam als Heilsweg gegen den Glauben an Jesus Christus ausspielten. Jedoch preist er auch die Güte des Gesetzes und weiß um seinen Reichtum (z.B. Röm 7,12.16.22; 9,4). Aus heutiger Perspektive und mit historischer Distanz sollten wir Christen die Tora mit Offenheit lesen und ihre Leistungen in ihrem kulturgeschichtlichen Zusammenhang neu verstehen lernen. Theologisch ist dabei besonders bedeutsam, dass die Tora eine Theologie des Lebens und der Gnade vermittelt (vgl. S. 90) und damit selbst schon „Evangelium" ist.

## 2. Ein Lehrbuch für eine neue Generation: mündliche und schriftliche Weitergabe

Das Buch Deuteronomium ist ein **Lehrbuch**. Das kommt schon, wie soeben dargestellt, im zentralen Begriff „Tora" zum Ausdruck. Darüber hinaus präsentiert das Deuteronomium eine ausführliche Theorie der Lehrtradition. Gott selbst hatte Mose am Berg Horeb beauftragt, Israel zu lehren (4,14), und genau diesen Auftrag erfüllt Mose im Buch Deuteronomium (5,31; 6,1, vgl. S. 44). Nach seinem Vorbild soll Israel „diese Worte" lernen und ihren Kindern weitergeben (6,6-7). Besondere Verantwortung für diese Lehrtradition haben die Familienoberhäupter (die „Ältesten") und die religiös verantwortlichen „Levitenpriester" (31,9-13). Selbst der König wird zum Tora-Studium verpflichtet – er soll sogar täglich in ihr lesen (17,19).

Die mündliche Lehrtradition setzt die schriftliche Weitergabe der Tora voraus und steht in einem intensiven Wechselspiel mit ihr. Auch hinsichtlich des Schreibens hat alles seinen Ursprung in der göttlichen Offenbarung am Berg Horeb. Gott selbst ist der erste Schreiber, der die Zehn Worte auf steinerne Tafeln schrieb (4,13; 5,22). Nach diesem göttlichen Vorbild schreibt Mose die Tora nieder (31,9, vgl. schon Ex 24,4). Israel soll die Tora weiterhin schriftlich vermitteln. Einmal im Land angekommen, soll sie auf dem Berg Ebal auf steinernen Monumenten sichtbar gemacht werden (Dtn 27,4-8, vgl. Jos 8,31-32). Aber auch an den Türen und Toren Israels sollen „diese Worte" schriftlich vergegenwärtigt sein (Dtn 6,9). Der König soll eine Abschrift haben (17,18), um darin zu lesen. „Abschrift / Kopie dieser Tora" wurde im Griechischen als *deuteronómion* („zweites Gesetz") wiedergegeben, woher der griechische Name des Buches stammt.

Der Charakter des Deuteronomium als Lehrbuch kommt nicht zuletzt in seinem didaktischen und pädagogischen Stil zum Ausdruck. Gott selbst ist Pädagoge und lehrt Israel durch Erfahrung und Prüfung. Über Israels Zeit in der Wüste sagt Mose: „So erkenne in deinem Herzen, dass JHWH, dein Gott, dich erzieht wie ein Mann sein Kind erzieht!" (8,5). Mose jedoch ist es, der die göttliche Pädagogik ans Licht bringt, Schlüsse aus der Erfahrung zieht und sie als Motivation für ethisches Handeln auswertet. „Und gedenke, dass du Sklave warst im Land Ägypten und dass JHWH, dein Gott, dich mit starker Hand und mit ausgestrecktem Arm von dort herausgeführt hat! Darum ..." lautet die häufigste, geradezu refrainartige Begründung, aus der Israel seine ethische Motivation und seine moralische Identität gewinnen soll (5,15; vgl. 15,15; 16,12; 24,18.22). Nicht nur Erinnerung motiviert, auch die Aussicht auf gutes Leben. „Damit du lebst" ist das Grundanliegen und das Ziel der gesamten Lehre des Deuteronomium (z.B. 4,1; 6,24; 8,1.3, und bes. 30,19).

**Das Deuteronomium zielt auf die Weitergabe seiner Glaubenslehre an die nächste Generation ab** (bes. 6,7.20-25; 11,19; 31,9-13). Die Problematik der Kontinuität ist schon in der Erzählbewegung des Pentateuch grundgelegt. Denn die „erste Generation", welche die große Gotteserscheinung am Berg Horeb mit eigenen Augen gesehen und die Offenbarung mit eigenen Ohren gehört hat, musste aufgrund ihres Ungehorsams noch vor der Landnahme während der vierzig Jahre in der Wüste sterben (1,19-2,15, vgl. bes. 2,16). Deuteronomium beinhaltet daher im Wesentlichen Moses Lehre der Horeb-Offenbarung für die neue Generation im Land Moab. Dieser Generationenwechsel ist jedoch zugleich das Urbild für die Herausforderung, die Glaubenslehre für zukünftige Generationen – mehr noch, für *alle* zukünftigen Generationen – weiterzugeben. „Das Verborgene ist für JHWH, unseren Gott, aber das Offenbare *für uns und für unsere Kinder auf ewig*: zu tun alle Worte dieser Tora!" (29,28)

## 3. Mose, der größte aller Propheten

Deuteronomium ist ein zutiefst **prophetisches Buch**. Bei seiner Berufung am brennenden Dornbusch behauptet Mose, er sei kein „Mann von Worten" (Ex 4,10). Deuteronomium jedoch setzt programmatisch ein mit dem Satz „Dies sind die Worte" (*elle haddevarim*, 1,1) – der hebräische Titel des Buches –, „die Mose gesprochen hat". Am letzten Tag seines Lebens hält Mose – ganz entgegen seiner ursprünglichen Selbsteinschätzung – die längsten Reden der Bibel, sprachlich geschliffen, rhetorisch brillant.

Das ist einerseits feiner Humor. Bei seiner Berufung versucht Mose, sich aus der Affäre zu ziehen, weil er wohl berechtigte Angst davor hat, zum Pharao zurückzukehren. Andererseits geht es auch um etwas Ernstes. Mose mag sich bei seiner Berufung wirklich nicht für einen guten Redner halten, er mag auch tatsächlich noch keine rhetorische Erfahrung haben – die Schafherde in der Wüste gab ihm wenig Gelegenheit zur Übung. Gott beruft ihn, weil er auch jene Talente und Potentiale im Menschen sieht, die noch nicht entwickelt sind, die vielleicht erst am Ende des Lebens voll zum Tragen kommen werden. Die Bibel rechnet mit der Möglichkeit der menschlichen Entwicklung – wie etwa auch bei Josef, der sich vom naiven Prahler zum weisen Versöhner entwickelt (Gen 37-50).

Das Ende des Buches Deuteronomium, zugleich das Ende des Pentateuch (Dtn 31,10-12) bezeichnet Mose als den größten Propheten Israels. Das ist eigentlich erstaunlich. Propheten sind gewöhnlich kritische Gestalten, eher am Rande des Volkes. Sie kritisieren oft ihre Könige und ihre Landsleute, ihre Botschaft ist meist unangenehm. Als Regimekritiker muss Elija vor Isebel fliehen (1 Kön 19), Jeremia landet im Gefängnis (Jer 37,15). **Mose hingegen trägt höchste politische Verantwortung für Israel, man kann mit Recht sagen, er ist Israels Staatsgründer. Im Deuteronomium begründet er Israels politische Verfassung. Er scheint ein untypischer Prophet zu sein. Und doch hat er Wesentliches mit anderen Propheten gemeinsam. Seine Autorität gründet in göttlicher Berufung und Offenbarung.** Mit dieser Autorität kritisiert er sogar Könige – jene der Zukunft – indem er vorausschauend ihren Durst nach Macht, Reichtum und Überheblichkeit untergräbt (Dtn 17,14-20). Auch Mose hat – aus Sorge – harte Botschaften hinsichtlich drohender Schicksalsschläge, etwa in seinen Flüchen (28,15-68).

Üblicherweise verpackt Mose seine Botschaft in rhetorische Kunstprosa, vergleichbar mit Jeremia. Im Moselied jedoch (Dtn 32) spricht Mose in poetisch-prophetischem Stil wie Jesaja: „Horcht auf, ihr Himmel, ich will reden, und es höre die Erde die Worte meines Mundes!" (32,1, vgl. Jes 1,2). Wie Jesaja, Jeremia und Ezechiel reflektiert schon Mose über die Schicksalsschläge, mit denen Israel in der neuassyrischen und neubabylonischen Zeit konfrontiert wird – viele Jahrhunderte, bevor sie eintreffen. So jedenfalls stellen die Autoren und Bearbeiter des Deuteronomiums Mose im Nachhinein dar. In diesem Sinn integriert die Mosegestalt politische Führungsverantwortung mit prophetischer Kritik – zwei Kräfte, die in der Phase der Monarchie auseinanderklaffen. Diese Integration obliegt, historisch betrachtet, jenen priesterlichen Kreisen, die das Erbe der mosaischen Tora in exilischer und nachexilischer Zeit verwalten (Dtn 17,18; 31,9).

## 4. Israels politische Verfassung: ein Bundesvolk von Schwestern und Brüdern

Das Deuteronomium ist ein zutiefst **politisches Buch**. Moses Reden, die sich fast durchgehend an die Vollversammlung des Volkes Israel richten, haben von Anfang bis Ende mit der Identität des Volkes zu tun. Mose formuliert in ihnen mehrere Facetten der Identität Israels: die geschichtliche Identität zwischen Vergangenheit und Zukunft, eine moralische Identität, denn ethische Prinzipien gründen in geschichtlichen Erfahrungen, wie auch Israels politische und rechtliche Verfassung. Und immer auch Israels religiöse Identität, die alles zusammenhält. Denn alle geschichtliche Erfahrung, ethische und rechtliche Weisheit, und selbst die politische Verfassung Israels, gründen in der Beziehung mit Israels Gott Jhwh.
**Zentral für Israels Verfassung ist das Konzept des Bundes zwischen Gott und Volk.** In der Sinai-Perikope (Ex 19-24) schließt der Bundesschluss Offenbarung normativer Texte mit ein: des Dekalogs (Ex 20) und des Bundesbuches (Ex 21-23). Deuteronomium ist analog dazu aufgebaut. Zunächst erklärt Mose den Horeb-Bund für die neue Generation für gültig (Dtn 5,2-3) und zitiert den Dekalog (5,6-21). Dann kündigt er die Lehre weiterer Gesetze der Horeb-Offenbarung an (5,31; 6,1), wobei die Reden von Dtn 6-11 um das Hauptgebot kreisen, während die eigentliche Gesetzeslehre erst in Dtn 12-26 folgt. Zum Abschluss seiner großen Reden jedoch setzt Mose zu einem erneuten Bundesschluss an (Dtn 29-30; vgl. die Auslegung zu Dtn 30, S. 115-119).
Vergleicht man nun die Gesetze vom Sinai (Ex 21-23) mit jenen des Deuteronomium, wird an mehreren Beispielen sichtbar, dass Mose tatsächlich Rechtsmaterien des Bundesbuches behandelt, dabei aber nicht unwesentlich verändert. Das Gesetz zur Freilassung von Sklaven etwa (Ex 21,2-11) wird unterschiedslos auf Sklavinnen ausgeweitet (Dtn 15,12-18). Deuteronomium ist in diesem Sinn wesentlich ein Buch der Gesetzesauslegung bzw. der Gesetzesreform, die sich als erklärende Lehre präsentiert. Auch in diesem Sinn ist es ein *deuteronómion*, ein zweites Gesetz. Am Ende des Pentateuch bietet Deuteronomium einen rechtstheoretischen Höhepunkt. Schon innerhalb der Lebenszeit des Mose ist grundgelegt, was für das Rechtswesen universal gilt: unter sich wandelnden sozialgeschichtlichen Umständen muss das Recht für die neue Situation neu formuliert werden. Dies gilt analog für moralische Erwägungen und selbst für die Glaubenslehre.
**Die Einheit Israels ist dem Deuteronomium ein zentrales Anliegen.** Moses Anrede an Israel mit dem singularischen Du, „Höre, Israel!" (6,4), schafft kollektive Identität, ebenso wie das „Wir": „Jhwh, *unser* Gott, Jhwh ist einzig." Die Zusammengehörigkeit des Volkes spiegelt sich in der

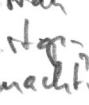

Einzigkeit seines Gottes. Dem entspricht schließlich auch der *eine* Ort, an dem Gott verehrt werden soll. Allein an dem „Ort, den Jhwh, euer Gott, aus all euren Stämmen erwählen wird, um seinen Namen dorthin zu legen" (12,5) soll Israel Opfer darbringen.

Die Regelung der „Kultzentralisierung" wird hier in die Zeit des Mose zurückverlegt. Historisch vollzog sie sich wohl aus politischen, wirtschaftlichen und militärischen Gründen im Juda des 7. Jahrhunderts v.Chr. Das kleine, immer härter vom assyrischen Imperium eingeschnürte Land musste sich strategisch auf die Hauptstadt Jerusalem konzentrieren. Zentralisierter Kult bedeutete auch geballte wirtschaftliche und politische Macht für den König. Die Geschichtsschreibung der Königsbücher stellt vor allem Hiskija (2 Kön 18,1-8) und Joschija (2 Kön 23) als jene Könige dar, die sich um Zentralisierung des Kultes bemühten.

Zentralisation zieht viele Konsequenzen nach sich. Die im Alten Orient üblichen kleinen lokalen Heiligtümer verlieren so an Bedeutung, in den Dörfern wird der Raum sozusagen entsakralisiert. Dreimal im Jahr aber soll das ganze Volk an Wallfahrtsfesten zum zentralen Heiligtum kommen (Dtn 16). Solche Großevents schaffen ein starkes Zusammengehörigkeitsgefühl. Besonders, weil sie ganz bewusst auch jene einschließen, die im Alltag Gefahr laufen, gesellschaftlich benachteiligt zu werden. Alle sollen sich gemeinsam vor Gott freuen, „du, dein Sohn und deine Tochter, dein Sklave und deine Sklavin, auch die Leviten, die in deinen Stadtbereichen Wohnrecht haben, und die Fremden, Waisen und Witwen, die in deiner Mitte leben. Du sollst fröhlich sein an dem Ort, den Jhwh, dein Gott, auswählt, indem er dort seinen Namen wohnen lässt" (16,11). Die Sensibilität für jene, die sozial am Rand stehen, prägt das Deuteronomium insgesamt (vgl. 101-105). Der Gedanke der sozialen Gleichheit zeigt sich besonders im Königsgesetz. Der König soll die Tora täglich studieren, „damit sein Herz sich nicht über seine Brüder erhebt und er von dem Gebot weder zur Rechten noch zur Linken abweicht, damit er die Tage in seiner Königsherrschaft verlängert, er und seine Söhne, in der Mitte Israels" (17,20).

Im Deuteronomium kommt ein innovativer politischer Gedanke zum Ausdruck, den Norbert Lohfink prägnant herausgearbeitet hat – jener der Gewaltenteilung. In den altorientalischen Herrschaftssystemen kam dem König üblicherweise absolute Macht zu. Er war zugleich oberster Herrscher, Gesetzgeber, Richter, Feldherr, und oft hatte er auch religiöse Rollen. Das Deuteronomium hingegen limitiert die Macht des Königs (17,14-20) und trennt sie fein säuberlich von der Aufgabe der Richter, die in kleineren Gemeinden eingesetzt werden sollen (16,18), wobei in schwierigen Fällen das oberste Gericht am zentralen Kultort entscheiden soll (17,8-9). Hohe Verantwortung im politisch-rechtlichen System jedoch kommt offensichtlich jenen „Levitenpriestern" zu, die das Gesetz verwahren und für seine Vermittlung verantwortlich sind. Von ihnen bekommt selbst der König das Gesetz (17,18). Dem Gesetz kommt so die allerhöchste Autorität selbst über den höchsten Amtsträgern zu – ein fundamentaler Gedanke auch im modernen Verfassungsstaat.

**Die vielfältigen Weisen, mit denen Deuteronomium kollektive Identität vermittelt, haben wesentlich dazu beigetragen, dass das Judentum entstehen und sich über die Jahrtausende trotz weltweiter Zerstreuung als Gemeinschaft verstehen konnte**. Über das Judentum hinaus war die biblische Konstruktion „nationaler" Identität attraktiv. Als sich in der Neuzeit nationale Identitäten entwickelten, verstanden sich die Engländer, die Niederländer, aber auch die puritanischen Siedler Nordamerikas als neues Israel, als auserwähltes Volk mit göttlichen Aufträgen. Ist Religion Teil des Selbstverständnisses einer Gesellschaft, kann sie den Zusammenhalt stärken, aber auch die Dynamiken von Abgrenzung und Ausgrenzung intensivieren.

Für solche Gefahren bedarf es heute großer Sensibilität, denn nur die Menschheit insgesamt kann die heutigen Herausforderungen des Lebens auf unserem Planeten annehmen und bewältigen. Religion muss heute dazu beitragen, die Gemeinschaft der Menschheit insgesamt zu stärken.

## 5. Zur Theologie des Deuteronomiums: der eine Gott

Die Theologie des Buches Deuteronomium ist reichhaltig. Sie ist, wie soeben dargestellt, in hohem Maß politisch, da kaum ein anderes Buch JHWH so intensiv als Gott Israels betont („dein / euer / unser" Gott, über 300 Mal im Deuteronomium). Die Bundesbeziehung stellt zugleich Israels politische und rechtliche Verfassung dar. Gottes soziale Sensibilität ist zentral im Deuteronomium. JHWH ist der Gott der Befreiung aus der Sklaverei im Exodus, er beschützt verwundbare Gruppen (vgl. S. 103 zu Dtn 10,18). Gott beschenkt Israel mit einem reichen Land und segnet das Volk dort mit Überfluss (Dtn 11). Obwohl sein leidenschaftlicher Eifer und Zorn entbrennen wird, wenn Israel sich anderen Göttern zuwendet (4,24; 6,15; 7,4; 11,17; 29,19-27; 31,17; 32,16.22), kann Israel im tiefsten Leid auf sein Erbarmen hoffen (4,31; 32,36). **Von besonderer Bedeutung ist, dass sich im Deuteronomium die wohl folgenreichste Entwicklung in der Religionsgeschichte überhaupt spiegelt: die Entstehung des Monotheismus.** Manche Passagen setzen noch deutlich ein polytheistisches Weltbild voraus, wenn etwa JHWH nach altorientalischem Vorbild als „Gott der Götter" bezeichnet wird (vgl. S. 102 zu Dtn 10,17). Umso bedeutsamer ist, dass Deuteronomium eine der wenigen Passagen der hebräischen Bibel enthält, die die Existenz anderer Götter ausdrücklich verneint. In der umfangreichen theologischen Reflexion von Dtn 4,1-40 entfaltet Mose zunächst das Fremdgötter- und Bilderverbot. Das Verbot, jegliche bildliche Darstellung von Lebewesen oder auch Gestirne zu verehren, die im Alten Orient allgemein als Götter angesehen wurden, kommt an sich schon einem Göttersturz gleich. In der Schlusspassage der Rede jedoch erklärt Mose, Israel habe die Horeb-Theophanie und den Exodus erfahren, „damit du erkennst, dass JHWH *der* Gott ist. Es gibt sonst keinen außer ihm!" (4,35, vgl. v.39).

Außer in diesem Spitzentext biblischer Theologie wurde der Gedanke des Monotheismus ausdrücklich vor allem in Deuterojesaja betont (bes. Jes 45). Die priesterliche Schöpfungserzählung (Gen 1) formuliert diesen Gedanken aus, indem sie das gesamte Universum, inklusive der sonst als göttlich aufgefassten Himmelskörper, dem Schöpfungshandeln des einen und einzigen Gottes unterwirft. In Deuteronomium hat dieser Gedanke noch einen besonderen Beiklang. Denn die Einzigkeit Gottes verleiht auch dem göttlichen Gesetz („halte *seine* Ordnungen und *seine* Gebote", 4,40) unüberbietbare Geltung.

# Überblick zu Aufbau und Inhalt

Der Hauptteil des Buches Deuteronomium besteht aus den großen Mose-Reden (Dtn 1-30): Die erste Rede (Dtn 1-4) ist eine einleitende Vorrede zur zweiten, zentralen und längsten Rede in Dtn 5-26, in der Mose den Dekalog (Dtn 5), die Ermahnungen zum Hauptgebot (Dtn 6-11) und die Satzungen und Rechtsvorschriften (Dtn 12-26) darlegt. Dtn 27-28 beinhalten Reden zu Ritualen sowie Segen und Fluch, welche die Rede zum Moab-Bund vorbereiten (Dtn 29-30). Während Dtn 1-30 insgesamt eine Abfolge von Reden bietet, unterscheiden sich die abschließenden Kapitel Dtn 31-34 deutlich davon, indem sie die Erzählung voranbringen, und zwar in zwei Phasen: Moses letzte Taten (31,1-32,47), worin die Offenbarung des Moseliedes eingelagert ist, sowie die Erzählung vom Tod des Mose (32,48-34,12), die durch göttlichen Befehl eingeleitet (32,48-52) und durch Moses Segen (Dtn 33) verzögert ist. Die beiden poetischen Texte, **Moselied** und **Mosesegen**, setzen besondere Akzente in dieser abschließenden Erzählpassage des Pentateuch. Während das Moselied die bevorstehende Katastrophe ins Auge fasst und letztlich überwindet, bietet der Segen einen zutiefst positiven Ausblick auf Israels Zukunft.

| 1-4 | **Die erste Mose-Rede** | |
|---|---|---|
| | 1-3: Lehren aus dem Weg durch die Wüste | |
| | 4,1-40: Theologische Lehren aus der Gotteserscheinung am Berg Horeb | |
| 5-26 | **Die zweite Mose-Rede** | |
| | 5: Aktualisierung des Horeb-Bundes mit Dekalog | |
| | 6-11: Ermahnungen zum Hauptgebot der exklusiven Gottesbeziehung | |
| | 12-26: Die „Satzungen und Rechtsvorschriften" | |
| | | 12-18: Verfassung Israels in Bezug auf den erwählten Ort |
| | | 19-25: Straf-, Kriegs-, Familienrecht und andere soziale Regelungen |
| | | 26: Rituale am erwählten Ort |
| 27 | Rituale für die Ankunft bei den Bergen Garizim und Ebal | |
| 28 | **Moses Segen und Flüche** | |
| 29-30 | **Moses Moab-Bund-Rede** | |
| 31,1-32,47 | Mose übergibt sein Amt und die Tora; eine Theophanie und Abschluss der „Worte" | |
| | darin: 32,1-43: **Moselied** (*Poesie*) | |
| 32,48 – 43,12 | Mose steigt zum Berg Nebo auf, sieht das Land und stirbt | |
| | darin: 33,1-29: **Mosesegen** (*Poesie*) | |

Der Aufbau und die Inhalte der zentralen Gesetzestexte (Dtn 12-25) sind komplex. Sie gliedern sich in zwei Hauptteile. Dtn 12-18 legen die religiöse, soziale und politische Verfassung Israels in Bezug auf den erwählten Ort dar. Dtn 19-25 beinhalten Straf-, Kriegs-, Familienrecht und andere soziale Regelungen. Die Ordnung der Gesetze ist oft assoziativ und erscheint manchmal sprunghaft, ist aber bei näherem Hinsehen erstaunlich durchdacht. Die schematische Darstellung auf der folgenden Seite gibt einen kurzen thematischen Überblick.

# Überblick zu den Gesetzen des Deuteronomium (Dtn 12-26)

| | 12-18 Kultische und soziale Gesetze | |
|---|---|---|
| 12 | J<small>HWHS</small> **erwählter Ort**, wo sein Name wohnt: einziger Ort legitimer Opfer | |
| 13 | Verführung, J<small>HWH</small> zu verlassen: $_{2-6}$ falscher Prophet $_{7-12}$ Verwandte $_{13-19}$ Stadt | |
| 14 | $_{1-2}$ Israel, eine heilige Nation – keine heidnischen Rituale<br>$_{3-21}$ **Reine und unreine Tiere**<br>$_{22-29}$ Der **Zehnte** wird zum erwählten Ort gebracht: für Leviten, Waisen, Witwen | |
| 15 | **Schütze die Armen**: $_{1-6}$ Schulderlass im siebten Jahr $_{7-11}$ Darlehen für Arme<br>$_{12-18}$ Sklavenentlassung im siebten Jahr<br>$_{19-23}$ **Erstgeborene** J<small>HWH</small> geweiht | Zeiten |
| 16 | $_{1-17}$ **Drei Pilgerfeste**: $_{1-8}$ Pessach $_{9-12}$ Wochenfest $_{13-15}$ Laubhüttenfest $_{16-17}$ Resümee<br>$_{18-20}$ Richter und Beamte $_{21-22}$ Keine Kultobjekte (Pfähle, Stelen) | Zeiten |
| 17 | $_1$ Opfer ohne Makel $_{2-7}$ Astraler **Götzenkult** und seine Verfolgung<br>$_{8-13}$ **Levitische Priester und Richter**: Autorität ihrer Entscheidungen<br>$_{14-20}$ Der **König**: $_{14-15}$ Bruder $_{16-17}$ bescheiden $_{18-19}$ „Kopie dieses Gesetzes" → Demut | Ämter |
| 18 | $_{1-8}$ Der Anteil der **Priester** $_{9-14}$ Gegen Kinderopfer, Beschwörung und Magie<br>$_{15-22}$ Der **Prophet wie Mose**: $_{15-20}$ von J<small>HWH</small> am Horeb angekündigt $_{21-22}$ Merkmale | Ämter |

| | 19-25 Straf- und Zivilrecht |
|---|---|
| 19 | $_{1-13}$ **Totschlag / Mord**: $_{1-10}$ Asylstädte $_{11-13}$ Auslieferung eines Mörders<br>$_{14}$ Grenzen nicht verrücken $_{15-21}$ Zeugen $_{16-21}$ Falschzeuge |
| 20 | **Krieg**: $_{1-9}$ die Armee rückt aus $_{10-18}$ Krieg gegen Städte $_{19-20}$ Schutz von Bäumen |
| 21 | $_{1-9}$ Ein ungelöster **Mordfall**: Ritus zur Abwendung von Blutschuld<br>$_{10-21}$ **Familie**: $_{10-14}$ Heirat einer Kriegsgefangenen $_{15-17}$ Erstgeborene $_{18-21}$ Ungehorsamer Sohn $_{22-23}$ Abnahme des Leichnams eines Gepfählten |
| 22 | $_{1-3}$ Gefundener Besitz $_4$ Nachbarschaftshilfe<br>$_5$ Keine Mischungen von Gewand und Geschlecht $_{6-7}$ Vogelnest $_8$ Dachbrüstung<br>**Keine Mischungen**: $_9$ von Saatgut, $_{10}$ Arbeitstieren $_{11}$ oder textilen Rohstoffen<br>$_{12}$ Quasten an den vier Ecken des Mantels<br>$_{13-30}$ **Sexualrecht**: $_{13-21}$ Vorwurf fehlender Jungfräulichkeit $_{22}$ Ehebruch<br>$_{23-29}$ Verkehr mit einer Jungfrau: $_{23-27}$ verlobt $_{28-29}$ unverlobt |
| 23 | $_1$ Kein Verkehr mit einer Frau des Vaters<br>$_{2-9}$ Die **Versammlung Jhwhs**: Ausschluss und Zugehörigkeit<br>$_{10-15}$ Die Reinheit des Heerlagers Israels<br>$_{16-17}$ Schutz flüchtiger Untergebener $_{18-19}$ Keine Kultprostitution<br>$_{20-21}$ Kein Zins von Israeliten $_{22-24}$ Gelübde erfüllen $_{25-26}$ Gepflücktes unterwegs verzehren |
| 24 | $_{1-5}$ **Familie**: $_{1-4}$ Scheidung $_5$ Frisch Verheiratete frei von militärischen Pflichten<br>$_{6-21}$ **Respekt für Arme**: $_6$ Mühlsteine nicht als Pfand $_7$ Versklavung eines Israeliten<br>$_{8-9}$ Hautkrankheit, vgl. Mirjam $_{10-13}$ Respekt für Schuldner<br>$_{14-15}$ Löhne nicht vorenthalten $_{16}$ Verantwortung für die eigenen Verbrechen<br>$_{17-18}$ Schutz der *personae miserae* $_{19-21}$ Nachlese für Arme |
| 25 | $_{1-3}$ Begrenzte Bestrafung $_4$ Der dreschende Ochse $_{5-10}$ Levirat<br>$_{11-12}$ Eine Ehefrau greift in den Kampf von Männern ein $_{13-16}$ Gerechte Gewichte<br>$_{17-19}$ Das Andenken Amaleks vernichten |
| 26 | $_{1-15}$ Bekenntnisliturgie im verheißenen Land $_{16-19}$ Bundesformulierung |

# Wirkungsgeschichte – das einflussreichste Buch der Geschichte?

Es mag auf den ersten Blick erstaunen, aber es ist keinesfalls übertrieben, das Deuteronomium im Zusammenhang der fünf Bücher Mose insgesamt als eines der einflussreichsten Bücher der Weltgeschichte zu bezeichnen. Denn das Deuteronomium bildet mit seinen zahlreichen und tief durchdachten Techniken der Selbstautorisierung einen Kern des biblischen Kanons. **Es steht mit seiner Betonung religiöser Vermittlung über Generationen hinweg am historischen Ursprung des frühen Judentums als Schriftreligion. Und ohne diese Form des Judentums sind die Entstehung des Christentums und des Islam undenkbar.** Es ist vielleicht eine Ironie der Geschichte, dass das Deuteronomium, das sich um eine konzentrierte Sammlung Israels in seinem Land der Verheißung bemüht (Dtn 30), zugleich die Voraussetzungen für die bleibende Identität des Judentums in der weltweiten Zerstreuung geschaffen hat.

Die herausragende Bedeutung des Buches Deuteronomium zeigt sich auch in der frühen Rezeptionsgeschichte. Schon innerhalb des Alten Testaments sind zahlreiche Bücher in intensivem Diskurs mit Deuteronomium, etwa die Geschichtsdarstellung der Königsbücher, Jeremia, Ruth, Nehemia etc. Im 2. Jh. v.Chr. verwenden und bearbeiten z.B. die Tempelrolle und das Jubiläenbuch das Deuteronomium intensiv. In Qumran und den Textfunden vom Toten Meer insgesamt ist das Deuteronomium eine der am häufigsten bezeugten Schriften. Im Neuen Testament wird es mehrfach zitiert, besonders prominent bei der Frage nach dem wichtigsten Gebot (siehe zu Dtn 6, S. 64-65). Das rabbinische Judentum ist tief vom Deuteronomium geprägt, da die rabbinische Denkweise den auslegenden Mose des Deuteronomium zum Vorbild hat. Wie er, so sind auch die Rabbinen Schüler und Lehrer der göttlichen Offenbarung vom Sinai.

**Für die heutige Zeit hat das Buch Deuteronomium grundlegende Botschaften. Auch wir leben an Grenzen, in einer Zeit des Übergangs.** Die Revolution der medialen Kommunikationsformen durch das Internet und die technologische Revolution der Industrie haben die Welt verändert. Die weiteren Entwicklungen in den kommenden Jahrzehnten sind noch kaum absehbar. Zugleich suchen viele Menschen und Gesellschaften Halt und Identität in Althergebrachtem. In diesen dramatischen Übergängen braucht es ein Innehalten, vertiefte Reflexion. **Wie Mose müssen wir an der Schwelle stehenbleiben, uns besinnen; zurückschauen und vorausschauen. Welche Erfahrungen der Geschichte sind entscheidend für unsere ethische Identität und für unseren Glauben?** Was wollen und müssen wir unseren Kindern weitergeben, damit sie gut leben können? Welche Rolle spielen die neuen Medien in der Vermittlung von Religion und Werten?

## 1. Zur Auswahl und Übersetzung der Texte

Die meisten der folgenden ausgewählten Texte stammen aus jenen Mose-Reden, die das deuteronomische Gesetz rahmen (Dtn 5-11; 29-30), weil sie theologisch besonders reichhaltig sind und daher auch in der christlichen Liturgie besonders häufig verwendet werden. Moses Flüche in Dtn 28, ein harter Text, den Christen sonst wohl kaum lesen, werden bewusst in dieser Bibelwoche thematisiert, um anhand eines Extrembeispiels über schwierige Texte und Erfahrungen nachzudenken. Schließlich kommt mit den Regelungen zur Armutsbekämpfung und zum sozialen Ausgleich (Dtn 15) auch ein Grundanliegen des deuteronomischen Gesetzes in den Blick. Den Anfang der Bibelwoche bilden jedoch bekannte Erzählpassagen vom Ende des

Buches – ein Einstieg, der Grundlegendes für die erzählte Situation des Deuteronomium zu klären hilft. **Diese Textauswahl bleibt aufgrund ihrer speziell christlich-theologischen Leseinteressen einseitig und wird dem Buch Deuteronomium nicht insgesamt gerecht. Die ausgewählten Texte vermitteln aber einen ersten Eindruck vom theologischen Reichtum des Buches, der hoffentlich Lust auf ein vertieftes Weiterlesen macht.** Die hier gebotenen Übersetzungen sind meist sehr wörtlich und wollen so einen Eindruck von der Eigenart des hebräischen Formulierens vermitteln. Sie sind deshalb im Deutschen manchmal sperrig und nicht ganz leicht verständlich. Zum leichteren Verständnis kann man freilich immer auch gängige Übersetzungen zu Rate ziehen (s. Teilnehmer-Heft und verfügbare Übersetzung auf der DVD). Der Gottesname ist hier mit einer Umschrift der vier hebräischen Buchstaben wiedergegeben: JHWH. Er wäre „Jahwe" auszusprechen, wird von Juden aber aus Respekt nicht ausgesprochen. In dieser Tradition geben ihn auch die meisten Übersetzungen als „der Herr" wieder. Respekt vor dem göttlichen Namen ist wertvoll, aber die Wiedergabe „der Herr" wird wiederum der Schönheit des Namens nicht gerecht. Wir sollten uns dankbar dessen bewusst bleiben, dass wir an einen Gott glauben dürfen, der uns seinen Namen offenbart hat.

## 2. Zum Weiterlesen

Auf der DVD zu diesem Arbeitsbuch befindet sich ein ausführliches Literaturverzeichnis, in dem einige Werke zur ausführlichen oder kurzgefassten Beschäftigung mit dem Deuteronomium empfohlen werden.

# 1 | Gott zieht voran – Dtn 31,1-13; 34,1-12

## 1.1 Exegese

**Dominik Markl**

### 1. Moses Vermächtnis: Weisung für das Gottesvolk (Dtn 31,1-13; 34,1-12)

Warum beginnt die Bibelwoche mit dem Ende des Deuteronomiums? Zum Abschluss des Buches Deuteronomium zeigt sich in aller Deutlichkeit der Anlass und Grund für Moses Vermittlung der Tora. Vom Ende her wird der Sinn und die Bedeutung des ganzen Buches erst klar. In einem gewissen Sinn ist die Tora des Deuteronomium immer von diesem Ende her zu lesen, denn von daher gewinnt sie ihr besonderes Gewicht. Sie ist das letzte Wort des Mose – des größten aller Propheten.

Dtn 31-34 bildet nicht nur den Abschluss des Buches Deuteronomium, sondern auch des Pentateuch insgesamt, was an einigen großen Bezügen zu vorangehenden Texten deutlich wird:

- Der Mosesegen (Dtn 33) bildet eine Parallele zum Jakobssegen (Gen 49,1-28).
- Moses Tod (Dtn 34,5) beschließt die Erzählungen von seinem Leben (ab Exodus 2).
- Gottes Selbstzitat „Ich werde es deinen Nachkommen geben" (Dtn 34,4), bezieht sich auf die Berufung des Abraham (Gen 12,7).
- Moses ungetrübte Augen (Dtn 34,7) kontrastieren mit Isaaks getrübten Augen (Gen 27,1).
- Moses Handauflegung für Josua (Dtn 34,9), bezieht sich auf Num 27,23.
- Dtn 34,11 greift mit Gottes „Senden" auf die Berufung des Mose zurück (vgl. Ex 3,10).

Die folgenden zwei Passagen behandeln Moses Übergabe seiner Verantwortung (31,1-13) und seinen Tod (Dtn 34). Die erste gliedert sich in zwei Hauptteile: Mose ermutigt Israel und Josua zur Landnahme (31,1-8); dann schreibt er die Tora nieder und übergibt sie (31,9-13).

### 2. Mose ermutigt Israel und Josua zur Landnahme (31,1-8)

*(1) Und Mose ging [hin] und sprach diese Worte zu ganz Israel. (2) Und er sagte zu ihnen: „Ein Sohn von Hundertzwanzig Jahren bin ich heute. Nicht kann ich mehr ausziehen und zurückkehren, und Jhwh hat zu mir gesagt: ‚Nicht wirst du über diesen Jordan ziehen.' (3) und Jhwh, dein Gott, er zieht vor deinem Angesicht hinüber, er wird diese Nationen vor deinem Angesicht hinweg vernichten, und ihr werdet ihren Besitz übernehmen. Josua, er zieht vor deinem Angesicht hinüber, wie Jhwh gesprochen hat. (4) Und Jhwh wird an ihnen tun, was er an Sihon und Og, den Amoriterkönigen, und ihrem Land getan hat, die er vernichtet hat. (5) Und Jhwh wird sie vor euer Angesicht hingeben und ihr sollt an ihnen tun gemäß allem Gebot, das ich euch geboten habe. (6) Seid stark und seid mutig, fürchtet euch nicht und erschreckt nicht vor ihrem Angesicht, denn Jhwh, dein Gott, er ist der mit dir Gehende, er wird dich nicht aufgeben, und er wird dich nicht verlassen."*
*(7) Und Mose rief Josua herbei und er sagte zu ihm vor den Augen ganz Israels: „Sei stark und sei mutig, denn du wirst mit diesem Volk ins Land kommen, das Jhwh ihren Vätern zugeschworen hat, es ihnen zu geben, und du wirst es ihnen als Erbe verteilen. (8) Und Jhwh, er ist der Gehende vor deinem Angesicht. Er wird mit dir sein. Er wird dich nicht aufgeben, und er wird dich nicht verlassen. Fürchte dich nicht und sei nicht niedergeschlagen."*

Diese beiden kurzen Reden des Mose an Israel (31,1-6) und an Josua (31,7-8) haben zum Ziel, alle Angesprochenen zur Landnahme zu ermutigen. Es ist ein entscheidender Moment im großen Erzählzusammenhang der Geschichte des Volkes. Die Landnahme wird das Projekt zum Abschluss bringen, das Gott bei der Berufung des Mose formuliert hatte (Ex 3,8) – und auch das göttliche Versprechen an Abraham erfüllen (Gen 12,7; 15,18-21). Der ursprüngliche Plan zur Landnahme aber war gescheitert und um vierzig Jahre verzögert worden, da Israel sich aus Angst verweigert hatte (nachzulesen im Buch Numeri, in der sogenannten „Kundschaftererzählung" in den Kapiteln 13-14). Mose erzählt dies der nachfolgenden Generation auch zu Beginn seiner Reden im Deuteronomium (1,19-2,15).

Der Ungehorsam mit seinen desaströsen Folgen ist der Grund, warum Mose im Deuteronomium so viel rhetorische Energie verwendet, um Israel zur Landnahme zu ermutigen (vgl. schon das Gotteszitat in 1,6-8 und z.B. 9,1-3). Angesichts der Angst vor den übermächtigen Bewohnern des Landes (9,1-2) ist der göttliche Beistand das einzige, was zählt. Mose betont dies mehrfach (31,3-6.8). Vor der Landnahme geht es symbolisch vor allem darum – das unbedingte Gottvertrauen angesichts einer „Mission Impossible".

**Trotz aller Ermutigung wird Mose selbst nicht ins Land einziehen.** Zu Beginn seiner Reden hatte Mose dazu tendiert, die Verantwortung für die Tatsache, dass er nicht ins Land einziehen darf, auf Israel abzuschieben („euretwegen": 1,37; 3,26; 4,21). Gott korrigiert Mose in einem Vieraugengespräch und weist ihn zuletzt auf seine eigene Verantwortung hin (32,50-51**). Da er selbst also nicht einziehen darf, übergibt Mose nun die militärische und politische Leitungsverantwortung für Israel an Josua** (vgl. schon 1,37f; 3,23-28). Josua war erstmals im Kampf gegen Amalek an Moses Seite erschienen (Ex 17,9) und wird als Diener des Mose von Jugend an bezeichnet (Num 11,28). „Du wirst mit diesem Volk ins Land kommen ..., und du wirst es ihnen als Erbe verteilen" (Dtn 31,7) fasst gleichsam zwei Hauptteile des Josuabuches vorausblickend zusammen: Landnahme (Jos 1-12) und Landverteilung (Jos 13-21).

In Momenten des Übergangs und der Weitergabe von Verantwortung und im Hinblick auf große bevorstehende Herausforderungen spielen Sorgen und Ängste eine gravierende Rolle. Die Familie, die Belegschaft oder das Volk brauchen in solchen Momenten Ermutigung. „Yes, we can!" ist ein solcher Mutmacher. Politischen Angstmachern hingegen ist nicht zu trauen. Sie spielen mit den gefährlichen Tendenzen, zu denen die träge Masse neigt. Bei der Weitergabe von Verantwortung, sei es bei der Übergabe eines Bauernhofes oder einer Firma, kommt es wesentlich auf die Vertrauensbeziehung zwischen dem Seniorchef und der Juniorchefin an. Mose setzt auf eine gewachsene Beziehung, auf einen treuen, langjährigen Begleiter, der das gemeinsame Ziel vor Augen hat. Mose kann loslassen. Er wird nicht weiterhin kontrollieren. „JHWH wird mit dir sein" ist Moses Segen, mit dem er seinen Nachfolger in die Eigenverantwortung entlässt.

## 3. Mose schreibt die Tora nieder und übergibt sie (31,9-13)

*(9) Und Mose schrieb diese Tora und er gab sie den Priestern, den Söhnen Levis, den Trägern der Lade des Bundes und JHWHS und allen Ältesten Israels. (10) Und Mose gebot ihnen folgendermaßen: „Am Ende von sieben Jahren, zur Zeit des Brachjahres, beim Laubhüttenfest, (11) wenn ganz Israel kommt zu erscheinen beim Angesicht JHWHS, deines Gottes, an dem Ort, den er erwählen wird, sollst du diese Tora ausrufen vor ganz Israel, in ihre Ohren. (12)*

*Versamme das Volk, die Männer und die Frauen und die Kleinkinder und deinen Fremden, der in deinen Toren [wohnt], damit sie hören und damit sie lernen und fürchten J<small>HWH</small>, euren Gott, und sie werden bewahren zu tun alle Worte dieser Tora. (13) Und eure Kinder, die nicht wissen, sollen hören und lernen zu fürchten J<small>HWH</small>, euren Gott, all die Tage, die ihr lebendig [seid] auf dem Land, wohin ihr über diesen Jordan zieht, um es in Besitz zu nehmen."*

Welchen Text schreibt Mose in der erzählten Welt hier nieder? Worauf bezieht sich „diese Tora" (v.9)? Mindestens die Tora-Rede in Dtn 5-26 (vgl. 4,44) und auch Dtn 28-30 (vgl. 28,58.61; 29,19.20.26; 30,10), möglicherweise aber auch die Vorrede Dtn 1-4 (vgl. 1,5). Das Deuteronomium präsentiert in diesem Sinn, wie es Jean-Pierre Sonnet, Professor für Altes Testament an der Päpstlichen Universität Gregoriana in Rom, formuliert hat, ein „Buch innerhalb des Buches" (*The Book within the Book: Writing in Deuteronomy*, Leiden 1997). Erst in späterer Entwicklung wurde der Begriff „Tora" im Judentum als Bezeichnung für den gesamten Pentateuch ausgeweitet, sodass Mose zum Autor der „fünf Bücher Mose" wurde. Das Buch Deuteronomium selbst hingegen zeigt ein deutliches Bemühen, die in ihm dargebotene Tora-Lehre des Mose als abgegrenztes Dokument zu markieren („Und *dies* ist die Tora...", 4,44). Dasselbe Anliegen kommt in der sogenannten Kanonformel zum Ausdruck: „Das ganze Wort, das ich euch gebiete, sollt ihr bewahren, um es zu tun. Du sollst nichts zu ihm hinzufügen und nichts von ihm wegnehmen" (13,1, vgl. 4,2). Die Tora ist geschrieben, fixiert, aber sie braucht auch mündliche Vermittlung, sie ist für „Ohren" geschrieben (v.11).

**Mose übergibt dieses gewichtige Dokument an zwei Personengruppen: Priestern und den im Volk traditionell verantwortlichen Ältesten, also „Laien".** Die Priester sind „Träger der Lade des Bundes J<small>HWHS</small>" (31,9), welche die steinernen Tafeln des Dekalogs enthält (vgl. 10,5.8). Dieses Bild hat symbolischen Wert. Die Priester „tragen" damit Verantwortung für das göttliche Wort. Doch nicht nur sie erhalten die Tora, sondern auch die Ältesten. **Die religiöse Tradition liegt nicht nur auf den Schultern der Priester. Aus der Sicht des Mose muss sie tief im Volk verankert sein.** In diesem Sinn ist Mose „Protestant". Das Wort Gottes ist für das Volk insgesamt, nicht nur für eine elitäre Priesterkaste. Zu diesem Verständnis hat sich glücklicherweise auch die römisch-katholische Kirche im 20. Jahrhundert wieder bekehrt.

Mit der folgenden Rede gründet Mose gleichsam die erste „Ökumenische Bibelwoche". Im Erlassjahr (s. dazu S. 105) soll die Tora dem gesamten Volk gelehrt werden. Dieser Zeitpunkt ist von symbolischer Bedeutung. Denn erst, wenn die Sklaven freigelassen werden und so geschwisterliche Gleichheit im Volk wiederhergestellt ist, ist die Voraussetzung gegeben, die Lehre der Tora in richtiger Weise zu hören. Dieses Lehrfest ist nicht nur eine Maßnahme zur Volksbildung, sondern zielt darauf ab, zu lernen, „J<small>HWH</small> zu fürchten" (wiederholt in v.12.13). Bei der Auseinandersetzung mit dem Wort Gottes kommt es wesentlich darauf an, das Ziel im Auge zu behalten. Es ist kein Intelligenzwettbewerb, sondern es geht darum, in der Gottesbeziehung zu wachsen. Augustinus sagt in diesem Sinn: „Wer denkt, etwas in der Schrift verstanden zu haben, aber nicht in der doppelten Liebe zu Gott und dem Nächsten bestärkt ist, hat noch nicht richtig verstanden" (in *De doctrina christiana*).

Die Kinder, auch die Kleinsten, sollen dabei sein (v.12-13). Dieses Lernfest ist zugleich eine Art neuer Horeb (vgl. 4,10). Lernkultur ist eine Urerfahrung, eine kulturelle Atmosphäre, die von Klein auf zu inhalieren ist. Auch die Fremden sollen dabei sein (v.12). Integration geht nicht ohne Einladung zum Fest und Mitteilung der eigenen Werte. Wenn die Asylanten nicht zum Dorf- oder Pfarrfest eingeladen sind, ist die Feier eigentlich gescheitert. Kultur wird so zur chauvinistischen

Nabelschau. Die Bibel ist herausfordernd. Sie will echte Auseinandersetzung, und dazu gehört ein soziales Leben, das über faden Provinzialismus hinausgeht. Heute bedeutet das: Begegnung und persönliches Gespräch mit Menschen aus anderen Ländern und Kontinenten.

## 4. Der Tod des größten Propheten (Dtn 34)

*(1) Und Mose stieg auf aus den Ebenen Moabs zum Berg Nebo, den Gipfel des Pisga, gegenüber Jericho, und JHWH zeigte ihm das ganze Land: Gilead bis Dan, (2) und ganz Naftali und das Land Efraim und Manasse und das ganze Land Juda bis zum westlichen Meer (3) und den Negev und den Kreis Jerichoebene, der Palmenstadt, bis Zoar. (4) Und JHWH sagte zu ihm: „Dies ist das Land, von dem ich Abraham, Isaak und Jakob geschworen habe: ,Deinen Nachkommen werde ich es geben!' Ich habe es dir gezeigt, in deine Augen, doch du wirst nicht dorthin hinüberziehen." (5) Und Mose, der Diener JHWHS, starb dort, im Lande Moab, gemäß dem Mund JHWHS. (6) Und er begrub ihn im Tal, im Lande Moab, gegenüber Bet-Peor. Und niemand kennt sein Grab bis zum heutigen Tag. (7) Und Mose war ein Sohn von 120 Jahren, als er starb. Nicht war getrübt sein Auge, nicht entflohen seine Frische. (8) Und die Israeliten beweinten Mose in den Ebenen Moabs dreißig Tage lang, und sie vollendeten die Tage des Trauerweinens um Mose. (9) Und Josua, Sohn des Nun, war erfüllt mit dem Geist der Weisheit, denn Mose hatte seine Hände auf ihn gelegt. Die Israeliten hörten auf ihn und taten, wie JHWH dem Mose geboten hatte. (10) Und nie wieder ist ein Prophet in Israel erstanden wie Mose, den JHWH von Angesicht zu Angesicht gekannt hätte, (11) hinsichtlich der Zeichen und Wunder, die ihn JHWH gesandt hatte, im Land Ägypten dem Pharao und seinen Dienern und seinem ganzen Land zu tun; (12) und hinsichtlich der starken Hand und all der großen Schreckenstaten, die Mose getan hat vor den Augen ganz Israels.*

## 5. Trost im Sterben

Hier schließt sich der Lebenskreis des Mose. Bei seiner Berufung beim brennenden Dornbusch und bei der dortigen Gotteserscheinung war er allein mit Gott gewesen – am Gottesberg sogar dreimal vierzig Tage und vierzig Nächte (9,9.11.18.25; 10,10). Sonst hatte seine Berufung vor allem öffentliche Verantwortung bedeutet, ein der Allgemeinheit Ausgesetztsein. Unzufriedenheit, Proteste, Neiderei, Besserwisserei, hatte er über vierzig Jahre hinweg ertragen müssen. Noch der letzte Tag seines Lebens war von einem Kraftakt öffentlicher Tätigkeit geprägt – stundenlange Rede- und Schreibarbeit. Jetzt aber, in der letzten Stunde, steigt Mose erneut allein auf einen Berg. Ein passender letzter Weg für diesen größten Bergsteiger der Bibel! Das Gipfelerlebnis ist wiederum ein zutiefst spiritueller Moment. Gott zeigt ihm jenes Land, das seit seiner Berufung den Horizont und Fluchtpunkt seines Lebens gebildet hatte. Obwohl der Text keine Stunde nennt, könnte man sich wohl vorstellen, dass sich der Tag zu Ende neigt und die Sonne bald im „westlichen Meer" (v.2), also im Mittelmeer, zerstiebt.

Die persönliche Rede Gottes an Mose ist die letzte Gottesrede im Pentateuch. Sie endet mit einem leicht bitteren Klang: „doch du wirst nicht dorthin hinüberziehen" (v.4). **Das Ende des Buches steht in der Spannung zwischen Erfüllung und unerfüllter Sehnsucht. Das Deuteronomium lässt keinen Zweifel daran, dass es Moses sehnlicher Wunsch war, selbst ins Land zu gelangen.** Es ringt mit dem Thema unerfüllter Lebenswünsche. Steht dahinter die Erfahrung von Vertriebenen in Babylonien, die sich nach einem Tod in der alten Heimat gesehnt hätten? Dieses Schlusskapitel des Pentateuch scheint zu antworten: **Es kommt nicht darauf an, wo du stirbst, und ob deine noch so sehnlichen Lebenswünsche erfüllt worden sind. Es kommt darauf an, dass du „gemäß dem Mund Jhwhs" stirbst** (v.5).

Dieser Ausdruck verweist einerseits auf die Bereitwilligkeit, mit der Mose selbst Gott dann noch Folge leistet, wenn dieser ihn auf den Berg Nebo schickt, um dort zu sterben (vgl. 32,49-50 mit 34,1-5), ruft aber auch in grundsätzlicher Weise Moses intensive Beziehung mit dem göttlichen Wort in Erinnerung, die sich in seinem Sterben vollendet. „Gemäß dem Mund Jhwhs" lässt sich auch übersetzen mit „auf dem Mund Jhwhs", was die Rabbinen zu dem schönen Gedanken anregte, Mose sei auf Gottes Kuss gestorben. Mose schweigt – nun auf ewig. Es kommt keine Antwort mehr aus seinem Mund. Doch das Gebet, das Mose in diesen Momenten sprechen könnte, lässt sich, wie Eckart Otto vorgeschlagen hat, vielleicht im 90. Psalm finden. Es ist der einzige, der Mose zugeschrieben ist.

### Gott ist unsere Zuflucht (Psalm 90)

Ein Gebet von Mose, dem Mann Gottes.

*Herr, eine Zuflucht bist du uns gewesen, wo man sicher wohnen kann,*
*du warst es für uns durch alle Generationen.*
*Ehe die Berge geboren wurden, ehe du die Erde mit ihren Lebensräumen*
*hervorbrachtest – da warst du, Gott, schon da von Ewigkeit zu Ewigkeit.*
*Die sterblichen Menschen lässt du zu Staub werden und sprichst:*
*»Kehrt zum Staub zurück, ihr Menschenkinder!«*
*Denn tausend Jahre sind in deinen Augen so kurz wie ein gerade vergangener Tag –*
*sie sind nicht länger als ein paar Stunden in der Nacht.*
*Du reißt die Menschen aus dem Leben, sie entschlafen,*
*sie sind so vergänglich wie frisch emporgewachsenes Gras,*
*das am Morgen sprießt und blüht und am Abend welkt und verdorrt.*
*Ja, wir vergehen durch deinen Grimm, wir erschrecken, wenn dein Zorn uns trifft.*
*Du führst dir unsere Vergehen vor Augen,*
*selbst unsere verborgenen Sünden kommen vor dir ans Licht.*
*Ach, alle unsere Tage schwinden dahin, weil dein Zorn auf uns lastet,*
*wir durchleben unsere Jahre so rasch, als wären sie ein kurzer Seufzer.*
*Unser Leben dauert siebzig Jahre, und wenn wir noch Kraft haben, dann auch achtzig Jahre.*
*Und was uns daran so wichtig erschien, ist letztlich nur Mühe und trügerische*
*Sicherheit. Denn schnell eilen unsere Tage vorüber, als flögen wir davon.*
*Wer aber erkennt wirklich, wie gewaltig dein Zorn und dein Grimm ist?*
*Wer begreift, welche Ehrfurcht dir gebührt?*
*Lehre uns zu bedenken, wie wenig Lebenstage uns bleiben,*
*damit wir ein Herz voll Weisheit erlangen!*
*Herr, wende dich uns wieder zu! Wie lange hält dein Zorn*
*noch an? Erbarme dich über alle, die dir dienen!*
*Schenk uns schon am Morgen deine reiche Gnade!*
*Dann werden wir jubeln und uns freuen unser Leben lang.*
*Erfreue uns nun eben so viele Tage, wie du uns bisher gedemütigt hast –*
*für die Jahre, in denen wir Schlimmes erleben mussten, gib uns nun gute Jahre!*

*Lass deine Diener dein mächtiges Handeln erleben,*
*über ihren Kindern lass deine Herrlichkeit sichtbar werden!*
*So zeige sich nun an uns die Freundlichkeit des Herrn, unseres Gottes!*
*Gib dem Bestand, was wir mit eigenen Händen tun, ja, fördere unserer Hände Arbeit!*

## 6. In die Tora „auferstanden"

„Und er begrub ihn" (v.34,6) bezieht sich im Textzusammenhang auf Gott zurück. Er selbst begräbt seinen Propheten. Das passt zum nachfolgenden Hinweis, dass sein Grab keinem Menschen bekannt ist. Der Vorschlag der Einheitsübersetzung „man begrub ihn" ist zwar grammatikalisch möglich, entspringt aber wohl einer modernistischen Rationalisierung. Der Text sagt: Niemand kennt Moses Grab. Die Botschaft ist: Es kommt auch nicht darauf an, sein Grab zu kennen. Menschen tendieren dazu, große verstorbene Persönlichkeiten zu verehren, ihre Gräber mit monumentalen Gedenkstätten zu schmücken. Man denke nur an die Pyramiden, die Grabeskirche in Jerusalem, den Petersdom etc.

Dtn 34 hingegen verweist Moses zukünftige Verehrer darauf, keinen Personenkult um Mose zu inszenieren, sondern sich dessen zu besinnen, was Mose Israel eigentlich wissen lassen wollte. „Kennen" und „wissen" geben ein einziges hebräisches Verb wieder (*yd'*). Mose vermittelte Gotteskenntnis: Um Gottes Einzigkeit soll Israel wissen (4,35.39), Gottes Treue (7,9), um die lebensspendende Kraft seines Wortes (8,3), Gottes Begleitung (9,3). Mose hat Israel mit der Tora sein Lebenswort hinterlassen (32,47). Er ist gestorben, doch die Tora wird Israel ins Land begleiten, und darüber hinaus durch die Weltgeschichte. Mose ist – so hat es Eckart Otto in einem christlichen Bild zum Ausdruck gebracht – in die Tora auferstanden.

> **Die Rabbinen bemerkten:**
> **Würde jemand das Grab des Mose finden und auch nur einen Spalt weit öffnen,**
> **so könnte die Welt das Licht, das aus ihm hervorbrechen würde, nicht ertragen.**

## 7. Der größte Prophet! – Und der Prophet wie Mose?

Die abschließenden Verse des Pentateuch (Dtn 34,10-12) feiern Mose als einmaligen Propheten (vgl. auch S. 20-21). Das steht jedoch in einer gewissen Spannung zur Ankündigung eines Propheten wie Mose in Dtn 18,15-18. Dort hatte Mose von einem Gotteswort vom Horeb berichtet: „Einen Propheten wie dich will ich für sie aus der Mitte ihrer Brüder erstehen lassen" (18,18). Dabei geht es nicht nur um das Prestige einer religiösen Gestalt, sondern auch um die Hermeneutik der Tora. Das Ende des Pentateuch scheint mit der Einmaligkeit des Mose gleichsam auch in höchstem Maße seine Tora zu kanonisieren. Der Prophet wie Mose jedoch soll weitere Offenbarung erhalten: „Ich werde meine Worte in seinen Mund geben, und er wird zu ihnen alles reden, was ich ihm gebieten werde" (18,18).

Die gewichtige Frage lautet also: Ist mit dem Tod des Mose auch die göttliche Offenbarung abgeschlossen? Oder sind weitere Gottesworte zu erwarten? Diese Spannung wird schon innerhalb der Bibel aufgenommen. Ist schon Josua ein Prophet wie Mose? Der Gehorsam des Volkes ihm gegenüber (Dtn 34,9) setzt jedenfalls Moses Autorität fort. Jeremia ist ganz deutlich als Prophet wie Mose dargestellt: „JHWH sprach zu mir: ‚Siehe, ich gebe meine Worte in deinen Mund'" (Jer 1,9, vgl. Dtn 18,18). Auch Jesus scheint als dieser Prophet angesehen worden zu sein: „Denn wenn ihr Mose glaubtet, so würdet ihr mir glauben, denn er hat von mir geschrieben" (Joh 5,46). „Als die Menschen das Zeichen sahen, das er getan hatte, sagten sie: Das ist wirklich der Prophet, der in die Welt kommen soll" (Joh 6,14; vgl. 7,40). Wie bei Mose (Dtn 34,11), sind Zeichen auch bei Jesus ein Merkmal des Propheten (vgl. auch Joh 20,30-31).

Auf dem Gipfel des Gebirges steht
Mose, der Mann Gottes und Prophet.

Seine Augen schauen unverwandt
in das heilige gelobte Land.

»So erfüllst Du, Herr, was Du versprochen,
niemals hast Du mir Dein Wort gebrochen.

Deine Gnade rettet und erlöst,
und Dein Zürnen züchtigt und verstößt.

Treuer Herr, Dein ungetreuer Knecht
weiß es wohl: Du bist allzeit gerecht.

So vollstrecke heute Deine Strafe,
nimm mich hin zum langen Todesschlafe.

Von des heiligen Landes voller Traube
trinkt allein der unversehrte Glaube.

Reich dem Zweifler drum den bittern Trank,
und der Glaube sagt Dir Lob und Dank.

Wunderbar hast Du an mir gehandelt,
Bitterkeit in Süße mir verwandelt,

läßt mich durch den Todesschleier sehn
dies mein Volk zu höchster Feier gehn.

Sinkend, Gott, in Deine Ewigkeiten
seh mein Volk ich in die Freiheit schreiten.

**Der die Sünde straft und gern vergibt,
Gott, ich habe dieses Volk geliebt.**

**Daß ich seine Schmach und Lasten trug
und sein Heil geschaut – das ist genug.**

**Halte, fasse mich! Mir sinkt der Stab,
treuer Gott, bereite mir mein Grab.«**

Dietrich Bonhoeffer
September 1944, aus der Sammlung „Von guten Mächten"

# 1.2 Der Text heute – Themen und Bausteine

**Kerstin Offermann**

Diese erste Einheit der Bibelwoche schafft einen ersten Einblick in die faszinierende Welt und Theologie des Deuteronomium. Entsprechend geht es auch in den ausgewählten Bibeltexten um einen Einblick in weites Land und unbekanntes Terrain. Die Herausforderung ist dabei, den Überblick nicht zu verlieren. Je nachdem, welcher inhaltliche Schwerpunkt für den Einstieg ins Deuteronomium gewählt werden soll, ist es sinnvoll, sich für einen der beiden Bibeltexte zu entscheiden, die in der Exegese besprochen werden – sowohl aus zeitlichen Gründen als auch wegen der Fülle der anklingenden Themenschwerpunkte.

 Einen Blick ins Land kann man sehr schön mit den Fotos werfen, die sich auf der DVD befinden. Wir danken Matthias Uhlig herzlich dafür. Für eine erste Orientierung finden Sie auf der DVD auch die Google-Luftaufnahme von der Gegend um den Nebo mit eingetragenen Ortsbezeichnungen.

## 1. Die Person des Mose

Die vorgeschlagene *Bibelarbeit* (vgl. S. 40) wählt zum Einstieg die **Person des Mose**. Daher liegt hier der Schwerpunkt auf Dtn 34. Bei diesem Textabschnitt steht der *Tod von Mose* im Mittelpunkt.
**Moses Zeit auf der Erde ist zu Ende. Für ihn stellt sich die Frage, ob er seinen Auftrag erfüllt hat.** Mose muss seinen Frieden mit dem Unfertigen machen. Er ist jedoch Teil einer größeren Geschichte. Nun muss er seine Aufgabe weitergeben an die nächste Generation. Darin liegt eine Verheißung für die Zukunft. **Mose hat keinen selbstverständlichen Anspruch auf das Land, auf die Zukunft. Es bleibt für ihn unverfügbar. Es bleibt Gottes Projekt, nicht das von Mose.** Die Erfüllung der Verheißung ist eine Gemeinschaftsaufgabe, nicht die eines einzelnen Superhelden. Zum Glück für die nachfolgenden Generationen ist noch nicht alles erledigt,

als Mose stirbt. Darum gehören auch wir noch zu dieser Verheißungs-Geschichte. Es scheint Teil von Gottes Art zu sein, dass er seine Verheißungen nicht ein für alle Mal erfüllt. Es gibt immer noch ein Mehr über die bereits erfahrene Erfüllung und Treue Gottes hinaus.

Das ganze Deuteronomium ist als eine lange letzte Rede von Mose gestaltet. In seinen *letzten Worten* gibt er den Israeliten alles mit, was ihm wirklich wichtig ist.

 Bitten Sie die TN, für sich selbst drei Sätze zu verfassen, die sie der nachfolgenden Generation mitgeben möchten, um dieser entdecken zu helfen, was im Leben wirklich wichtig ist. Bitten Sie anschließend die TN, wenn sie möchten, ihre Sätze mit der Gruppe zu teilen. Gibt es Übereinstimmungen?

Mose Blick ins Land beinhaltet beides: *Bilanzziehen* und visionäre *Zukunftsschau.*

Über das eigene Leben eine schlussendliche *Bilanz* zu ziehen, entzieht sich dem eigenen Vermögen. Man kann seine Beerdigungsrede nicht selbst halten. Für Mose ist Gott derjenige, dem er das Urteil über sein Leben überlässt. Mose stirbt auf dem Mund Gottes, im Einstimmen in Gottes Willen. Sehr schön kommt dieser Gedanken in dem Lied „Bilanz" von Manfred Siebald zur Sprache:

https://www.youtube.com/watch?v=9MQViyIgQng

Bilanz über das eigene Leben zu ziehen, heißt die Frage zu stellen: Was bleibt von mir, wenn ich nicht mehr da bin? Ein Ort des Gedenkens und der Erinnerung an einen verstorbenen Menschen ist sein Grab. Wie empfinden die TN es, dass es von Mose nicht mal ein *Grab* gibt? Er stirbt in der Fremde. Ohne Grab zu sein, erinnert an das Schicksal von Soldaten oder namenlosen Opfern von Terrorregimen. Kein Grab zu haben, ist ein Zeichen von Heimatlosigkeit und Einsamkeit. Trotzdem wird Mose nicht vergessen werden. Wie wichtig ist den TN ein Grab als Erinnerungsstätte? Welche anderen Formen der Erinnerung gibt es?

Im Grunde entzieht sich die Frage nach dem, was von mir bleiben wird aber meinem eigenen Urteil. Das bedrückende ist ja gerade, dass ich dann eben nicht mehr da bin und nicht eingreifen kann.

Angesichts der Begrenztheit meines eigenen Lebens muss ich das *Loslassen lernen.* Auch meine Wünsche, meine Vorstellungen von gelingendem Leben, aber auch die Enttäuschungen und den Groll, der vielleicht damit verbunden ist. Loslassen zu lernen ist eine wichtige geistliche Übung. Wer seine letzten Lebensjahre in einer Betreuungseinrichtung verbringt, erlebt schon durch den Umzug aus einer Wohnung / einem Haus in nur noch ein Zimmer (oder gar ein Doppelzimmer), was loslassen bedeutet. Aber auch sonst ist der Prozess des Alterns auf vielen Ebenen damit verbunden, loslassen zu müssen. Dieses Thema könnte für manche TN der Bibelwoche sehr persönlich sein. Die TN können sich gegenseitig bei dem Prozess des Loslassens unterstützen, indem sie von ihren Erfahrungen berichten: Was habe ich schon losgelassen in meinem Leben? Was hat mir dabei geholfen? Loslassen ist eine Kunst, die geübt werden will und eine Kompetenz, die mit zunehmendem Lebensalter größer wird.

 Im Bezug zum Bibeltext werden die TN gebeten, ihr eigenes Leben wie aus der Bergperspektive zu betrachten. Welche wichtigen Wegetappen sehen die TN in ihrem eigenen bisherigen Leben? Was mussten sie loslassen, um zur nächsten Etappe weiterzuziehen?

Ein Foto mit dem Blick von einem Berg aus in eine weite Landschaft, in das die TN ihre Biografie eintragen könnten findet sich auf der DVD.

 Loslassen und Einstimmen in den Willen Gottes sind geistliche Übungen. Gemeinsam kann dabei im Rahmen der Ökumenischen Bibelwoche die Technik des Herzensgebet geübt werden. Bitten Sie die TN, sich bequem, aber aufrecht hinzusetzen und ihren Körper und ihren Atem wahrzunehmen. Beim Einatmen denken sie betend: „In Gottes Hände" im Ausatmen denken sie betend: „Lasse ich mich los". Wiederholen Sie diese Worte ein paar Mal langsam im Atem-Rhythmus und geben Sie den TN anschließend Zeit, ihren eigenen Gebets- und Atem-Rhythmus zu den Gebets-Worten zu finden.

Dietrich Bonhoeffer findet in der Geschichte von Mose, der in das verheißene Land schaut, einen Schlüssel, um seine letzten Lebenstage in Gefangenschaft geistlich zu verarbeiten und sich in Gottes Hände geben zu können. „Der Tod des Mose" (s. Exegese). Als Musikvideo findet sich der Text auch auf YouTube, vertont von Siegfried Fietz: https://www.youtube.com/watch?v=RX3Fo-loiHrY
Als Prophet schaut Mose aber auch visionär in die Zukunft. Er erschließt kommenden Generationen durch seine Worte die Möglichkeit zu einer bleibenden Identität im Exil, zu einem gerechten Rechtssystem, zu einer fast schon demokratischen Gesellschaftsform, die alle politischen Kräfte der Tora unterstellt.
Diese Kraft, durch visionäre Perspektiven das Leben hier und jetzt positiv zu verändern trägt das Deuteronomium in sich. Das verheißene Land ist kein Schlaraffenland, sondern eine Aufgabe, eine Herausforderung, die mithilfe von überlieferten und aktualisierten Worten gemeistert werden soll. Es ist ein Ort, an dem sich das Gottesverhältnis und die Liebe bewähren sollen.

## 2. Die Worte des Mose

Mose schreibt zum Abschied und zur Stärkung für den Weg ins Ungewisse seine Worte auf. Damit begründet er die entscheidende Rolle die der **Tora** im Judentum zukommen wird (Schwerpunkt liegt auf Dtn 31). **Die Tora übernimmt die Rolle des Mittlers zwischen Gott und den Menschen, die vorher Mose innehatte.** Im Tradieren und Auswendiglernen der Berichte, Gebete und Gebote wird das Gotteswortes an Mose im kollektiven Gedächtnis bewahrt. Die Tora bedeutet Gotteserkenntnis, Gottesbegegnung, Glaubenswachstum, Tradition, Liebesübung, Weisung, Identitätsstiftung und politisches Programm. Das Sterben von Mose war nötig, um dem Volk das Wort zu übermitteln und damit in die Selbständigkeit zu führen, sowie ein Wachsen in der Gottesbeziehung zu ermöglichen. Dtn 31 ist ein Bericht darüber, wie die Tora so bedeutsam werden konnte und welche Rolle ihr in Zukunft bis heute zukommt. Durch diese Geschichte der Tora können wir bis heute lernen, welche Rolle der Bibel unter uns zugedacht ist. Auch die Bibel bedeutet Gotteserkenntnis, Gottesbegegnung, Glaubenswachstum, Tradition, Liebesübung und Weisung. **Die Geschichten, Gebete und Gebote der Bibel zu erinnern, bedeutet bis heute, das eigene Leben mit ihnen in Verbindung zu bringen** und die eigenen Herausforderungen aus der Perspektive Gottes zu betrachten. Sowohl die Zusagen von Gottes Treue und Begleitung, sowie die Zusage und Aufforderung zur gegenseitigen Liebe kommt uns aus der Bibel bis heute entgegen.

Dabei wird während dieser Bibelwoche als Unterthema auch immer wieder die Frage aufgeworfen, wie weit die Identifikation von uns als Christinnen und Christen mit dem Volk Gottes gehen kann und wo wir vielleicht auch in Demut einen Schritt zurücktreten oder die Texte für uns anders lesen und interpretieren müssen.

## 3. Die Zeitebenen des Deuteronomium

Das Deuteronomium zeichnet sich durch ein inspirierendes, aber auch verwirrendes Ineinander verschiedener **Zeitebenen** aus. Bereits in der Erzählung (in Dtn 31) sind verschiedene Zeitebenen und Generationen präsent. Die erste und früheste Zeitebene ist die des Bundes am Sinai / Horeb zwischen Gott und der (inzwischen verstorbenen) Elterngeneration. Sie hatten damals schon von Gott den Auftrag bekommen, ins verheißene Land einzuziehen, haben sich aber aus Angst vor der Bevölkerung des Landes verweigert und sind dann bei dem Versuch, das Land einzunehmen gescheitert. (So schildert es Dtn 1)
Die Erzähl-„Gegenwart" des Buches spielt 40 Jahre später in der Ebene Moab und am Berg Nebo kurz vor dem Einzug des Volkes ins verheißene Land und kurz vor Moses Tod.
Die dritte, nicht offensichtliche Zeitebene des Deuteronomium ist der Zeitraum, in dem die Texte verfasst wurden: zur Zeit des babylonischen Exils. Die *ersten* Adressaten dieses Textes lebten im Exil. Sie sahen sich mit der Herausforderung konfrontiert, bald in ihre ursprüngliche Heimat umzusiedeln, die sie aber noch nie gesehen hatten. Sie haben sich selbst in den letzten 50 Jahren als Opfer von Gewalt erlebt, ohnmächtig und rechtlos. Sie hören hier eine starke Rede einer starken Führungsperson von vor 500 Jahren; etwa so, als würden wir eine Rede von Martin Luther lesen. Besonders spannend an der Konzeption der verschiedenen Zeitebenen im Deuteronomium ist, dass es jede nachfolgende Lesergeneration (auch uns heute!) dazu auffordert, die eigene Gegenwart als vierte Zeitebene in die Texte einzubringen. (Dazu mehr in den Themen und Bausteinen zu Einheit 2 und Einheit 7).

**Zeitebene 1 – Die Generation des Volkes, die am Horeb / Sinai den Bund mit Gott schloss (Ex 19-23). Wird von der Figur des Mose in ihren Reden immer wieder aufgegriffen.**

**Zeitebene 2 – Die Erzählgegenwart des Buches Deuteronomium: 40 Jahre nach dem Sinai-Bund steht das Volk an der Schwelle zum verheißenen Land.**

**Zeitebene 3 – Die Zeit, in der des Buch Deuteronomium verfasst wurde: rund um das babylonische Exil. Hinweise auf Aussagen, die gezielt auf diese Erstleser zugeschnitten sind, schimmern immer wieder im Deuteronomium durch.**

**Implizierte Zeitebene 4 – Die zukünftigen Generationen von Lesern und damit auch wir als „heutige" Leser.**

Gerade für die Passagen im Deuteronomium, in denen es um Gewalt gegen die Fremdvölker geht, hilft eine historische Einordnung des Entstehungsprozesses des Deuteronomiums. Spätestens am vierten Abend wird die Gewalt in den Texten des Deuteronomiums explizit thematisiert werden, sollte allerdings für den ersten Abend der Text aus Dtn 31 gewählt werden, wird diese Frage sehr wahrscheinlich auch in der ersten Einheit schon präsent sein. Die Störung, die wir heute bei diesen Texten empfinden ist oft so gravierend, dass unbedingt Raum sein sollte, seinem eigenen Unbehagen Ausdruck zu verleihen und die Aussagen des Deuteronomiums zu Gewalt theologisch und historisch einzuordnen. (vgl. dazu die Exegesen zum 4. Text: „Hinweise zum besseren Verständnis" S. 77)

Hilfreich scheint, dass die ersten Adressaten dieses Textes nicht die sind, von denen der Text erzählt. Diese Rede aus der Vergangenheit fordert sie in ihrer gegenwärtigen Lage nicht (mehr) zur Gewalt auf, sondern dazu, mutig und vertrauensvoll einer unsichereren Zukunft entgegenzugehen. Erhellend ist in diesem Zusammenhang auch die Erkenntnis, dass die Texte eine Form der Trauma-Bearbeitung sein könnten. Näheres dazu finden Sie bei den Themen und Bausteinen zur 4. Einheit (S. 80).

Inhaltlich geht es in Dtn 31 um Ermutigung, um Gottvertrauen trotz großer Widerstände und eigener Verletzungen.

Bitten Sie die TN, sich mit einem der Akteure des Textes zu identifizieren und sich entsprechend in Untergruppen zusammenzufinden: je eine Gruppe zu Mose, zu Josua, zu den Israeliten, (evtl. auch noch zu den Fremdvölkern, und zur Exilsgemeinde). Bitten Sie die Gruppen, gemeinsam zusammenzutragen: Welche Erwartungen hat diese Person / Personengruppe? Welche Befürchtungen? Was gibt ihr Mut? Was macht ihr Angst?

Drucken Sie den TN das *praise&pray*-Heft zum Deuteronomium aus, in dem es um das Vertrauen auf Gott geht, trotz der Herausforderungen, vor denen man steht. Geben Sie den TN das *praise&pray*-Heft mit nach Hause oder laden Sie die TN ein, die Seite gemeinsam während der entsprechenden Einheiten der Bibelwoche zu gestalten. (Halten Sie dafür verschiedenen Stifte und Farben bereit).

## 4. Die Generationen im Deuteronomium

Hier klingt ein weiteres zentrales Thema des Deuteronomiums an: der Gedanke der Generationenfolge. Dieses Thema ist sowohl in Dtn 31 als auch in Dtn 34 zu finden. Zunächst kristallisiert es sich an *Josua*, der von Mose zu seinem Nachfolger ernannt wird. **Mose übergibt ihm nicht nur die Verantwortung, sondern auch seine Weisheit, seinen Segen und seinen Geist. Damit hat Josua auch die Autorität, die er für seine Aufgabe braucht.**

Die Übertragung des Leitungsauftrags an Josua erinnert an Ordinationsgottesdienste und an Mitarbeitersegnungen. Wenn Gott Menschen eine Aufgabe überträgt, stattet er sie auch mit dem aus, was sie dafür brauchen und er tut das durch andere Menschen.

Sicherlich haben einige TN Erfahrung mit der Weitergabe der Verantwortung. Ob sie Verantwortung abgeben mussten oder selbst Verantwortung übertragen bekommen haben und daher wissen, wie wichtig das ist, dass man als Nachfolger überhaupt den Freiraum bekommt, selbstständig handeln und entscheiden zu können. Aber auch die Angst vor der großen Verantwortung kennen und der quälenden Frage, ob einem die Schuhe nicht vielleicht doch zu groß sind. Josua bekommt diese Chance nur, indem Mose abtritt. Mose Tod schafft auch den Freiraum für einen Neuanfang. Ob die Generation nach ihm seine Worte beherzigt, oder nicht, kann Mose nicht mehr beeinflussen. Auch diese Erfahrung dürfte den TN vertraut sein: im Blick auf die Erwartungen, die ihre Eltern an sie hatten, und im Blick auf die Entwicklung der eigenen Kinder in ein selbstbestimmtes Leben hinein (vgl. dazu Einheit 3, S. 62).

Das Deuteronomium schafft ein starkes Bewusstsein für die Generationenfolge durch die gemeinsame Erinnerung an die Worte von Mose um Ermutigung und Stärkung des Gottvertrauens für die Zukunft zu vermitteln. (Dtn 31)

In diese Generationenfolge gehören auch wir mit hinein. Es entspricht der Theologie des Deuteronomiums, wenn wir den Zuspruch des Textes auch als Zuspruch an uns hören. Sprechen Sie den TN die Zusage des Textes zu.

**Lieder**

EG 168    Du hast uns, Herr, gerufen
EG 171    Bewahre uns Gott, behüte uns Gott (Gotteslob 453)
EG 329    Bis hierher hat uns Gott gebracht
EG 376    So nimm den meine Hände (GL Regionalteil)
EG 395    Vertraut den neuen Wegen (GL Regionalteil)
EG 434    Shalom chaverim
We are marching in the light of God

# 1.3 Vorschlag für eine Bibelarbeit

Rita Müller-Fieberg

## 1. Inhaltlicher Schwerpunkt

Dtn 34,1-12 thematisiert einen spannungsreichen Übergang: Während Mose an der Schwelle des Todes steht und das verheißene Land nicht mehr betreten wird, muss Israel den Schritt in die Zukunft, die Überschreitung des Jordans wagen. Auch in diesen sensiblen Zeiten erweist sich Gott als derjenige, der sein Volk begleitet und anführt.

### Verbindung zu anderen Einheiten

Der erste Text der Bibelwoche beginnt mit den letzten Versen der gesamten Tora. Dtn 1,1-13 und Dtn 34,1-12 bilden den erzählerischen Rahmen, von dem her alle weiteren Texte als ein „Testament" des sterbenden Moses ihre Deutung im Rückblick und ihre Bedeutung für die Zukunft erhalten. Insofern sollten bei der ersten Veranstaltung einige hinführende Bemerkungen zum Buch Deuteronomium speziell hinsichtlich seines literarischen Charakters („Story"/verdichtete Erfahrung statt „History"/Information zu historischen Fakten) vorausgehen.

### Raumgestaltung
– Stuhlkreis
– Der Raum sollte ausreichend groß sein für die Legearbeiten.

### Materialien und Medien
– Blatt mit Liedern und Texten
– Seile in ausreichender Anzahl
– beschriftete Karten, Fotos (z.B. Material auf der DVD: Blick vom Nebo in Richtung Israel, z.B. von Google Earth), Symbole für den Lebensweg des Mose, z. B. Pyramide, Binsenkörbchen, Stab, Berg, Gesetztafeln ...)
– Karten und dicke Stifte
– Landkarte bzgl. Dtn 34,1-3

## 2. Zur Gestaltung des Abends

### Liturgische Eröffnung
→ **Lied**: „Vertraut den neuen Wegen" (EG 395) oder das Lied zur Bibelwoche (Schenke mir Gott)

### Auf den Text zugehen: Zwischen Gestern und Morgen (ca. 20 Min.)
**Mose, An der Schwelle zum Tod**: Auf dem Boden liegt ein Seil. L lässt einige wichtige Lebensstationen des Moses (als der literarischen Hauptfigur von Ex 2 an) Revue passieren. Er/sie legt dabei mit diesen Stationen beschriftete Karten, Fotos oder auch passende Symbole aus (Schilfkörbchen, Pyramiden, Gesetzestafeln etc.).
„Heute, am Tag seines Todes, schauen wir zurück auf das Leben dessen, der als der größte Prophet Israels beschrieben wird ..."

- auf die Rettung als Kind, die erst ermöglichte, dass er zum Retter seines Volkes werden konnte
- auf seine Kindheit und Jugend zwischen zwei Kulturen: in seiner hebräischen Herkunftsfamilie und am ägyptischen Pharaonenhof
- auf seine intensive Gotteserfahrung beim brennenden Dornbusch, die für ihn zur Berufung wird
- auf die Auseinandersetzung mit dem Pharao, den Auszug aus Ägypten und die Rettung am Schilfmeer
- auf vierzig Jahre Wüstenwanderung – mit zahlreichen Konflikten (militärisch, mit dem Volk, mit seinen Geschwistern) ebenso wie mit herausragenden Gottesbegegnungen am Sinai, die Mose zum Vermittler der Weisung Gottes machen

„Nun steht Mose auf dem Berg Nebo, wie Gott es ihm befohlen hat (Dtn 32,48-52). Er weiß, er wird dort sterben. Vor ihm liegt das verheißene Land." Ein Bild vom Berg Nebo mit Ausblick ins Land jenseits des Jordans wird zum Lebensweg gelegt: „Welche Worte würden Sie dem sterbenden Mose in den Mund legen?" Es erfolgt ein kurzer Austausch.

*Erste Lektüre:* Der Text wird ganz vorgelesen. Die TN schreiben die Wendung auf eine Karte, die sie am meisten berührt hat, und legen ihre Karte zum Foto des Nebo. Welche Wendungen/Begriffe wurden vermehrt ausgewählt? Was hat spontan erfreut, erstaunt, befremdet?

**Dem Text begegnen: Abschluss und Neubeginn (ca. 40 Min.)**

Der Text wird abschnittsweise gelesen und anknüpfend an die Äußerungen aus der ersten Phase mithilfe weiterer Impulsfragen besprochen. Wichtige Fragen und Einsichten werden auf Karten notiert und dem Bodenbild zugeordnet.

*Dtn 34,1-5: Unerfüllte Sehnsucht*

Die geographischen Bezeichnungen der v. 1-3 können mit einer Landkarte veranschaulicht werden. Wichtiger als die ohnehin nicht zu historisierenden Angaben und als die Frage, ob eine solche Aussicht überhaupt realistisch wäre, ist die Aussage: Gott gewährt dem Mose die Sicht auf die Gesamtheit des versprochenen Landes. Hier erfüllt sich die Verheißung an die Patriarchen (V. 4). Mose aber (nach V. 5 immerhin der „Bevollmächtigte", der Knecht Gottes!) bleibt der Zutritt zum verheißenen Land verwehrt.

- Was bedeutet es, das Land vor Augen zu haben und es nicht betreten zu dürfen?
- Wie gehen wir mit den unerfüllten Sehnsüchten unseres Lebens um?
- Was ist „erfülltes" Leben?

*Dtn 34,6-9: Wenn eine Ära zu Ende geht*

Die V. 6-9 nehmen den Übergang in der Leitungsverantwortung in den Blick – eine Zeit, die generell oft geprägt ist von Verunsicherung, von Ängsten wie Hoffnungen.

Mose, agil und handlungsfähig bis zum Ende (v. 7), wird von Gott selbst begraben. Niemand weiß um den Ort des Grabes.

- Welche Auswirkungen hat es, nicht um eine Grabstätte zu wissen? (Unsicherheit; ein Ort des Gedenkens fehlt...)
- Welche Wirkung geht vom Fehlen des Mosegrabes aus? (kein Personenkult möglich; von Mose bleibt v.a. die Tora!)

Ggf. kann ein Hinweis auf die Entrückung Elijas (2 Kön 2,1-18) und auf die Wirkungsgeschichte beider Gestalten ohne Grab in der frühjüdischen Tradition erfolgen: Es gibt in der Bibel drei Personen, die keine belegte Grabstätte haben: Mose, Elija und Jesus. Sie werden in den Evangelien auch bewusst gemeinsam genannt, da sie als „Wiederkommende" Boten der Vollendung der Geschichte durch Gott sind. Zu Elija s. Mal 3,1.23; Sir 48,10, zum Endzeitprophe-ten Mose Dtn 18,15.18. Vor diesem Hintergrund wurden z. B. in den Qumranschriften die Widerstandsanführer gegen die römische Besatzung als Endzeitpropheten gedeutet.

Die Übergabe der Leitungsverantwortung an Josua hat Mose schon zu Lebzeiten gestaltet (V. 9). Josua wird als würdiger Nachfolger in Kontinuität zu Mose gezeichnet. Das Volk nimmt sich die Zeit, die alte Führungsgestalt zu betrauern (v. 8) – und wendet sich dann vertrauens-voll der neuen Leitung zu.

- Wie vollziehen sich Generationenwechsel?
- Was heißt es, loslassen und abgeben zu können?
- Gewähren wir uns die Zeit, das Vergangene zu betrauern? Lassen wir uns auf das Neue ein?
- Wie gehe ich mit der Vergangenheit so um, dass sie in die Zukunft weist?

*Dtn 34,10-12: Bleibendes Erbe – Gabe für die Zukunft*

Statt einer „Grabinschrift" stellen die v. 10-12 die Einzigartigkeit des Moses in seiner Verbin-dung von intimer Gottesnähe, Führungskompetenz und kritisch-prophetischem Geist heraus. Seine Einzigartigkeit verweist auf die Würde der Tora als Gottes Weisung für ein gelingendes Leben heute und morgen.

- Mit welchen Eigenschaften wird Mose beschrieben?
- Was bleibt von Mose? (die Gabe der Tora!)

**Mit dem Text weitergehen: Gott geht mit (ca. 20 Min.)**

Im Sinne von Dtn 5,3 („Dieser Bund galt nicht nur unseren Vorfahren, die gestorben sind; er gilt uns allen, die wir heute lebendig hier stehen.") werden in kleinen Gruppen „Zeitlinien" für heute gestaltet:

- Welche Lehren und Erfahrungen der Vergangenheit prägen und tragen uns
  – als Gemeinde / Kirche / Gesellschaft?
- Was gibt uns in einer Zeit des Übergangs Halt?
- Was wollen wir unbedingt weitertragen?
- Welche Abschiede stehen an?
- Welche Neuaufbrüche sind nötig, damit auch unsere Kinder und Kindeskinder gut glauben und leben können?
- Was bedeutet es für uns heute, dass Gott in die Zukunft voranzieht?

Die entstehenden Bodenbilder werden einander präsentiert. Sie können fotografiert und am Ende der Bibelwoche im Lichte der weiteren Texte erneut reflektiert werden.

**Liturgischer Abschluss**

→ **Textlesung:** Ken Unterer – „Das Gebet des Oscar Romero" (s. Teilnehmerheft und DVD)
→ **Vaterunser**
→ **Segen**: Die TN legen einander je eine Hand auf die Schulter. Sie sprechen gemeinsam den aaronitischen Segen (Num 6,24-26; Übersetzung: Gute Nachricht Bibel):
„Der Herr segne euch und beschütze euch!
Der Herr blicke euch freundlich an und schenke euch seine Liebe!
Der Herr wende euch sein Angesicht zu und gebe euch Glück und Frieden!"
→ **Lied: „Geh unter der Gnade"** (EG 543)

## 1.4 Bildbetrachtung – Der Tod des Mose und sein Vermächtnis

**Johannes Beer**

*Josef Ebnöther: „Der Tod des Mose und sein Vermächtnis" 2018,
Mischtechnik auf Papier, 73,5 x 52,5 cm*

Der blaue mittlere Bereich tritt sofort gegenüber den gelborangenen Feldern hervor und fesselt den ersten Blick. Er kommt von oben herab und endet auslaufend ins Weiße über einem dunkleren ins Grünliche gehende Rechteck. Die gelborangenen Flächen werden durch einen weißen Balken unterteilt, der sich hinter dem blauen Bereich durchzuziehen scheint. In dem dunkleren grünlichen Rechteck ist rechts ein helles Oval. Und dies Rechteck steht seinerseits über einem aus roten Linien angedeuteten Rechteck, das durch weitere Linien eine räumliche Anmutung bekommt.

Das dunkle Rechteck erinnert an eine Bahre oder einen Sarg. Von den Proportionen her kann das weiße Oval gut den Kopf einer liegenden Gestalt andeuten. Die roten Linien formen dann das Untergestell der Aufbahrung. Oder bilden sie das Grab, in das der Sarg hinein gesenkt wird? Natürlich assoziieren wir Mose auf seinem Totenbett oder in seinem Sarg, auch wenn in der Abstraktion des Bildes weder Attribute

ihn kenntlich machen noch überhaupt eine menschliche Gestalt im eigentlichen Sinne dargestellt ist.

Darüber nun sind der blaue Bereich und die gelborangenen, die den Bereich der Menschen symbolisieren. Im rechten finden sich wieder helle Ovale, die uns an Köpfe erinnern und hier vielleicht die Israeliten symbolisieren. Über ihnen allerdings sind dunkle Strukturen. Im oberen Teil des linken gelborangenen Bereiches fällt eine rote Fläche auf, die in Linien und Punkten nach unten eine Bewegung hat und eine Fortsetzung in den roten Punkten und Linien über dem Fußende des Sarges findet. Von links oben aus dem roten Bereich gehen auch schwarze Pfeile aus, die auf die Mitte weisen, während ein langer weißer mit roter Spitze den blauen Bereich durchkreuzt und im anderen gelborangenen Teil endet. Auf dem weißen Balken lesen wir „Gott zieht voran" und „Gott ist da! Keine Furcht". So wird durch diese Worte, die die Mose-Rede zusammenfassen, der blaue Bereich auch zum Jordan, den die Israeliten mit Gottes Hilfe überwinden. Der helle Pfeil zeigt ihnen den Weg und ist bei ihnen. Auch wenn sie Dunkles bedrückt, können sie durch Gott in ihrem Land leben.

# 2 | Ich bin dein Gott – Dtn 5,1-22

## 2.1 Exegese

**Dominik Markl**

Nach seiner einleitenden Vorrede (Dtn 1-4) setzt Mose zu seiner zentralen Tora-Rede an (Dtn 5-26). Der ersten Passage (Dtn 5) kommt dabei eine Schlüsselrolle zu. Mose ruft entscheidende Momente der Gottesbegegnung am Horeb in Erinnerung (5,2-31), gerahmt durch Ermahnungen zum Gehorsam (v.1.32-33). Zuerst spricht Mose über den Bundesschluss und die Gotteserscheinung (v.2-5) und zitiert den Dekalog (v.6-21). Dann gibt er die Bitte des Volkes wieder, die überwältigende Gottesoffenbarung nicht mehr selbst erleben zu müssen; stattdessen möge Mose den Gotteswillen für sie vermitteln (v.22-27, vgl. Ex 20,19). Gott habe dieser Bitte zugestimmt, sagt Mose (Dtn 5,28-30), wobei er selbst den göttlichen Lehrauftrag erhalten habe (v.31; vgl. schon 4,14). Diese Szene ist entscheidend für das Selbstverständnis der Tora des Deuteronomium, denn eben diesen Lehrauftrag vom Horeb erfüllt Mose in seiner Gesetzeslehre. Das folgende Schema zeigt die entscheidenden Zusammenhänge:

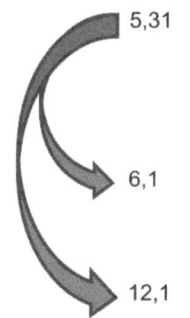

5,31    Du aber bleib hier bei mir stehen, ich werde sprechen zu dir all das *Gebot und die Satzungen und die Rechtsvorschriften*, die du sie *lehren* sollst und die sie *tun* sollen *im Land* …

6,1    Und dies sind das *Gebot, die Satzungen und die Rechtsvorschriften* die Jhwh, euer Gott, mir geboten hat, euch zu *lehren zu tun im Land* …

12,1    Dies sind die *Satzungen und die Rechtsvorschriften*, die ihr bewahren sollt *zu tun im Land* …

Mose lässt also keinen Zweifel daran, dass die Lehren, die er in Dtn 6-26 vorträgt, in der Autorität des göttlichen Lehrauftrags vom Horeb gründen. Dies ist von gravierender Bedeutung, weil sich im Buch Exodus ebenfalls eine Rechtssammlung findet, die auf die Dekalog-Offenbarung folgt – von der aber im Buch Deuteronomium keine Rede ist.

Ex 20,1-17   Dekalog
Ex 20,22-23,33     Bundesbuch („Satzungen und Rechtsvorschriften": 21,1)
Ex 24,4     Niederschrift

Dtn 5,6-21   Dekalog
Dtn 6-26    Horeb-Lehre des Deuteronomium („Satzungen und Rechtsvorschriften": 6,1; 12,1)
Dtn 31,9    Niederschrift

Die Abfolge von Dekalog und weiteren Satzungen und Rechtsvorschriften mit ihrer darauffolgenden Niederschrift ist also im Deuteronomium ganz parallel zur vorderen Sinai-Perikope (Ex 19-24) gestaltet. Umso erstaunlicher ist, dass das „Bundesbuch" (vgl. Ex 24,7) im Deuteronomium mit keinem Wort erwähnt wird. De facto also ersetzt Moses Lehre von Satzungen und Rechtsvorschriften in Dtn 6-26 jene des Bundesbuches. Diese Konzeption des Pentateuch zeigt das Deuteronomium als Werk der Gesetzesreform (vgl. S. 21). Selbst das göttlich offenbarte Gesetz muss unter neuen Umständen neu ausformuliert werden.

Das Deuteronomium autorisiert sich selbst dazu, den Auftrag Gottes vom Horeb, das Volk in seinen Geboten zu unterweisen, auszuführen und die Rechtsvorschriften zu „aktualisieren".

### 1. Mit uns hat Jhwh den Bund geschlossen!

*(1) Und Mose rief ganz Israel und sagte zu ihnen:*
*„Höre, Israel, die Satzungen und die Rechtsvorschriften, die ich heute in*
*eure Ohren spreche! Ihr sollt sie lernen und bewahren, sie zu tun.*
*(2) J*HWH*, unser Gott, hat mit uns einen Bund geschlossen am Horeb.*
*(3) Nicht mit unseren Eltern hat J*HWH *diesen Bund geschlossen,*
*sondern mit uns: uns diesen hier heute, uns allen Lebenden.*
*(4) Von Angesicht zu Angesicht hat J*HWH *gesprochen mit euch am Berg aus mitten des Feuers –*
*(5) ich stand zwischen J*HWH *und euch zu jener Zeit, um euch zu verkünden den Ausspruch J*HWH*S,*
*denn ihr fürchtetet euch vor dem Feuer und stiegt nicht auf zum Berg – folgendermaßen: ...*

Moses Rede beginnt mit einem Paukenschlag. In einem kurzen Satz erwähnt er den Bundesschluss vom Horeb (v.2) – im Buch Exodus ist der Sinai-Bund über mehrere Kapitel hin erzählt (Ex 19-24). „Nicht mit unseren Eltern hat JHWH diesen Bund geschlossen" (v.3) klingt zunächst wie eine glatte Lüge. Mose hatte soeben des Langen und Breiten erzählt, dass die gesamte Generation jener, die am Horeb waren, in den vierzig Jahren in der Wüste sterben musste (Dtn 1,19-2,15). Diese Spannung ist so offensichtlich, dass sie freilich auf einen rhetorischen Effekt abzielt – zur Betonung der folgenden Botschaft: „sondern mit uns: *uns* diesen hier heute, uns allen Lebenden." Diese seltsam sperrige und schwer zu übersetzende Formulierung betont wie kaum eine andere Passage der Bibel die gegenwärtig anwesende Gemeinschaft – das „Wir" der hier und heute Lebenden. **Dieser Vers ist einer der großen Kunstgriffe des Deuteronomium. Denn er erklärt den Horeb-Bund nicht nur für die neue Generation in Moab für gültig, sondern ist offen für jegliche Gemeinschaft von Hörern und Lesern der Zukunft, die sich mit diesen an Israel gerichteten Worten identifizieren möchte.** Lesen wir diese Stelle heute in der Kirche oder in der Bibelrunde, können auch wir uns von Mose angesprochen und in den Horeb-Bund miteingeschlossen fühlen. *Wir, hier, heute.* Diese Worte, so einfach sie klingen mögen, haben also die Macht, Jahrtausende zu überbrücken.

Das Deuteronomium spielt in vielfältiger Weise mit dem „Wir" und „Heute". Noch im selben Kapitel zitiert Mose die vorangehende Generation Israels am Horeb mit den Worten: „Siehe, JHWH, unser Gott, hat uns seine Herrlichkeit und seine Größe sehen lassen und seine Stimme haben wir gehört aus mitten des Feuers. An diesem *heutigen* Tag haben wir gesehen, dass Gott mit dem Menschen sprechen kann und er überlebt! Jetzt aber: Warum sollen wir sterben?" (v.24) Fühlen wir mit dieser Rede, erleben wir das Staunen und die Furcht des Volkes so, als stünden wir selbst am brennenden Berg. Genau das will das Buch Deuteronomium. Es will uns zurück an den feurigen Berg Horeb holen und zurück nach Moab in die Abschiedsreden des Mose, um diese entscheidenden Momente im Leben des Gottesvolkes nachzufühlen, mitzuerleben und in dessen Gemeinschaft einzutreten.

## 2. Die Zehn Worte

(6) ‚Ich bin Jʜᴡʜ, dein Gott, der ich dich ausziehen ließ
aus dem Land Ägypten, aus dem Haus der Sklaven.
(7) Nicht werden dir sein andere Götter gegen mein Gesicht.
(8) Nicht wirst du dir machen ein Bildhauerwerk, jegliches
Abbild, das im Himmel oben oder auf der Erde unten
oder im Wasser unter der Erde ist.
(9) Nicht wirst du dich vor ihnen niederwerfen und nicht ihnen dienen,
denn ich bin Jʜᴡʜ dein Gott, ein eifernder Gott, verfolgend die Schuld der
Eltern auf den Nachkommen, sowohl auf drei und auf vier [Generationen] für
die mich Hassenden, (10) doch handelnd in Verbundenheit für tausende [Gene-
rationen], für die mich Liebenden und den Bewahrenden meine Gebote.
(11) Nicht wirst du erheben den Namen Jʜᴡʜs, deines Gottes, zu Nichtigem, denn
nicht wird Jʜᴡʜ den straffrei lassen, der erhebt seinen Namen zu Nichtigem.
(12) Bewahre den Tag des Sabbats, um ihn zu heiligen, wie dir geboten hat Jʜᴡʜ, dein Gott.
(13) Sechs Tage wirst du dienen und machen all deine Arbeit, (14) doch der siebte Tag ist Sabbat
für Jʜᴡʜ, deinen Gott. Nicht sollst du machen jegliche Arbeit, du und dein Sohn und deine Tochter
und dein Diener und deine Magd und dein Rind und dein Esel und all dein Vieh und dein Fremder, der sich innerhalb deiner Tore aufhält, damit dein Sklave und deine Sklavin ruhen wie du.
(15) Und du sollst dich erinnern, dass du Sklave warst im Land Ägypten, und Jʜᴡʜ,
dein Gott, ließ dich ausziehen von dort mit starker Hand und mit ausgestrecktem
Arm. Daher hat dir Jʜᴡʜ, dein Gott, geboten, zu tun den Tag des Sabbats.
(16) Ehre deinen Vater und deine Mutter, wie dir Jʜᴡʜ, dein Gott, geboten hat, damit deine Tage
lange währen und damit es dir wohlergehe auf dem Erdboden, den Jʜᴡʜ, dein Gott, dir gibt.
(17) Nicht wirst du morden.
(18) Und nicht wirst du ehebrechen.
(19) Und nicht wirst du stehlen.
(20) Und nicht wirst du antworten gegen deinen Nächsten als Zeuge von Nichtigem.
(21) Und nicht wird dir gelüsten nach der Frau deines Nächsten, und nicht wirst du
begehren das Haus deines Nächsten, sein Feld, noch seinen Diener, noch seine Magd,
sein Rind, noch seinen Esel, noch jegliches, was deinem Nächsten gehört.‘
(22) Diese Worte sprach Jʜᴡʜ zu eurer ganzen Versammlung am Berg aus mitten
des Feuers, des Gewölks und des Wolkendunkels mit großer Stimme, und nichts
fügte er hinzu. Und er schrieb sie auf zwei steinerne Tafeln und gab sie mir.

Dieser Spitzentext erhält im Deuteronomium selbst den Ehrentitel „die Zehn Worte" (Dtn 4,13; 10,4). „Zehn Gebote" wurden sie erst später genannt. Wie die Zehn Worte zu zählen seien, ist keineswegs eindeutig, was zu zahlreichen unterschiedlichen Traditionen geführt hat. Welche Zählung man bevorzugt, ist letztlich nicht entscheidend. Wichtig ist vor allem, den Text insgesamt ernstzunehmen. Das betrifft insbesondere seinen Anfang. „Ich bin Jhwh, dein Gott, der ich dich ausziehen ließ aus dem Land Ägypten, aus dem Haus der Sklaven". Dieser Vers wird oft in Analogie zu Verfassungstexten als Prolog oder Präambel des Dekalogs bezeichnet. Manche Katechismen jedoch haben diesen Satz weggelassen, da er ja kein Gebot ist. Aber er ist grundlegend! „Ich bin Jhwh, dein Gott", lässt sich ebenso gut übersetzen als „Ich, Jhwh, bin dein Gott" – womit Gott seine Bundesbeziehung mit Israel für gültig erklärt. Sie ist die Voraussetzung, auf der alles weitere aufbaut.

Ebenso grundlegend ist, dass sich Gott als Israels Befreier aus der Sklaverei Ägyptens präsentiert. Wie sein befreiendes und beschützendes Handeln, das Israel in wunderbarer Weise erfahren hat, so dienen auch seine Weisungen der *Bewahrung der Freiheit*. Der Alttestamentler Frank Crüsemann hat unter diesem Titel ein schönes Büchlein zum Dekalog geschrieben (*Bewahrung der Freiheit. Das Thema des Dekalogs in sozialgeschichtlicher Perspektive*, München 1998). Schon das erste Gebot zeigt diese Ausrichtung in aller Deutlichkeit: „nicht wirst du dich vor ihnen niederwerfen und nicht ihnen (als Sklave) dienen" (v.9), bewahrt Israel vor einer erneuten Selbstversklavung im Dienst fremder Götter.

In der Auslegungstradition und in künstlerischen Darstellung wurden die Zehn Worte meist auf die „zwei steinernen Tafeln" (v.22) in zwei Gruppen zu 3+7 oder 5+5 Geboten aufgeteilt, wobei die erste Tafel auf Gott bezogene Weisungen enthält, die zweite hingegen die menschliche Sphäre betrifft. So war es ursprünglich aller Wahrscheinlichkeit nach nicht gemeint. Der kurze Text des Dekalogs passt ganz leicht auf eine einzige Tafel. Die zwei Tafeln haben vielmehr damit zu tun, dass Vertragstexte in der Antike doppelt ausgefertigt wurden. Unter literarischer Rücksicht lässt sich der Dekalog nach der Präambel am besten in drei Abschnitte gliedern:

**V.7:** Präambel

**V.8-11:**
Das Fremdgötter- und Bilderverbot sowie das Verbot, Gottes Namen zu missbrauchen schützen die Integrität der Beziehung mit Gott.

**V.12-16:**
Das Sabbat- und das Elterngebot sind die einzigen positiv formulierten Gebote und betreffen sowohl die Gottesbeziehung als auch das soziale Zusammenleben im Familienverband.

**V.17-21:**
Die abschließende Reihe von Verboten bezieht sich auf das soziale Zusammenleben im Volk; sie ist in aller Kürze und Prägnanz formuliert und beinhaltet – im Unterschied zu den vorangehenden Abschnitten – keine Begründungen.

Der Dekalog stellt den anderen Gesetzen – ähnlich einem Grundgesetz – in der Form von fundamentalen Geboten eine Art Grundwertekatalog voran. **Die theologischen Gebote zu Beginn sind nicht nur religiös, sondern auch rechtstheoretisch von Bedeutung, da hier Gott selbst zu Israels Gesetzgeber wird. Seine Alleinverehrung impliziert, dass sich Israel nicht auf andere Götter berufen kann, um entgegen Jhwhs Wort zu handeln.**

Der Sabbat und die Ehre der Eltern betreffen Grundwerte des Zusammenlebens in der Familie. Der Sabbat ist der Tag, an dem die fundamentale soziale Gleichwertigkeit von Herr und Diener, Arbeitgeber und Arbeitnehmer wiederhergestellt wird. Die eigene Erwähnung der Tiere zeigt Sensibilität für das Zusammenspiel von Menschen- und Tierwelt und damit für die ökologische Dimension insgesamt, die heute wieder besonders wichtig wird. Wertschätzung der Eltern und Wohlwollen zwischen den Generationen ist grundlegend für soziale Stabilität – „damit deine Tage lange währen und damit es dir wohlergehe". Dies gilt sowohl für die einzelne Familie, als auch für die gesamte Gesellschaft – was heute etwa beim Thema „Generationenvertrag" deutlich wird.

Die Gruppe der sozialen Verbote untersagt zunächst zerstörerische Handlungen und erklärt damit das Leben des Einzelnen, die eheliche Treue, den Besitz und die aufrichtige Zeugenschaft vor Gericht zu wesentlichen Grundwerten. Das abschließende Verbot zu begehren zeigt psychologische Feinfühligkeit. Es zielt ausdrücklich auf die Motivation und geht damit zur Wurzel des Handelns. Begehrlichkeiten ziehen zahllose Handlungen nach sich, die das Zusammenleben gefährden und zersetzen. Das Begehrensverbot fördert eine Kultur der Zufriedenheit und des Respekts.

## 3. Bedeutsame Unterschiede

Im Großen und Ganzen entsprechen die Gebote des Deuteronomium-Dekalogs jenen der Sinai-Offenbarung (Ex 20,1-17). Doch bei genauerem Hinsehen bemerkt man Unterschiede in den Formulierungen (für Details siehe „Vergleich der Dekalogfassungen" auf der DVD). Das ist eigentlich unerhört, denn diese überaus heiligen Worte wurden, laut mehrerer Textstellen, von Gott selbst in Stein eingeschrieben (vgl. Ex 31,18; 32,16; Dtn 4,13; 5,22; 9,10; 10,2.4). **Wie kann Mose von Gott selbst verewigte Worte verändern? Darf er denn das?**

Um die Frage zu beantworten, müssen zunächst die Unterschiede betrachtet werden: Mose verändert – das sticht wohl am stärksten ins Auge – die Begründung des Sabbatgebots. Im Sinai-Dekalog hatte Gott formuliert: „Denn sechs Tage lang hat Jhwh den Himmel und die Erde gemacht, das Meer und alles, was in ihnen ist, und er ruhte am siebten Tag. Daher hat Jhwh den Tag des Sabbats gesegnet und ihn geheiligt" (Ex 20,11). Anstelle dieser Begründung fügt Mose ein: „Und du sollst dich erinnern, dass du Sklave warst im Land Ägypten, und Jhwh, dein Gott, ließ dich ausziehen von dort mit starker Hand und mit ausgestrecktem Arm. Daher hat dir Jhwh, dein Gott, geboten, zu tun den Tag des Sabbats" (Dtn 5,15). Für Exodus bedeutet der Sabbat Nachahmung der göttlichen Ruhe am siebten Schöpfungstag.

Im Deuteronomium wird er zum Gedenktag der Exodus-Befreiung. Das entspricht der allgemeinen Tendenz des Deuteronomium zur Betonung des Exodus-Gedenkens (vgl. 15,15; 16,12; 24,18.22) und zu sozialer Sensibilität. Im Sabbatgebot unterstreicht Mose wiederholend – in Ergänzung zum Sinai-Dekalog: „damit dein Sklave und deine Sklavin ruhen wie du" (v.14). Der soziale Ausgleich ist essenziell am Sabbat. Das Motiv des „Heiligens" (Ex 20,11) hingegen ist im Pentateuch typisch für die sogenannten priesterlichen Texte; im Deuteronomium steht es dagegen weit im Hintergrund.

Noch ein Unterschied verdient besondere Aufmerksamkeit. Im Sinai-Dekalog beginnt das Begehrensverbot folgendermaßen: „Nicht wirst du begehren das Haus deines Nächsten, nicht wirst du begehren die Frau deines Nächsten ..." (Ex 20,17). Die Ehefrau ist hier als Teil des häuslichen Besitzes des Mannes angesehen. Das ändert sich wesentlich in Moses Neuformulierung: „Und nicht wird dir gelüsten nach der Frau deines Nächsten, und nicht wirst du begehren das Haus deines Nächsten" (Dtn 5,21). **Hier ist die Ehefrau allem anderen vorangestellt und das Begehren nach einer Frau mit einem eigenen Verb von anderer Begierde unterschieden. Beide Versionen spiegeln eine patriarchale Gesellschaft. Aber in der Bewegung vom Sinai nach Moab zeichnet sich schon eine gestiegene Sensibilität für die Gleichwertigkeit der Frau ab.** Auf diesem Weg ist die Gesellschaft heute ein großes Stück weitergekommen, und große Schritte stehen immer noch aus. Gelingt es, echten Respekt zwischen den Geschlechtern zu entwickeln, bedeutet das eine wichtige Entwicklung hin zu echter Menschlichkeit. **Dieses Gespür für Details in der Formulierung zeigt die Genauigkeit, mit der biblische Texte geschrieben sind. Moses unerschrockenes Schleifen selbst am allerheiligsten, in Stein gemeißelten Offenbarungswort führt die Weiterentwicklung des Rechts als Prinzip seiner Rechtslehre ein** (vgl. S. 21). Um wie viel mehr müssen wir heute angesichts technologischer und gesellschaftlicher Umbrüche den Mut haben, unsere Glaubenslehre in einer Sprache neu zu formulieren, die den Anforderungen und Sensibilitäten unserer Zeit gerecht wird!

### 4. Die Schuld der Eltern und Gottes ewige Treue

Wie schon in der Präambel (Dtn 5,6), zeigt sich der Dekalog auch in der Begründung des Fremdgötter- und Bilderverbots (v.9-10) nicht nur als ethischer, sondern auch als theologischer Grundlagentext. JHWH bezeichnet sich hier als „eifernder Gott". Viele Übersetzungen geben das entsprechende hebräische Wort (qanā) als „eifersüchtig" wieder. Hier ist aber nicht eine blinde Rage gemeint, mit der Gott wie ein gekränkter Ehepartner ausrasten würde. Im Hebräischen meint das Wort nicht nur jene Wut, sondern viel umfassender den leidenschaftlichen Einsatz für die Beziehung. Die göttliche „Leidenschaft" (qinʾāh) kann sogar sein tiefes Erbarmen bezeichnen (so in Jes 63,15). **Im Folgenden sagt Gott, er verfolge die Schuld der Eltern über drei bis vier Generationen. Die Frage der generationenübergreifenden Wirkung von Schuld treibt zahlreiche biblische Texte um.** Der hier ausgedrückte Gedanke findet sich in der großen Gnadenrede am Sinai wieder (Ex 34,7) und nochmals im Zitat des Mose in Num 14,18. **Andere Texte scheinen dieser Position zu widersprechen, selbst innerhalb des Deuteronomium!** Nur zwei Kapitel später spricht Mose von Gott, „der denen, die ihn hassen, ins Angesicht vergilt, um sie umkommen zu lassen. Nicht zögert er gegenüber dem, der ihn hasst, ins Angesicht vergilt er ihm!" (7,10) Keine Rede vom Leid der nachfolgenden Generationen. Auch Ezechiel äußert sich in diesem Sinn sehr kritisch (Ez 18,20).

In diesen einander widersprechenden Positionen spiegelt sich vermutlich eine Frage, die besonders angesichts des babylonischen Exils heiß diskutiert wurde. Verantwortung für die Katastrophe sahen die Geschichtsschreiber Israels vor allem im eigenen Volk, bei den Elterngenerationen (vgl. bes. 2 Kön 17-25). Aber noch die drei bis vier nachfolgenden Generationen lebten in Babylonien und erfuhren die Konsequenzen!

Hier können wir in der heutigen Zeit vielleicht mitfühlen. Dass viele Österreicher und Deutsche im Nationalsozialismus furchtbare und unheilvolle Taten begangen haben oder in sie verstrickt wurden, ist uns heute allen klar. Wer als Enkel entdeckt, dass der eigene Großvater in Kriegsverbrechen involviert war, weiß, wie sehr dies belasten kann. **In diesem Sinn spricht aus dem Dekalog wohl menschliche Erfahrung: Schuld ist nicht unmittelbar in der Vergangenheit begraben, sondern hat die unselige Tendenz, weiter zu belasten, vor allem dann, wenn sie**

**verdrängt und versteckt wird**. Realistisch wahr- und ernstgenommen kann sie motivieren, sich vor den Gefahren der Unmenschlichkeit für die Zukunft zu schützen. In diesem Sinn ist der Dekalog ein Hoffnungstext: Gott ist „handelnd in Verbundenheit für tausende [Generationen], für die mich Liebenden und den Bewahrenden meine Gebote." Nach der Katastrophe gibt es eine neue Chance, die auf Liebe und Treue gründet (vgl. auch S.117-118 zu Dtn 30,1-10).

## 5. Eine unendliche Wirkungsgeschichte

Der Dekalog ist vielleicht der folgenreichste Text der Geschichte der Menschheit. Vor allem in der Missionsgeschichte des Christentums ist er um die Welt gegangen. In zahllosen Katechismen wurde er erklärt. In vielen Sprachen waren die Zehn Worte der erste geschriebene und gedruckte Text. Die Wirkung des Dekalogs ist dabei so ambivalent wie die Missionsgeschichte selbst. Im Namen des Bilderverbotes zerstörten Missionare und Kolonialisten zahllose Kulturgüter verschiedenster Völker. Andererseits gehört der Dekalog zu den zentralen Motoren der ethischen Zivilisation. Erst in der frühen Neuzeit bemühten sich sowohl Protestanten als auch Katholiken darum, selbst in den einfachsten ländlichen Gebieten eine Grundbildung zu etablieren, wobei die Zehn Gebote der Kerntext für die Sittenlehre war. Vieles, was uns als moralische Selbstverständlichkeit erscheint – etwa, dass Ehrenmorde nicht akzeptabel sind – beruht auf dieser tief zurückliegenden Sittenlehre.

**Das erste Gebot sagt mir:**

**Ich bin die Stimme des Lebens,
des gefährdeten endlichen Lebens.
Glaub nicht, dass mehr Tod und mehr tote Dinge
das Leben schützen können.
Vertrau mir, die das Leben auf dieser Erde
„sehr gut" genannt hat.
Gib deine Depressivität auf.
Ich habe meinen Atem in dich geblasen
und dem Universum eine Seele gegeben.
Bewahre sie, so wie ich dich behüte.**

Aus: Dorothee Sölle, Luise Schrotthoff: Den Himmel erden:
Eine ökofeministische Annäherung an die Bibel.
© Nachlass Dorothee Sölle.

## 2.2 Der Text heute – Themen und Bausteine

**Kerstin Offermann**

### 1. Die Zehn Gebote und Paralleltexte

Die Zehn Gebote sind der wohl bekannteste Text der Bibel. Sehr viele Menschen können die Gebote, zumindest zum Teil, auswendig. Für diese Einheit bedeutet das eine Fülle von Möglichkeiten, birgt aber auch gleichzeitig Risiken. Zunächst einmal kann man auf das vorhandene Wissen der TN bauen und es abrufen. Gleichzeitig gilt es, in der Einheit auch neue und bisher noch nicht entdeckte Seiten des Textes zur Geltung zu bringen.

Eine Möglichkeit sich dem Text neu zu nähern, ist mit den TN nachzulesen, was im Koran über diese Episode und die Zehn Gebote zu lesen ist. Durch die Unterschiede und die Parallelen zwischen den beiden Schriften werden die Charakteristika des Textes aus Dtn 5 deutlich. Sure 2 erzählt vom durch Mose vermittelten Bund zwischen Gott und den Kindern Israels. Davon, wie Mose die Gebote und „das Buch" von Gott bekam und wie die Kinder Israels es nicht zu würdigen wussten und die Gebote nicht hielten. Sie erzählt von Gottes Gnade und Vergebung, aber auch von der Drohung des Gerichtes. Die einzelnen Gebote werden ab Vers 40 aufgezählt: Vers 63 zum Bund; Vers 65 zum (gebrochenen) Sabbatgebot; Verse 83 und 84: Gott alleine verehren, Elterngebot, Tötungsverbot; Vers 96 zum Gierig sein bedeutet gegen das Gebot Gottes verstoßen, also gegen das Begehren. In Sure 2 heißt es auch, Christen und Juden wissen die Gabe des Gesetzes nicht zu schätzen und befolgen das Gebot nicht, ihre Herzen sind verhärtet. Wer das Gebot nicht befolgt wird am Jüngsten Tag gerichtet werden. Wer das Gebot befolgt wird von Gott belohnt werden. Sure 7, 142-145 erzählt von einem „Stelldichein" zwischen Mose und Gott für 40 Tage am „Berg", bei dem Gott auf Tafeln „überjegliches Ding" schreibt. *Ein Textvergleich zwischen den Geboten in der Bibel und im Koran findet sich auf der DVD.* Zugleich gibt es natürlich auch eine Adaption der Zehn Gebote im *Neuen Testament*, vor allem in der Geschichte vom reichen Jüngling in Markus 10, 17-27 (besonders V. 19). **Auch hier gibt es, wie im Koran, einen Zusammenhang zwischen den Geboten und einem endzeitlichen Gericht, bzw. einem Leben nach dem Tod, den es im Deuteronomium nicht gibt**. Dort ist die Gesetzeserfüllung mit dem Leben im Land verknüpft, nicht mit dem ewigen Leben. Wenn man die Geschichte aus dem Markusevangelium vor dem Hintergrund des Deuteronomium-Textes liest, erscheint bereits die Frage des reichen Jünglings falsch gestellt. Der Gesetzesgehorsam dient bei ihm einem Zweck (dem ewigen Leben). Im Deuteronomium ist aber das Ziel der Gebote eine Beziehung mit Gott, die sich einem zweckmäßigen Handeln entzieht. Dieser ausschließlichen Beziehung auf Gott hin verweigert sich der reiche Jüngling und hat deshalb keine innere Widerstandskraft gegen die Verführung des Reichtums, der ihn gefangen nimmt.

Wird das ewige Leben als Belohnung vielleicht dann interessanter, wenn man hier noch nicht bereits alles hat?

 Diskutieren Sie mit den TN: Was ist für uns heute das zentrale Gebot in den Zehn Geboten? Welche Konsequenz hat es, wenn man die Zehn Gebote hält, bzw. wenn man sie nicht hält?

Sind für uns die Zehn Gebote noch einleuchtend? Wenn ja, warum? Weil sie von Gott gegeben worden sind? Oder weil es unserer eigenen Logik einsichtig erscheint, dass es Regeln braucht, um das Leben zu beschützen und die Zehn Gebote die zentralen Beziehungen und Gefährdungen zwischen Menschen im Blick haben? Welches sind die zentralen Gefährdungen menschlicher Beziehungen?

Für uns heute sind die *Menschenrechte* ein grundsätzlich von allen Gesellschaften geteilter Konsens. Auf die Verabschiedung der Menschenrechte sind wir als Gesellschaft stolz. Sie konstituieren unsere Einstellung zum Leben, unsere Werte. Was darin als schützenswert steht, erscheint uns auch elementar menschlich und erstrebenswert.

 Was fällt auf, wenn man die Menschenrechte mit den Zehn Geboten vergleicht? *(Die Menschenrechtserklärung findet sich in Auszügen auf der DVD).*

Rechte und Gebote prägen unsere Weltsicht, geben Orientierung und stärken die Identität. Gebote schaffen und gestalten einen Raum zum Leben. Mit dieser Perspektive scheint es sinnvoller, dass die Gebote im Indikativ statt im Imperativ formuliert sind: „du wirst nicht" statt „du darfst nicht". Oder steckt in dieser Formulierung ein zu positives Menschenbild?

Bisher ging es hauptsächlich um die zwischenmenschlichen Gebote. Aber auch für die Gebote, die sich auf Gott beziehen gilt, dass sie eine Wirklichkeit konstituieren. Der *Bund* zwischen Israel und Gott ist die Grundlage dafür, dass die Menschen miteinander achtsam und gerecht umgehen. Es sind keine Gebote „um zu", also um auf der Sachebene etwas Bestimmtes zu erreichen, sondern Gebote „weil". **Der Gehorsam geschieht als Antwort aus der Beziehungsebene heraus. Er geschieht aus Liebe. Er geschieht aus der Verbindung zwischen Gott und Israel heraus. Weil Gott sich in der Geschichte als zuverlässig erwiesen hat, ist es nur schlau, sich auf seine Gebote einzulassen, weil sie zuverlässig zum Leben führen werden.**

 Auf der DVD finden Sie das pdf einer Postkarte mit den 10 Geboten aus Exodus. Diese Postkarte können Sie auch als Original bei der Werkstatt Bibel Westfalen über die Homepage: https://www.amd-westfalen.de/hoeren-entdecken/werkstatt-bibel/ beziehen. Die Postkarte macht die Verbindung zwischen Liebe und den Geboten deutlich. Sie eignet sich als Gesprächsimpuls über diesen Zusammenhang und als Geschenk für die TN.

Aus der *erinnerten Geschichte* heraus wird klar, warum bestimmte Verhaltensweisen und bestimmte Gebote sinnvoll sind. Ein Beispiel aus der deutschen Geschichte: Bei uns wird z. B. die 5%-Hürde (die Sperrklausel, die es Parteien erst ab einem Wahlergebnis von 5% erlaubt, ins Parlament einzuziehen) aus der Geschichte der Weimarer Verfassung heraus verständlich. Was kann man aus der / den Geschichten lernen, die den Geboten im Deuteronomium zugrunde liegen? Wie erschließt die eigene bzw. erinnerte Erfahrung an Sklavenarbeit denn Sinn des Sabbatgebotes auch für die eigenen Sklaven und sogar für die Nutztiere?

 Welche geschichtlichen Erfahrungen prägen uns so tief, dass wir daraus Handlungsanweisungen für die Zukunft ableiten?

## 2. Gottesbild

Wer ist dieser Gott, mit dem wir es in Dtn. 5 zu tun haben? Die Israeliten stehen *„Auge in Auge"* mit Gott. Sie sahen Feuer und hörten Worte, es war ihnen unheimlich. Sie hatten Angst vor der direkten Begegnung mit Gott. Er erschien ihnen unberechenbar. Die Zehn Gebote machen Gott verständlicher, bringen ihn uns näher und machen ihn zuverlässiger. Hier ist etwas, worauf wir, Menschen und Gott, uns einigen können. Gott bindet nicht nur uns daran, sondern auch sich selbst.

Nicht nur damals kann man Gott „Auge in Auge" gegenüberstehen, sondern auch heute. In diesen Worten lernt man Gott kennen: seine Fürsorge, seine Zuwendung, aber auch seine Leidenschaft und Unbedingtheit. Gott beansprucht den Menschen ganz und gar, weil er ihn ganz und gar liebt.

 Auf der DVD finden Sie einen Bible-Art-Journaling zum Text. Betrachten Sie mit den TN die gestalterische Umsetzung, was sehen sie? Was erschließt das für sie an neuen Aspekten im Text? Es ist auch eine Rohfassung des BAJ mit auf der DVD, die die TN selbst fertiggestalten können. Sie können auch eine solche Kreativeinheit in diese Einheit integrieren, ggf. auch zusammen mit dem praise&pray Heft. (s.u.)

Es ist interessant, dass diese sinnhafte Wahrnehmung Gottes mit dem Gebot korrespondiert, sich von Gott *kein Bildnis* machen zu sollen. Du kannst Gott zwar kennenlernen, sehen und hören, aber du sollst das Gesehene und Gehörte nicht bildlich festhalten. Es soll immer und in jedem Moment eine Begegnung von „Auge zu Auge" sein, eine lebendige Beziehung, die mit der Erfahrbarkeit von Gott in jedem Moment neu rechnet. **Darum braucht es kein festgeschriebenes Bild von Gott, das Gott auf bestimmte Eigenschaften und Handlungsmuster festnagelt. Gott ist immer größer als unsere Erfahrungen und auch als unsere Vorstellung. Und er ist in seinen Worten in jedem Moment „Auge in Auge" erfahrbar.**

In seinem Gedicht „Painting God's Portrait" (Kurzlink: https://0cn.de/8d0z) beschreibt der israelische Dichter Yakov Azriel, wie er Gottes Bild aus den Farben seiner Schöpfung und seiner Geschöpfe malt. Als er alle Farben auf die Leinwand aufgetragen hat, ist diese völlig von ihnen erfüllt und gleichzeitig komplett weiß. Es ist ein schönes Bild dafür, wie man Gottes Herrlichkeit zeichnen kann, ohne sich ein Bild von ihm zu machen. *(Das Gedicht finden Sie auf der DVD).*

 Wenn wir Gott beschreiben sollten, welche Bilder würden wir wählen? Würden wir Geschichten über Gotteserfahrungen erzählen? Würden wir über seine Schöpfung reden? Uns an biblischen Bildern für sein Wesen bedienen? Machen Sie mit den TN eine Gebetsrunde, in der jede/r die/der will, Gott sagen kann, wie und wer Gott für uns ist.

## 3. Bund

Durch das „Auge in Auge" mit Gott sein und durch den Bund, den Gott mit dem ganzen Volk schließt, würdigt Gott jeden Menschen als Individuum und zugleich die Gemeinschaft der Menschen vor ihm. Dass Gott den Bund mit *allem Volk* schließt wertet jede Einzelne und jeden Einzelnen auf. Es gibt keine Spezialisten, die für den Bund zuständig wären. Jede und jeder ist gemeint – eben auch Frauen und Kinder. *Frauen* tragen die Verantwortung für die Weitergabe des Glaubens. Im 10. Gebot werden Frauen im Dtn 5 nicht mehr wie in Ex 20 als Dinge und Besitz des Mannes angesehen. Das Elterngebot gilt für Vater und Mutter. Gottes Bund wertet die Frauen auf und stellt sie gleichwertig neben die Männer.

Die Gebote zielen auch auf ein Wohlwollen unter den *Generationen* und sie versprechen generationsübergreifenden Segen oder mahnen die generationsübergreifende Wirkung von Schuld an. Der Bund verbindet die Generationen. Sie tragen Verantwortung füreinander. Die Kinder für ihre Eltern, wie das Elterngebot verdeutlicht, aber auch die Eltern für ihre Kinder. Das Verhalten der heutigen Generationen hat Auswirkungen auf die Generationen, die noch kommen werden. Die kommende Generation wird über das Handeln der heutigen Generation urteilen und ist von ihm abhängig. Daher sollte auch die heutige Generation den kommenden Generationen Respekt zollen. Auch für die Mitschöpfung haben die Menschen durch diesen Bund, den sie mit Gott schließen, Verantwortung übernommen; auch die Tiere sind mit im Blick.

Uns ist heute sehr viel mehr bewusst, dass wir eine Verantwortung für die Schöpfung haben, der wir Ruhe und ein Aufatmen verschaffen sollen. Dank der „Fridays for Future"-Bewegung, die seit 2018 sehr an Fahrt aufgenommen hat, erfahren wir sehr medienwirksam, dass die Generation der Jugendlichen uns Erwachsene, die wir einen sehr viel größeren Handlungsspielraum haben, an unsere generationsübergreifende Verantwortung für das Klima und die Natur erinnert.

**Jede Generation – jeder einzelne Mensch – schließt für sich persönlich diesen Bund mit Gott. Gott selbst ermöglicht jedem einzelnen, den Bund auch halten zu können.**

Drucken Sie den TN das *praise&pray*-Heft zum Deuteronomium aus. Es thematisiert den Aspekt des Segens über die Generationen hin. Geben Sie den TN das *praise&pray*-Heft mit nach Hause oder laden Sie die TN ein, die Seite gemeinsam während der entsprechenden Einheiten der Bibelwoche zu gestalten. Halten Sie dann verschiedenen Stifte und Farben bereit.

In der Ausgabe 2/2019 von *Welt und Umwelt der Bibel* beschreibt der Artikel „Let my people go!" von Prof. Dr. Matthew J. M. Coomber nachvollziehbar die Rolle, die der Gedanke eines Bundesschlusses zwischen Gott und seinen Leuten die Bürgerrechtsbewegung in den USA um Martin Luther King inspiriert hat. King brachte Elemente der biblischen Geschichte in die Lebenswelt der Afroamerikaner und deutete sie von der biblischen Autorität her. King leitete aus dem Bundesgedanken ab, sich aktiv und geduldig für die Ziele der Afroamerikaner einzusetzen. Zugleich entwickelte er die biblischen Gedanken weiter, indem er sie in einen gewaltfreien, liebesbetonten Zusammenhang stellte.

Das Heft 2/2019 von *Welt und Umwelt der Bibel* zum Exodus gibt einen guten Überblick und beleuchtet interessante Aspekte der Exodus-Narration als Kristallisationspunkt von Menschheitserfahrungen.

## 4. Freiheit

Dass Gott den Israeliten eigene Gesetze geben kann, ist nicht nur ein Zeichen für Gottes Anspruch auf die Israeliten, sondern auch ein Zeichen für deren Freiheit. Sie unterstehen nicht mehr den Gesetzen der Ägypter oder denen anderer Götter. Gott ist der Befreier. Er wird sie in das Land führen und darin Lebensbedingungen für seine Menschen schaffen, und ihnen dafür neue, eigene Regeln geben. Für die „Erstleser" des Deuteronomium, die Israeliten im babylonischen Exil, wird diese Befreiung gerade in jenem Moment ihrer Geschichte zur Grundlage ihrer Hoffnung, als sie im Exil genau das Gegenteil erleben.

 Jeden Sonntag um 12 Uhr läutet im Rathaus Schöneberg die *Freiheitsglocke*. Auf der Glocke sind die Worte Abraham Lincolns zu lesen: *That this world under God shall have a new birth of freedom* („Möge diese Welt mit Gottes Hilfe eine Wiedergeburt der Freiheit erleben"). Zu DDR-Zeiten war das Glockengeläute jeden Sonntag um 11:59 Uhr beim Sender RIAS in Berlin (heutzutage beim Deutschland Radio Kultur) zu hören, begleitet vom Freiheitsgelöbnis aus der *Declaration of Freedom*. Auf YouTube (Kurzlink: https://0cn.de/r2a3) findet sich ein Tonmitschnitt. Hören Sie mit den TN den kurzen Tonmitschnitt an. Vielleicht haben die TN eigene Erinnerungen daran. Was denken sie über das Freiheitsgelöbnis? Fühlen sie sich diesen Werten verpflichtet?

**Die Zehn Gebote dienen der Freiheit. Sie schaffen einen Gedenktag der Befreiung, einen Tag um die Freiheit zu feiern: jeden Sabbat, jeden Sonntag. Sie unterbrechen Arbeit, und wiedersprechen der Ideologie, dass nur Arbeit und Besitz dem Leben Wert verleihen.** Wir leben in einer Zeit, die der Produktivität und dem Besitz sehr viel Raum und Gewicht einräumt. Wir erleben aber auch, wie wir alle, auch die Natur, den Preis dafür zahlen: Wir brennen aus, laufen leer. Wir begeben uns damit freiwillig zurück in eine Sklavenexistenz. Das Bedürfnis versorgt und abgesichert zu sein führt in eine neue Sklavenexistenz, die nicht gelassen auszuruhen vermag

 Überlegen Sie mit den TN: Was sind *moderne Formen der Sklaverei*, des Götzendienstes? Wovon machen wir uns (gesellschaftlich) abhängig? Bringen Sie ggf. Gegenstände mit, die für solche Abhängigkeiten stehen können: Geldschein, (Spielzeug-)Auto, Spiegel (als Symbol für das Kreisen um das eigene Ich, oder auch das Bedürfnis der Selbstoptimierung), Handy / Smartphone, Leserbriefe aus der Zeitung (als Symbol für die Meinung anderer Menschen), eine Versicherungspolice ...

Wirkliche *innere Freiheit* muss immer wieder neu innerlich errungen werden. Sowohl von Dingen als auch von Menschen kann man sich abhängig machen. Es ist eine allgegenwärtige Herausforderung, mit Menschen zusammenzuleben und dabei trotzdem innerlich frei zu bleiben. Dinge zu besitzen, ohne von ihnen besessen zu werden. Sich für etwas zu engagieren, zu arbeiten und gleichzeitig seine innere Freiheit nicht zu verlieren.

## 5. Wort Gottes

Das Volk wollte nicht unmittelbar mit Gott zu tun bekommen. Es stellte Mose zwischen Gott und sich selbst. Nach dem Tod von Mose fällt dieser Puffer weg. **Die *Tora* übernimmt die Rolle**

**Moses**. (vgl. dazu Einheit 1 und Einheit 7) Dadurch rückt Gott in größere Unmittelbarkeit. „Auge in Auge" mit Gott kann jeder stehen, der sich mit den Worten Gottes, mit der Tora, mit der Bibel beschäftigt (vgl. Einheit 7). Diese Unmittelbarkeit zu Gott vereint alle im Volk. Auch die Mächtigen stehen nicht über dem Wort, sondern sind ihm Rechenschaft schuldig. Auch wir treten in diese Gemeinschaft ein.

 Um dieser *Unmittelbarkeit* nachzuspüren, bietet es sich an, die Szene am Sinai oder am Nebo mit den TN nachzuvollziehen: Sie sind Teil dieses Geschehens. Mose spricht zu ihnen. Was empfinden sie dabei „Auge in Auge" mit Gott zu stehen? Wie reagieren sie darauf? Möchten sie zu Gott oder zu Mose etwas sagen? Mose ist nun schon 40 Tage auf dem Berg, was empfinden sie dabei? Möchten sie zu Aaron etwas sagen?

 Mose kommt vom Berg herunter und liest die einzelnen Gebote vor. Lesen Sie den TN die einzelnen Gebote vor und bitten Sie diese, nach jedem Gebot Stellung dazu zu beziehen und ihren Gefühlen und ihren Gedanken Ausdruck zu verleihen. Bitten Sie die TN, sich in die Situation der nachfolgenden Generation zu versetzen, die an die Gebote erinnert werden, die ihre Eltern erhalten haben. Was denken sie über die Aussagen, dass Fluch und Segen generationsübergreifend sind? Vor allem angesichts der Tatsache, dass die Elterngeneration es nicht geschafft hat, die Gebote zu halten?

**Im Deuteronomium verändert Mose in seiner Rede eigenmächtig die Worte Gottes** (im Vergleich zu dem, was in Ex 20 überliefert wurde). Er tut dies, weil das Volk immer wieder neu und unmittelbar vor Gott steht. Auch wir heute lesen überlieferte Worte, die den Anspruch in sich tragen, Gottes Wort für uns zu sein. Das werden diese überlieferten Worte aber nur, wenn wir sie für uns begreifen, und damit neu hören und interpretieren.

### Lieder
EG 165    Gott ist gegenwärtig
EG 196    Gott für dein Wort sei hochgepreist
EG 198    Herr, dein Wort, die edle Gabe
EG 605    Herr, gib uns Mut zu hören (GL 448)

## 2.3 Vorschlag für eine Bibelarbeit

**Katharina Wiefel-Jenner**

### 1. Inhaltlicher Schwerpunkt

In diesem Abschnitt wiederholt Mose in seiner großen Rede vor dem Übergang in das Gelobte Land die Zehn Gebote, die Gott ihm und dem ganzen Volk am Sinai / Horeb offenbart hatte. Die erste Generation, die am Gottesberg Zeuge der Offenbarung gewesen war, ist inzwischen gestorben. Der Bund, den Gott mit der ersten Generation der aus Ägypten Befreiten geschlossen hat, ist aber nicht mit diesen gestorben. Mose wiederholt die Gebote für die jetzige Generation und macht damit auch die Jetzigen zu Bundespartnern Gottes, so wie die Mütter und Väter zuvor schon Partner des Bundes waren. Der Bund gilt ihnen genauso wie der ersten Generation. Das, was Mose hier sagt, greift zurück und zugleich voraus. Die Wiederholung für die jetzige Generation vertieft und aktualisiert das, was zuvor den Vätern und Müttern offenbart wurde. Mose wiederholt die Worte und Gebote für die neue Situation und zeigt damit allen weiteren Generationen, dass und wie sie sich Gottes Wort in ihrer jeweiligen Lage aneignen können. Wiederholen wird zum Prinzip der Aneignung von Gottes Wort. Im Wiederholen wird das Wort aktuell. Durch Wiederholen wird es gegenwärtig.

#### Materialien
- Große Papierbögen
- Stifte
- Synopse von Ex 20,1-17 und Dtn 5,1-21

### 2. Zur Gestaltung des Abends

#### Liturgische Eröffnung
→ Singspruch mit Kanon EG 176 / GL 447
  Öffne meine Augen, dass sie sehen die Wunder an deinem Gesetz.
  Die Gott suchen, denen wird das Herz aufleben.
→ Bibelwochenpsalm 16 im Wechsel
→ Psalmkollekte:

*Du lebendiger, ewiger Gott.*
*Du gibst uns dein Gebot.*
*Du lehrst uns deine Gesetze.*
*Du tust uns kund den Weg zum Leben.*
*Öffne unsere Herzen für dein Wort,*
*damit wir nach deinem Gebot leben.*
*Öffne unsere Herzen für deine Gesetze,*
*damit wir dich durch unser Leben ehren*
*und deiner Schöpfung dienen*
*in Jesus Christus. Amen.*

## Auf den Text zugehen (15 min)

*Impuls:* Am Ende des Abschnitts heißt es: „Diese Gebote gab euch der HERR am Berg Horeb. Eure ganze Gemeinde war versammelt und hörte, wie er sie mit lauter Stimme verkündete, aus dem Feuer und der dunklen Wolke heraus. Dies sind die Grundgebote; er schrieb sie auf zwei Steintafeln und gab die Tafeln mir" (Dtn 5,22).

Die beiden Tafeln werden bildlich oft so dargestellt, dass auf der einen Tafel die ersten vier Gebote stehen und auf der zweiten die restlichen Gebote. Man kann sich die zwei Tafeln aber auch so vorstellen, dass auf jeder Tafel alle Gebote zu lesen sind. Die zweite Tafel ist in diesem Fall wie bei einem Vertrag eine doppelte Ausfertigung. Gott hat einen Bund, also einen Vertrag, mit seinem Volk geschlossen. Das Volk hat seine eigene Kopie des Vertrags erhalten, damit es die Verpflichtungen lesen kann, die ihm aus dem Bund entstehen. Die eigene Kopie hilft beim Auswendiglernen der Gebote, beim Wiederholen und Nachlesen. Außerdem ist die eigene Ausfertigung wichtig, um die Gebote an die nächste Generation weiter zu geben.

Unsere Kopie der Vertragsurkunde ist verschwunden. Wir müssen sie uns aus dem Gedächtnis rekonstruieren und wiederholen – uns wieder holen.

*Die TN tragen die Zehn Gebote aus der Erinnerung zusammen.*

Je nach Gruppengröße im Plenum oder in Teilgruppen.

Am Ende dieser Phase sollen die Zehn Gebote auf großen Papierbögen aufgeschrieben stehen und sichtbar an der Wand aufgehängt werden / oder auf dem Boden ausliegen.

## Dem Text begegnen (35 min)

*Impuls:* Beim Erinnern ist bereits aufgefallen, dass einzelne Gebote unterschiedlich formuliert sind. Beim Wiederholen kommt es zu kleinen Veränderungen und Abweichungen, auch wenn der Sinn gleich bleibt. Das ist bereits bei der Wiederholung innerhalb der Bibel zu beobachten. Im Deuteronomium erinnert Mose das Volk daran, wie Gott der ersten Generation der aus Ägypten Befreiten die Gebote gab und wiederholt sie. In der Wiederholung verändert sich bei einigen Geboten die Begründung.

→ Die TN erhalten Blätter mit den Texten Ex 20,1-17 und Dtn 5,1-22.
→ In Kleingruppen vergleichen die TN die beiden Fassungen.
→ Die TN werden auf die Unterschiede beim 3. und beim 10. Gebot aufmerksam gemacht.
→ Die Unterschiede werden auf großen Papierbögen notiert und im Plenum vorgestellt.

*Alternative: Die TN erhalten eine Synopse und markieren die Unterschiede durch Unterstreichungen. Im Plenum werden die Unterschiede zusammengetragen.*

*Impuls:* Es ist kein Zufall, dass sich die Formulierungen in den beiden Fassungen unterscheiden. Die Begründungen für das 3. Gebot beziehen sich auf zwei unterschiedliche Heilstaten Gottes.

→ Die TN diskutieren / überlegen, warum die Begründungen sich unterscheiden. Dazu werden sie auf die unterschiedliche Situation der ersten Adressaten des Bibeltextes hingewiesen.

*Impuls:* Die Fassung im Dtn. wiederholt die 10 Gebote für Hörer, für die die Befreiung des Volkes Israel aus dem babylonischen Exil einen ganz besonderen Stellenwert hat. Mit dieser Perspektive zeigen die Unterschiede, dass die Wiederholung der Aktualisierung diente.

**Mit dem Text weitergehen (25 min)**

*Impuls:* Im Wiederholen eignen wir uns Gottes Wort an. Im Wiederholen verändern sich die Formulierungen. Beim 3. und 10. Gebot war besonders gut zu erkennen, wie sich der Text bei der Wiederholung mit der neuen Situation der Hörer verändert hat. Die jeweiligen Begründungen für die Gebote stellen eine neue Beziehung zwischen Gottes Handeln bzw. Gottes Forderungen und den neuen Erfahrungen der Hörer her. Der Veränderungsprozess beim Wiederholen innerhalb der Bibel ist abgeschlossen. Aber mit jeder Wiederholung der Gebote beim Lesen und Bedenken der biblischen Texte wird es möglich, die Gebote von neuem auf Gottes heilsames Wirken zu beziehen. Wie für Israel ist es heute genauso möglich, nach weiteren Gründen und Begründungen für ein Leben mit den Geboten zu fragen. Die Wiederholung macht neue Aktualisierungen möglich.

→ Die TN diskutieren in Kleingruppen nach aktuellen Begründungen für das 3. Gebot und das 10. Gebot: Welche Glaubens- und Lebens-Erfahrungen bewegen heute Menschen dazu, die Gebote (besonders das 3. und das 10. Gebot) zu respektieren und einzuhalten? Welche Verheißungen inspirieren heute, gegen Widerstände, an den Geboten festzuhalten. Was motiviert heute, nach Gottes Geboten zu fragen, sie zu lernen, zu wiederholen und an die nächste Generation weiterzugeben?

→ Die Kleingruppen schreiben eine „aktuelle" Begründung auf farbiges Papier.

→ Im Plenum werden die Begründungen vorgestellt und die farbigen Papiere werden zu den Papierbögen vom vorigen Arbeitsschritt gelegt. Nach der Erklärung lesen die TN im Chor die jeweilige Begründung.

**Liturgischer Abschluss**

→ **Lied**: „Bleib mit deiner Gnade bei uns, Herr Jesu Christ" (Taizé)

→ **Gebet**:

*Herr und Gott, wir danken dir für deine Gebote.*
*Sie geben uns Hoffnung.*
*Sie helfen uns, dir zu vertrauen.*
*Durch deine Gebote sehen wir unser Leben neu.*
*So veränderst du uns.*
*So verwandelst du uns.*
*Lass uns deine Gebote wiederholen und täglich neu lernen*
*durch Jesus Christus. Amen.*

→ **Vaterunser**

→ **Segen**

## 2.4 Bildbetrachtung – „Die zehn Worte des Bundes am Horeb"

**Johannes Beer**

*Josef Ebnöther: „Die zehn Worte des Bundes am Horeb" 2018, Mischtechnik auf Papier, 73 x 53,5 cm*

Wieder finden sich der breite blaue Bereich und die gelborangenen Flächen auf diesem Bild von Josef Ebnöther. Wiederum ist das Bild dadurch senkrecht gegliedert. Und doch läuft alles auf das aufgeschlagene Buch zu, das in der unteren Hälfte des Bildes zu sehen ist. Schräg liegt es da. Zu groß, um ganz aufs Bild zu passen, angeschnitten durch die rechte Bildecke. Es ist aufgeschlagen, wie wir das von Altarbibeln kennen. Vielleicht ist es auch kein Buch. Zumindest ist der Buchblock mit den vielen Seiten und dem abgehobenen Einband nicht zu erkennen. Vielleicht ist hier also eine zweiteilige Tafel dargestellt. Auf jeden Fall erkennen wir innerhalb des deutlichen Randes waagerechte parallele Strukturen. Wir sehen Schriftzeichen, lesbare und unlesbare. Die Zeilen erscheinen in verschiedenen Farben: bräunliche und bläuliche, gelbe und orangene und rote Töne. Es hat die Anmutung von altem Pergament oder Tontafeln und nicht eines heutigen auf weißem Papier gedruckten Werkes. Gerade mit den nicht für uns lesbaren oder auch nur zu identifizierenden schwarzen Zeichen, die wie geschriebene Worte wirken, werden wir an alte Dokumente, an historische Schriftzeugnisse erinnert. Aber ein Satz ist deutlich lesbar: „Ich bin Jahwe, dein Gott". Dieser Anfang der zehn Worte des Bundes vom Horeb stellt Josef Ebnöther als einzig lesbare Worte da. Sie werden damit Überschrift und Zusammenfassung dieser zehn Worte. In ihnen sind die anderen Worte bereits enthalten.

In den gelborangenen Flächen, die ja den Bereich der Menschen andeuten, finden wir wieder eine Reihe von hellen Ovalen, die uns an Köpfe erinnern und damit die Israeliten symbolisieren, zu denen diese Worte des Bundes gesagt sind. Auffällig sind aber vor allem die weißen Linien in der oberen Mitte des Bildes. Sie sind voller Dynamik und sind alle nach unten auslaufend. Sie erinnern fast an Blitze. Zwischen ihnen erkennen wir kleinere dunkelrote Elemente. Alles geht von der blauen Fläche aus, die ja den Bereich Gottes anzeigt. Für mich sind diese dynamischen Linien Zeichen der großen Stimme Gottes, die die Worte des Bundes verkündet, die zu den Israeliten spricht und eben als erstes zusagt: „Ich bin Jahwe, dein Gott!"

# 3 | Treue zu Gott – Dtn 6,4-9; 6,20-25

## 3.1 Exegese

**Dominik Markl**

Das sechste Kapitel des Buches Deuteronomium leitet jene ausführlichen Reden des Mose ein, die um die ausschließliche Beziehung Israels mit Jhwh kreisen (Dtn 6-11). Der Jesuit und Bibelwissenschaftler Norbert Lohfink hat sie treffend als Paränesen (Ermahnungen) zum Hauptgebot charakterisiert. Sie sind durch einen feierlichen Vorspann im typisch ermahnenden Stil des Buches eingeleitet (6,1-3, zum Zusammenhang mit Dtn 5 s. S. 45). Der Aufruf zur Gottesfurcht und zum Gehorsam gegenüber den Geboten (v.2) ist dabei mit der Aussicht auf langes und glückendes Leben im Land verbunden (v.3). Im Folgenden besteht das Kapitel aus drei Hauptabschnitten: dem Schma Jisrael (v.4-9), einer Ermahnung zur Zukunft im Land (v.10-19), deren Themen in den folgenden Kapiteln weiter entfaltet werden (Dtn 7; 8), sowie einem dritten Abschnitt, der das Thema der Belehrung der Kinder erneut aufgreift (6,20-25, vgl. v.7). Der Fokus liegt im Folgenden auf dem Schma Jisrael und dem dritten Abschnitt – zwei grundlegenden Passagen zum biblischen Gottesglauben und seiner Weitergabe.

### 1. Das Schma Jisrael (Dtn 6,4-9)

*(4) Höre, Israel! Jhwh ist unser Gott, Jhwh einzig!*
*(5) Du wirst also lieben Jhwh, deinen Gott,*
*mit all deinem Herzen und mit all deiner Seele und mit all deiner Intensität!*
*(6) Und diese Worte, die ich dir heute gebiete, werden auf deinem Herzen sein.*
*(7) Und du wirst sie für deine Kinder wiederholen und sie murmeln, wenn du zuhause*
*sitzt, wenn du unterwegs gehst, und wenn du dich hinlegst und wenn du aufstehst.*
*(8) Und du wirst sie als Zeichen auf deine Hand binden,*
*und sie werden als Diadem zwischen deinen Augen sein.*
*(9) Und du wirst sie auf die Türpfosten deines Hauses schreiben und an deine Tore.*

Diese Passage ist ein Grundbekenntnis des Judentums, das Juden traditionell täglich beim Gebet rezitieren. Auch im Christentum gilt das hier formulierte Gebot der Gottesliebe als Hauptgebot (s. unten). Die Passage besteht aus zwei Hauptabschnitten, deren erster von Israels Beziehung mit Gott handelt (v.4-5), der zweite von Israels Beziehung zu „diesen Worten" (v.6-9). Beide Teile sind durch das Motiv des Herzens verbunden. Wie Gott mit ganzem Herzen zu lieben ist (v.5), so sollen auch „diese Worte" in Israels Herz sein (v.6). Im Folgenden zeigt sich eine Bewegung von innen nach außen. Diese Worte im Innersten des Herzens sollen mündlich rezitiert und vermittelt werden (v.7), aber auch symbolisch materiell präsent sein – am Körper (v.8) und an den architektonischen Schwellenzonen von Wohnbereichen (v.9). **Die unmittelbare Verbindung der Gottesliebe mit der Liebe zum Wort ist typisch für das Deuteronomium und auch für das Judentum.** Es ist deshalb auch von programmatischer Wichtigkeit, dass dieser grundlegende Text mit dem Aufruf zu hören beginnt: „Schma Jisrael! Höre, Israel!" Im Hören gewinnt Israel seine Identität. Karl Rahner hat den religiösen Menschen ganz in diesem Sinn als „Hörer des Wortes" bezeichnet. Die Nähe des Wortes wird gegen Ende der Mose-Reden entfaltet (30,11-14; S. 118-119; zu seiner Lebenskraft S. 90). Amos Oz und seine

Tochter Fania Oz-Salzberger haben ein Buch unter dem Titel *Juden und Worte* geschrieben (Berlin 2013). Sie zeigen, dass die Beziehung zu Worten selbst dort weitergeht, wo Juden nicht mehr an Gott glauben. Im Schma Jisrael aber steht die Gottesbeziehung an erster Stelle.

## 2. Alleinverehrung oder Monotheismus?

Der kurze Aufruf des Schma ist besonders schwierig zu übersetzen, weil er im Laufe der Geschichte einen signifikanten **Bedeutungswandel** durchlaufen hat. Ursprünglich sollte der Vers wohl die Bundesbeziehung Israels mit Jhwh formulieren, „Jhwh ist unser Gott", und betonen, dass allein diese Beziehung für Israel zu pflegen sei, „Jhwh allein". Damit ist noch nicht gesagt, dass es keine anderen Götter gäbe. In der Antike war tief im Bewusstsein der Menschen verankert, dass hunderte, tausende Götter existierten und all überall verehrt wurden. Wer konnte schon alle kennen? Höchstens vielleicht die Gelehrten in Babylonien, die sie in langen Listen niederschrieben. **Es war schon ein unerhörter Schritt, religiöse Verehrung auf einen einzigen Gott zu reduzieren.** Viele wollten doch lieber auf Nummer sicher gehen und nicht mächtige Götter wie etwa die Himmelskönigin vernachlässigen (Jer 44,15-19).

Völlig irrsinnig jedoch war in den Augen antiker Menschen, zu behaupten, es gäbe überhaupt nur einen einzigen Gott. Dieser Gedanke wurde erst spät aufgebracht, soweit man es nachvollziehen kann, in der zweiten Hälfte des 6. Jh. v.Chr. Er sollte die Welt für immer verändern. Man findet dieses Konzept auch in Deuterojesaja (bes. Jes 45), in Verbindung mit dem Perserkönig Kyros. Die Idee wurde auch in Moses Vorrede spät ins Buch Deuteronomium eingebracht: „So erkenne denn heute und nimm dir zu Herzen, dass Jhwh *der* Gott ist im Himmel oben und auf der Erde unten, es gibt sonst keinen!" (Dtn 4,35.39). **Unter diesem Vorzeichen klingt auch das Schma Jisrael neu. Es lässt sich nun als monotheistische Botschaft lesen** (so die Einheitsübersetzung): „Höre, Israel! Jhwh, unser Gott, Jhwh ist einzig!"

## 3. Wie Gott lieben?

Eines der herausragenden Merkmale des Buches Deuteronomium ist, dass es eine Liebestheologie entwickelt. In Genesis bis Numeri gibt es sie noch nicht. **Die neutestamentliche Liebestheologie stammt vor allem aus Deuteronomium und den Propheten.** Die Liebe ist wechselseitig. Zuallererst hat Gott Israel geliebt: „Weil er deine Väter geliebt und ihre Nachkommen nach ihnen erwählt hat, hat er dich höchstpersönlich mit seiner großen Kraft aus Ägypten herausgeführt" (4,37). „Er wird dich lieben, dich segnen und dich zahlreich machen" (7,13). Es geht Mose hier also nicht darum, Liebe zu befehlen – was ohnehin unmöglich ist. Er setzt voraus, dass Israel seinen Gott überhaupt nur zurücklieben kann (für die Aufforderung zur Liebe vgl. 6,5; 10,12; 11,1.13.22; 19,9; 30,6.16.20). Es geht vielmehr darum, *wie* Gott zu lieben sei. Da Gott für Israel „einzig" ist – ein Wort der exklusiven Liebessprache im Hohenlied, „einzig ist meine Taube, meine Vollkommene!" (Hld 6,9) – gebührt ihm menschliches Liebesvermögen allumfassend.

„Mit all deinem Herzen und all deiner Seele" bringt zwei grundlegende Begriffe des biblischen Menschenbildes ins Spiel. Das Herz ist dabei weniger mit romantischen Gefühlen verbunden, als es in unseren modernen Ohren klingen mag. Im biblischen Menschenbild kommen im Herzen vielmehr alle psychischen, emotionalen und geistigen Kräfte zusammen: das Denken, der Verstand, das Fühlen, das Wollen, der Mut. Auch die „Seele" ist nicht als geistiges Prinzip zu verstehen, das beim Tod dem Körper entwischt. Vielmehr gibt es das Wort *näfäsch* wieder, das sich wörtlich auf die Kehle bezieht: ein Sitz des Lebens. Vielleicht lässt es sich mit „Lebensdurst, Lebensstrom" umschreiben.

Der dritte Begriff hingegen ist ausgesucht und selten. Das Wort (*me'od*) begegnet häufig in adverbialem Gebrauch und wird dann regelmäßig mit „sehr" übersetzt. Als Nomen ist es in der hebräischen Bibel ausschließlich in dieser Formulierung gebraucht (nochmals in 2 Kön 23,25). Oft wird es mit „Kraft" übersetzt, beeinflusst von der griechischen (*dýnamis*) und der lateinischen Übersetzung (Vulgata: *fortitudo*). Oben ist als alternativer Annäherungsversuch „Intensität" vorgeschlagen. Während Herz und Seele auf die menschlichen Fähigkeiten und Lebenspotentiale insgesamt verweisen, scheint sich der dritte Begriff auf die Fülle der Lebensenergien zu beziehen. Im späteren hebräischen Sprachgebrauch kann es auch materielle Fülle, also Reichtum bezeichnen – in diese Richtung wurde der Ausdruck später ebenfalls interpretiert. **Insgesamt wird deutlich, dass diese starke Formulierung für eine Spiritualität der allumfassenden Hingabe des Lebens an Gott wirbt. Dabei geht es nicht – wie die folgenden Verse zeigen – um mönchische Weltentrückung, sondern um die alltägliche Lebenswelt**, das Aufstehen und Schlafengehen, das Erziehen der Kinder, das Spazierengehen. All das kann Teil religiösen Lebens werden. Vor diesem Hintergrund lässt sich die Gottesliebe wohl durchaus mit menschlicher Liebe vergleichen. Sie mag als intensive Gefühlserfahrung beginnen. Wird sie aber zur dauerhaften Liebesbeziehung, beginnt sie im Zusammenleben mehr und mehr das Leben insgesamt bis in die innersten Fasern mitzuprägen.

## 4. Das Doppelgebot der Liebe im Neuen Testament

Im Markusevangelium antwortet Jesus auf die Frage eines Schriftgelehrten nach dem wichtigsten Gebot: „Das erste ist: *Höre, Israel! Der Herr, unser Gott, der Herr ist Einer. Und du wirst den Herrn, deinen Gott, lieben aus deinem ganzen Herzen, aus deiner ganzen Seele* und aus deinem *ganzen Verstand und aus deiner ganzen Kraft.* Das zweite ist jenes: *Du wirst deinen Nächsten lieben wie dich selbst*" (Mk 12,29-30). Jesus kombiniert dabei zwei Zitate aus dem Pentateuch – das Schma Jisrael und einen Vers aus dem sogenannten Heiligkeitsgesetz (Lev 19,18). Jesu Antwort, das Doppelgebot der Liebe, wird die Geschichte der Ethik des Christentums prägen – intensiv entfaltet bei großen christlichen Schriftstellern wie etwa Augustinus, Thomas von Aquin oder Martin Luther.

In der Version des Markusevangeliums fällt zunächst auf, dass zu den drei Begriffen Herz, Seele und Kraft (hier anders als LXX nicht *dýnamis* sondern *ischýs*) ein vierter Begriff eingefügt ist: „aus deinem ganzen Verstand" (*dianoía*). Man darf das wohl als Freiheit des Auslegers verstehen. Dem Evangelisten geht es hier darum, zu klären, dass der Verstand nicht aus der Gottesliebe auszusparen ist. Was im Hebräischen schon im Wort „Herz" mitklingt, muss für Griechisch Sprechende vielleicht schon eigens dazu gesagt werden. Diese Botschaft ist heute angesichts der wissenschaftsfeindlichen Tendenzen in fundamentalistischen religiösen Strömungen von besonderer Wichtigkeit. Der Glaube richtet sich nicht gegen den menschlichen Verstand, sondern im Gegenteil, alle Kräfte der Intelligenz sind aufzuwenden, um die Welt und den Glauben tiefer zu verstehen. Das heißt, Gott ganzheitlich zu lieben.

Das Matthäus- und das Lukasevangelium kennen die Version des Markus, feilen aber jeweils ihre eigene Wiedergabe heraus. Interessanterweise lassen beide den ersten Vers des Schma Jisrael weg (vgl. Mt 22,37-39; Lk 10,27). Was die Präposition anbelangt, entscheiden sich beide anders als Markus: „*in* deinem ganzen Herzen" etc. sei Gott zu lieben statt „aus". In diesem feinen Detail gehen sie von der Septuaginta ab und näher an den hebräischen Text zurück. Während Matthäus zur merkwürdigen Version mit Herz, Seele und Verstand gelangt, ist Lukas mit Herz, Seele und Kraft am nächsten am hebräischen Text von Dtn 6,5. Keiner der neutestamentlichen Autoren ging leichtfertig mit der Heiligen Schrift des Alten Testaments um, selbst Wörtchen wie „aus" oder „in" wurden in die goldene Waagschale gelegt.

**Die Bedeutsamkeit des Schma Jisrael ist gar nicht hoch genug einzuschätzen. Es zeigt, dass die Glaubensethik des Jesus von Nazaret zutiefst jüdisch war.** Das Christentum bewahrt diese zentrale Stelle jüdischen Selbstverständnisses im Herzen seines Glaubenslebens. **Das Christentum ist nicht getrennt vom Judentum zu denken, sondern nur mit ihm gemeinsam.** Ohne Judentum gäbe es kein Christentum, und ohne das Judentum zu verstehen, verstehen wir auch das Christentum nicht. Wer das Judentum verachtet, verachtet die Religion Jesu Christi. Als Christen sind wir zunächst einmal zu Gast im Judentum, aufgenommen in einen Zweig des jüdischen Glaubens (vgl. Röm 11,17-18), der in Jesus den Messias sieht.

## 5. Tefillin und Mezuzot

Der folgende Abschnitt zum Lernen und Lehren des Wortes bringt ein Grundanliegen des Deuteronomium zum Ausdruck (6,7-9, vgl. S. 19-20). Das „Murmeln" der Worte (v.7) ist zugleich, was ursprünglich im Lateinischen mit der mönchischen Übung der *meditatio* gemeint war: ständiges Wiederholen, Einhersagen der auswendig gelernten heiligen Worte. Das Auswendiglernen wird nicht (wie heute zuweilen) als stupide Übung verstanden, sondern als spirituelle Verinnerlichung. Wie beim langen Kauen selbst trockenes Brot süß wird, bringt das geduldige Lernen und Vertiefen der Bibel langfristig geistige und geistliche Nahrung und Stärkung. Ein Bild im Buch Ezechiel macht dies noch deutlicher. Gott gibt dem Propheten eine Schriftrolle zu essen, die mit „Klagen und Seufzen und Wehgeschrei" vollgeschrieben ist. In seinem Mund wird sie „süß wie Honig" (Ez 2,9-3,3). **Selbst harte und schwierige Texte können süß werden, wenn wir uns intensiv mit ihnen auseinandersetzen, weil sie Wesentliches für das Leben zu sagen haben** (s. S. 76-80).

Mose geht es aber auch um die materielle Vergegenwärtigung des geschriebenen Wortes (Dtn 6,8-9, vgl. S. 19-20). Kleine Schriftstücke an den Körper zu binden, an Hals, Hand oder Stirn, ist alter Brauch und in Ägypten seit dem 2. Jahrtausend v.Chr. bekannt. Damit ist oft der Glaube an magischen Schutz vor Dämonen verbunden. Ähnlich brachte man auch gern Segen oder Flüche an Häusern an – zum Schutz oder Schaden. Das Deuteronomium deutet diese alten magischen Bräuche um. **Hier geht es nicht um die übernatürliche Macht des Geschriebenen, sondern um seine physische, spürbare und sichtbare Präsenz.** Schon im frühen Judentum wurden zur Erfüllung dieses Gebots Röllchen, beschrieben mit Auszügen aus der Tora, in kleine Kapseln gegeben. Bis heute verwenden orthodoxe Juden solche Kapseln beim Gebet (*Tefillin*) sowie an Türen und Toren (*Mezuzot*). Diese Praxis mag auf den ersten Blick seltsam erscheinen, doch ist sie – ähnlich wie das Wasser oder das Öl bei der Taufe – nichts anderes als ein sicht- und spürbares materielles Zeichen einer geistlichen Wirklichkeit, um die es eigentlich geht: die allgegenwärtige Beziehung zu „diesen Worten", die Juden mit Gott verbinden.

Auf der DVD finden Sie Abbildungen und Fotos von Tefillin und Mezuzot, die Sie zur Veranschaulichung verwenden können.

## 6. Was sollen diese Gebote? Religiöse Pädagogik (Dtn 6,20-25)

*(20) Wenn dich dein Kind morgen fragt: „Was [sollen] die Normen und die Satzungen und die Rechtsbestimmungen, die J*HWH*, unser Gott, euch geboten hat?" (21) Dann wirst du zu deinem Kind sagen: „Sklaven waren wir für den Pharao in Ägypten, und J*HWH* hat uns aus Ägypten herausgeführt mit starker Hand. (22) Und J*HWH* tat große und schreckliche Zeichen und Wunder in Ägypten gegen den Pharao und gegen sein ganzes Haus vor unseren Augen. (23) Uns aber führte er von dort heraus, um uns zu bringen, um uns das Land zu geben, das er unseren Vätern zugeschworen hatte. (24) Und J*HWH* gebot uns, all diese Satzungen zu tun, zu fürchten J*HWH*, unseren Gott, damit es uns gut gehe alle Tage, um uns Leben zu schenken, wie es am heutigen Tag ist. (25) So wird es Gerechtigkeit sein für uns, wenn wir all dieses Gebot bewahren, es zu tun, vor J*HWH*, unserem Gott, wie er uns geboten hat."*

Diese Verse sind ein Glanzstück religiöser Pädagogik. Die Frage des Kindes ist offen und konfrontativ. Es bezeichnet J*HWH* schon als „unseren Gott", aber hinsichtlich der Gebote fühlt es sich nicht als Teil der Gemeinschaft: Gott hat sie „euch" geboten, nicht „uns". Das Kind stellt sich selbstbewusst den Eltern gegenüber. Es gibt tausend Möglichkeiten, auf eine einzige Frage zu antworten. Manche Kinder hören Antworten wie: „Frag nicht so blöd! Mach einfach!" **In der göttlichen und mosaischen Pädagogik aber ist die Frage des Kindes hoch geschätzt. Sie spielt sogar eine zentrale Rolle in der Feier des Pessach** (Ex 12,26-27). **Die Antwort, die Mose vorschlägt, enthält keinen einzigen Befehl, kein „Mach!" kein „Tu!". Sie erzählt in aller Kürze die Geschichte der eigenen Gemeinschaft und beginnt dabei nicht bei Rühmlichem, sondern an einem Tiefpunkt.** „Sklaven waren wir". Diese – beschämende – Erinnerung wird im Judentum nicht verdrängt (wie viele beschämende Geschichten werden verdrängt!), sondern gepflegt, weil sie eine grundlegende Motivation für ethisches Handeln ist (S. 103). Wer einmal selbst gelitten hat, kann mitfühlen und sollte sich nicht kalt stellen gegenüber jenen, denen es jetzt so geht. Die göttliche Befreiung im Exodus ist Voraussetzung für die göttlichen Gebote (v.21-24, vgl. den Prolog des Dekalogs!) und die Gebote haben eine grundlegende Wirkung, die hier und heute spürbar ist: „unser" Leben (v.24). Deshalb bedeutet das Bewahren der Gebote Gerechtigkeit für „uns". Statt Befehle zu erteilen, lädt die Antwort das Kind mit vielen guten Gründen dazu ein, sich als Teil dieser gemeinsamen Geschichte Israels zu verstehen, sich in das „Wir" der Eltern tiefer einzufühlen und einzuschließen. Dieses Zusammenfühlen und Zusammengehören ist die innere Motivation dafür, sich mit den Geboten auseinanderzusetzen, die ja durchaus anstrengend und anfordernd werden können.

Wenn ein Kind nach dem Sinn der Religion fragt, geht es um sensible Fragen nach Identität, Selbstbestimmung, dem eigenen Verhältnis zur Gemeinschaft und nach dem Leben überhaupt. **Antworten sollten, so schlägt Mose vor, aus Erfahrung sprechen.** Anstatt zu befehlen, sollten sie mit guten Gründen für eine persönliche Entscheidung werben und dazu einladen, sich tiefer als Teil einer Gemeinschaft zu empfinden.

O Gott, was tue ich
vor dieser kalten, grauen Wand, die Zukunft heißt,
und Gott, was sage ich
zu dem zerrissenen wirren Netz Vergangenheit?
Weiß nicht, was wird, und das, was war,
kann mich nicht retten.


O Gott, du sagst doch; Ich bin da.
Sagst immer wieder: für uns Menschen.
Das einzige, was mich noch hält,
dein: Ich bin da.
Und wie Vertrauen schleicht sich ein,
o Gott, dein Name:
Ich bin da.

Ursula Geiger

## 3.2 Der Text heute – Themen und Bausteine

**Kerstin Offermann**

### 1. Hören

Der Textabschnitt beginnt mit einer klaren Aufforderung: Höre! Hören ist zentrales Geschehen Gott gegenüber. Im Hören kommt etwas **von außen** auf mich zu. Mir wird etwas über Gott und über mich selbst mitgeteilt, was ich mir selbst nicht sagen kann. Hören ist die Voraussetzung für den Glauben. Im christlichen Glauben ist das *extra nos* von großer Bedeutung und auch an Gottes Wort gebunden. Dietrich Bonhoeffer formuliert es so: „Christ ist der Mensch, der sein Heil, seine Rettung, seine Gerechtigkeit nicht mehr bei sich selbst sucht, sondern bei Jesus Christus allein. Er weiß, Gottes Wort in Jesus Christus spricht ihn schuldig, auch wenn er nichts von eigener Schuld spürt, und Gottes Wort in Jesus Christus spricht ihn frei und gerecht, auch wenn er nichts von eigener Gerechtigkeit fühlt. Der Christ lebt nicht mehr aus sich selbst, aus seiner eigenen Anklage und seiner eigenen Rechtfertigung. Er lebt ganz aus Gottes Wort über ihn, in der gläubigen Unterwerfung unter Gottes Urteil, ob es ihn schuldig oder ob es ihn gerecht spricht. Tod und Leben des Christen liegen nicht in ihm selbst beschlossen, sondern er findet beides allein in dem Wort, das von außen auf ihn zukommt, in Gottes Wort an ihn. Die Reformatoren haben es so ausgedrückt: unsere Gerechtigkeit ist eine ‚fremde Gerechtigkeit‘, eine Gerechtigkeit von außen her (extra nos)." (aus: „Gemeinsames Leben", Gütersloh, 1987, S. 18f.)

**Das Hören beansprucht den Menschen ganz für diesen einen Gott. Die Gute-Nachricht-Bibel übersetzt das nicht „monotheistisch", sondern setzt ihren Fokus auf die Beziehung zwischen Gott und Volk: „unser Gott, nur er". Beides** schwingt im Text des Deuteronomiums mit. Für uns ist heute die Übersetzung der Guten-Nachricht-Bibel näher an unserer Wirklichkeit, da wir nicht mehr in der Auseinandersetzung mit dem Polytheismus stehen, sondern eher in der Auseinandersetzung mit einer völlig säkularisierten Wirklichkeit. Überlegungen zum Glauben an den *einen* Gott finden Sie in der Bibelarbeit zum Text (S. 72).

Wer und wie Gott ist, erfahren Menschen, indem Gott sich zu erkennen gibt. **Gott muss den Menschen sagen, wer und wie er ist. Gott ist nicht einfach Objekt unseres innerweltlichen Erkennens.** Darum behaupten heute ja auch viele Menschen, dass es Gott gar nicht gäbe. Weil Gott aber gekannt (und sogar geliebt) werden möchte von den Menschen, gibt er sich zu erkennen, indem er zu den Menschen spricht; bis heute – in den zu Texten gewordenen Worten der Bibel. (vgl. Einheit 7)

Im Hören erfahren Menschen auch, wer sie selbst sind. Ich als Mensch brauche die Anderen, ich brauche das Angesprochenwerden von außen, um mich als Person zu erfahren. Wir sind zutiefst auf Beziehung angelegt und angewiesen. Wer nicht angesprochen wird, stirbt – als Kind wortwörtlich, als Erwachsener zumindest innerlich. Erst in der Begegnung mit einem Du werde ich zum Ich.

## 2. Liebe

Gottes Aufforderung zu hören, ist also Ausdruck seiner Liebe und Fürsorge. Daher ist es nur logisch, dass auch der angesprochene Mensch seinerseits Gott lieben soll. Die wechselseitige Liebe ist der Ausdruck dieses sich-zu-erkennen-gebenden und identitätsstiftenden Angesprochenwerdens. Liebe ist deshalb die angemessene Reaktion, weil es um das eigene Leben geht. Liebe ist eine Kraft, die das ganze Leben betrifft. Wer liebt, tut das mit seinem ganzen Sein: mit Gedanken, Gefühlen, Plänen, Handlungen, Wünschen, mit Herz und Verstand, mit der ganzen Existenz, mit jeder Faser des Seins und jeder Lebensäußerung. Wenn wir unsere Existenz völlig der Zuwendung Gottes verdanken, dann ist es angemessen, ihn mit der ganzen Existenz zu lieben, so wie er uns liebt.

**Das Liebesgebot im Deuteronomium bindet die Liebe zu Gott sehr konkret und praktisch an die Liebe zum Nächsten. Indem man den Nächsten liebt** (und das tut man, indem man Gottes Gebote befolgt) **liebt man Gott.** Das gleiche Ineinander von menschlicher Liebe und göttlicher Liebe findet sich im Doppelgebot der Liebe im Neuen Testament (Mt 22,37-40) und in der Theologie der Johannesbriefe (1 Joh. 4, 7-22), die auch – wie das Deuteronomium – die Beziehung der Menschen zu Gott in dem Hören des göttlichen Wortes begründet sieht (1 Joh. 1,1). (vgl. Einheit 6)

Gott *von ganzem Herzen* zu lieben, ist auch für uns ein nachvollziehbares Bild. Das *Herz* ein sprechendes Symbol sowohl für die Liebe als auch für das Leben. Was mein Herz betrifft, betrifft meine ganze Existenz. Es steht für Aufrichtigkeit und inniger Zuwendung. Zum Herzen im Deuteronomium vgl. Einheit 7 und das Arbeitsblatt dazu auf der DVD.

Zu diesem Text finden Sie auf der DVD ein Bible Art Journaling. Sie können es mit den TN nachvollziehen – der Werdegang ist bildlich dargestellt. Es ist ein einfacher Einstieg in die Methode des Bibel Art Journaling. Die kreative Gestaltung des Textes ermöglicht den TN einen emotionalen Zugang zum Bibeltext.

 Halten Sie für die TN Herzen aus verschiedenen Materialien bereit: Stoff, Holz, Stein, Glas, Papier. Bitten Sie die TN, sich ein Herz auszusuchen, das für sie die Liebe Gottes am besten ausdrückt und symbolisiert. Bitten Sie die TN nun, mit Filzstift auf das Herz eine Liebesbotschaft von ihnen selbst an Gott zu schreiben oder zu malen (alternativ: gedanklich zu verfassen und auf das Herz zu „schreiben"). Lassen Sie den TN einen Moment Zeit, sich der Liebe Gott auszusetzen und in der Stille Gott zu sagen, was sie an ihm lieben.

Das Gebot Gott zu lieben zielt darauf ab, dass es uns gut geht. „Jahwe steht nicht nur auf der Seite eines Lebens in Segensfülle, er ist sogar selbst das Leben seines Volkes" (aus: Braulik, „Deuteronomium", S. 554), wer also mit Gott verbunden bleibt, bleibt dem Leben verbunden. Vers 20 stellt die Frage nach dem „Warum?" und gibt als Antwort die Zukunftsverheißung. Wir lernen von Gott, wie man liebt, indem wir uns von Gott lieben lassen. So wie wir es unseren Kindern beibringen, indem wir sie lieben.

## 3. Weitergabe des Glaubens, der Liebe, des Segens

**Nur dadurch, dass wir unsere Kinder lieben, werden diese selbst liebesfähig.** Indem wir unsere Kinder segnen, lernen diese aus dem Segen Gottes zu leben. Dabei machen wir unseren Kindern nicht zu Kopien unserer selbst. Sie treffen für sich selbst die Entscheidung, was von dem, was sie mit uns erlebt haben, für sich behalten wollen und wo sie andere Wege gehen wollen. Zugleich hinterlässt aber Liebe auch eine Segensspur in der Seele der Kinder, die weiterwirkt, auch wenn die Kinder sich vom Glauben abwenden. Es gibt eine sehr schöne biografische Geschichte über die heilsame Wirkung des Segens eines Großvaters von Rachel Naomi Remen. Er hatte mich auf eine Weise angesehen, wie es sonst niemand tat, und er hatte mich bei einem ganz besonderen Namen genannt – „Neshumele", was „geliebte kleine Seele" bedeutet. (Abrufbar auf: https://blog.rehehaeuser.de/der-segen-meines-grossvaters/)

 Lesen Sie mit den TN die Geschichte. Was haben Sie für Segenserfahrungen gemacht? Wer hat ihnen zum Glauben geholfen? Haben sie ihren Kindern / Enkeln Segen weitergegeben?

## 4. Identität und Geschichte

Im Deuteronomium bekommen die Kinder auf ihre Frage hin *Geschichten* erzählt. Sie können sich mit den Geschichten identifizieren – oder auch nicht. Sie können die Geschichten zu einem Teil ihrer eigenen Identität werden lassen. Aber die Geschichten erlauben auch den Abstand und die Freiheit, sie nur als Erfahrung der Anderen wahrzunehmen. *Identität* entsteht durch erinnerte, erzählte, gedeutete Erfahrung. Kinder möchten zu einer Gemeinschaft dazugehören. Sie möchten dadurch verstehen, wer sie sind. Durch das Erzählen von Geschichten werden die Kinder in einen Erfahrungsraum mit hineingenommen. Du wirst in diese Geschichten mit hineingenommen. Du wirst ein Teil der Gottesgeschichte. **Unsere Identitätsarbeit besteht wesentlich auch darin, dass wir Geschichten über uns selbst erzählen.** Identitätsforscher sprechen von „narrativer Identität". „Eine narrative Identität ist also eine Identität, bei der wir sagen, wer wir sind, indem wir eine Geschichte über uns erzählen [...]. Im Blick auf die eigene Identität geht es nicht darum, „etwas" zu glauben, sondern diesen Glauben als Deutungskategorie zu verstehen. Die Bedeutung, die der Glaube für mich hat, hängt daran „wie mir ein solcher Glaube hilft, mich und mein Leben zu verstehen, mich zu orientieren, was ich für wertvoll halte, wofür es sich zu leben lohnt. Der Glaube [...] kann so ein wichtiges Instrument der Identitätsarbeit darstellen" (aus: Hoffmann, „Zweifeln und Glauben", 195ff).

 Welche biblischen Geschichten / Personen sind den TN im Leben wichtig geworden? Mit wem oder mit welcher Geschichte können sie sich identifizieren?

 Bitten Sie die TN zu überlegen, welche drei Sätze ihnen so wichtig sind, dass sie diese an die nächste und übernächste Generation weitergeben möchten.

Der Fokus in Dtn 6 liegt auf der Exodus-Geschichte, also auf der *Befreiungserfahrung*. Sind wir Christen Teil davon? Grund unserer Befreiungserfahrung sind Kreuz und Auferstehung Jesu Christi. Diese ritualisierten Erfahrungen sind wie ein Mantel, in den man sich in bestimmten Situationen hineinbegeben kann. Wenn wir als Christinnen und Christen Weihnachten oder Ostern feiern, zelebrieren wir solche ritualisierten Erfahrungen. Wir vergegenwärtigen die Ereignisse der Vergangenheit, vollziehen sie mit und werden ein Teil von ihnen. Das gleiche geschieht auch im Abendmahl.

 Feiern Sie mit den TN zum Abschluss der Einheit Abendmahl als Erinnerungs- und Befreiungsmahl.

### 5. Frömmigkeit

In Dtn 6 wird die Tora zu einer ständigen Lebensbegleiterin. Die Bibelarbeit schlägt vor, die Symbole des Judentums kennenzulernen. (vgl. dazu auch YouTube Videos wie z.B.: https://www.youtube.com/watch?v=uezimCF8JDg)

 Drucken Sie den TN das *praise&pray*-Heft zum Deuteronomium aus. Es thematisiert die Nähe des Wortes Gottes. Geben Sie den TN das *praise&pray*-Heft mit nach Hause oder laden Sie die TN ein, die Seite gemeinsam während der entsprechenden Einheiten der Bibelwoche zu gestalten. Halten Sie dafür verschiedene Stifte und Farben bereit.

Dieser Bibeltext eignet sich dafür, ihn mit der Methode der lectio divina zu lesen. *Dazu finden sich eine Einführung und Impulse auf der DVD.*

Tragen Sie mit den TN zusammen:

- Welche Symbole / Zeichen des Glaubens gibt es bei uns?
- Was sind unsere zentralen Texte? Das Vaterunser, verschiedene Glaubensbekenntnisse, wie das urchristliche, altkirchliche oder die Barmer Theologische Erklärung?
- Welche Bibelgeschichten tragen mich und meinen Glauben? Gibt es einen Satz, den ich im Alltag mit mir trage und an den ich mich regelmäßig erinnere?
- Wie vergegenwärtigen die TN sich Bibelverse im Alltag? Kennen sie ihren Konfirmationsspruch auswendig? Was können sie an Glaubensworten auswendig?
- Gibt es bei den TN alltägliche Glaubensrituale? Gebet beim Essen? Lesen der Losung? Gebet vor dem Einschlafen? Luthers Morgen- oder Abendsegen?
- Haben die TN andere, bildhaftere Formen, mit denen sie sich wichtige Glaubenserkenntnisse vergegenwärtigen? (Am Beispiel Luthers: Er ritzte die Worte „Ich bin getauft" in seinen Tisch.)

Teilen Sie den TN zum Abschluss einen Liedvers von Paul Gerhard aus (EG 83,6)

*Das soll und will ich mir zu Nutz*
*Zu allen Zeiten machen,*
*Im Streite soll es sein mein Schutz,*
*In Traurigkeit mein Lachen,*
*In Fröhlichkeit mein Saitenspiel,*
*Und, wann mir nichts mehr schmecken will,*
*Soll mich dies Manna speisen;*
*Im Durst solls sein mein Wasserquell,*
*In Einsamkeit mein Sprachgesell*
*Zu Haus und auch auf Reisen.*

### Lieder

EG 184    Wir glauben Gott im höchsten Thron
EG 221    Das sollt ihr Jesu Jünger nie vergessen
EG 412    So jemand spricht, ich liebe Gott

## 3.3 Vorschlag für eine Bibelarbeit

**Katharina Falkenhagen**

### Inhaltlicher Schwerpunkt

Das „Höre Israel" ist einer der wichtigsten Texte des Judentums. In diesen wenigen Versen wird die Botschaft der Tora zusammengefasst und eine Anleitung zur Wahrung von Tradition und Identität gegeben. Die Befreiung des Volkes Israel aus Ägypten ist die Grundlage des Bekenntnisses. Jesus nimmt in seiner Verkündigung das „Schma Israel" auf und kombinierte es mit der Aufforderung zur konsequenten Nächstenliebe. Als christliche Gemeinde sehen wir uns durch Jesus Christus in die Tradition des Gottesvolkes hineingenommen. Dennoch achten wir die besondere Stellung des Volkes Israel als Volk des ersten Bundes. Wir fragen uns: Welches Grundbekenntnis ist uns wichtig und wie geben wir es weiter? Was können wir von unseren jüdischen Schwestern und Brüdern lernen?

### Materialien und Medien

- Bibeltexte (s. Teilnehmerheft o. DVD)
- Material für gestaltete Mitte:
  - Karten (rot: für bereits selbst erfahrene Glaubenstraditionen / blau: für jüdische Glaubenstraditionen im Text / gelb: für mögliche weitere eigene Formen der Glaubensüberlieferung)
  - Blau / weiß gestreifter Stoff (Symbol des jüdischen Gebetsmantels)
  - Mit Versen 4/5 beschriftetes rotes Herz
  - Kerze
- Dicke Stifte
- Bleistifte / Kugelschreiber für die TN

### Zur Gestaltung des Abends

In der Mitte des Stuhlkreises befinden sich ein blauweißes Tuch (Bezug zum jüdischen Gebetsmantel), darauf eine Kerze und ein geschlossener Geschenkkarton.

#### Liturgische Eröffnung
→ **Begrüßung**: Ganz herzlich darf ich Sie begrüßen. Heute werden wir miteinander einen der wichtigsten Bekenntnistexte des Volkes Israel aus Deuteronomium 6 bedenken und besprechen: Das „Höre Israel". Auf die Frage nach dem wichtigsten Gebot antwortete Jesus genau mit den Worten aus dem Buch Deuteronomium: „Du sollst deinen Herrn lieben von ganzem Herzen."
→ **Bibelwochenlied**
→ **Gebet**: „Gott, zu Dir kommen wir in unserem Gebet. Wir bedenken heute Geschichte und Bekenntnis des Volkes Israel. Wir fühlen uns hineingenommen in diese Geschichte der Befreiung, Gott, durch Jesus Christus unseren Herrn. Wir bitten dich um deinen guten Geist für unser Beisammensein. Amen."

→ **Bibelwochenpsalm**

**Auf den Text zugehen**

In der Mitte unseres Kreises befindet sich ein Geschenkkarton. Lassen Sie uns zuerst über folgende Fragen nachdenken.

→ Welche grundlegenden Glaubenstexte oder welche grundlegenden Glaubensaussagen habe ich von meinen Vorfahren überliefert bekommen.

Der Leiter / die Leiterin öffnet den Karton und nimmt einige Zettel aus dem Karton heraus. Diese sind bereits mit einigen Stichworten beschriftet, z. B.

– „Der Herr ist mein Hirte; mir wird nichts mangeln." Oder
– „Ich glaube an Gott, den Vater, den Allmächtigen." Oder
– „Gott ist Liebe."

Weitere Karten stehen zur Verfügung. Es werden Zweiergruppen gebildet und Ideen der Teilnehmerinnen und Teilnehmer werden zusammengetragen. Diese werden auf *rote oder rosa Karten* geschrieben.

→ Wie sind diese Glaubenstraditionen zu mir gekommen? Welche Rituale gibt es zur Bewahrung wichtiger Traditionen?

In dieser kurzen Gesprächsrunde werden die Teilnehmerinnen und Teilnehmer ermuntert, darüber zu sprechen, wie das Wissen über wichtige Glaubensinhalte zu ihnen gekommen ist. Z.B. können genannt werden:

– Auswendiglernen im Konfirmandenunterricht.
– Die Großmutter hat immer Bibelverse zitiert.
– Das Kreuz an der Schlafstubenwand.

Die Karten mit den Ideen werden in den Geschenkkarton gelegt.

**Dem Text begegnen**

→ Dtn. 6, 4 – 9 und 21 – 25 werden versweise, langsam vorgelesen.

*Fokus 1: Der Glaube an einen einzigen Gott als Akt der Liebe*

*Impuls:* Wir lesen noch einmal die Verse 4 – 6. Welches grundlegendes Bekenntnis **können wir diesen Worten entnehmen**?

„Der Herr ist unser Gott. Der Herr ist einer."

An dieser Stelle kann der Leiter / die Leiterin einige Informationen zur Entwicklung des Monotheismus in einer Welt der vielen Götter einbauen (vgl. Exegese 3.1, S. 62)

*Impuls:* Wie geht es uns mit dem Glauben an einen einzigen Gott?

*Impuls:* Wie sähe meine Religiosität aus, wenn ich für alle Lebensbereiche Götter hätte?

Was bedeutet es für meine Gottesbeziehung, wenn es nur einen gibt? Welche Antwort gibt unser Text?

Es geht um Liebe. Bestimmte Plichten und Riten oder auch Glauben sind keine Verpflichtung.

→ Der Leiter / die Leiterin legt in die Mitte ein großes rotes Herz, das mit den Versen 4 und 5 beschriftet ist. Dazu werden die Zitate aus Lev 19,18.34 gelesen (Teilnehmerheft)

*Impuls:* Ist das doppelte Liebesgebot eine Neuerung des Christentums? Nein: Jesus Christus hat die Liebe zu Gott und zu den Mitmenschen (sogar zu den Fremden) in den Mittelpunkt seiner Botschaft gerückt. Damit stand er fest auf dem Fundament seiner Mütter und Väter im Glauben. Er vertrat damit eine völlig jüdische Position.

*Fokus 2: Weitergabe des Glaubens*

→ Wir lesen Dtn 6, 7 – 9.

*Impuls*: Wie soll das grundlegende Glaubensbekenntnis weitergegeben werden?

Die Teilnehmerinnen und Teilnehmer werden gebeten, im Text die entsprechenden Stichworte zu markieren. Danach werden sie zusammengetragen und auf *blaue Karten* notiert. Der Leiter / die Leiterin gibt einige Erläuterungen den entsprechenden jüdischen Traditionen. Dazu können Tefillin und Mezuzot z. B. aus einem „Medienkoffer Judentum" (in vielen Medienstellen verfügbar) zum Einsatz kommen. *Bilder von Tefillin und Mezuzot finden sich auf der DVD.*

*Impuls*: Welche Möglichkeiten haben wir als Christinnen und Christen, unseren Glauben an die nächste Generation weiter zu geben?

→ Die Gedanken der Teilnehmer und Teilnehmerinnen werden auf *gelbe Karten* notiert und um den Geschenkkarton herum gelegt.

*Fokus 3: Vergegenwärtigung der Rettung aus Ägypten*

Wir lesen Dtn 6, 21 – 25 und ergänzend nochmals Dtn 5,6

*Impuls*: Wird aus Dtn 6 deutlich, warum als Vorspann und Begründung für die Zehn Gebote der Auszug aus Ägypten dient? Sinn der Gebotserfüllung ist nicht ein „Abarbeiten" von Gesetzen, sondern, „damit es uns gut geht und er uns am Leben erhalten kann, wie das heute tatsächlich der Fall ist" (Dtn 6,24).

**Mit dem Text weitergehen**

Wir haben heute einen der wichtigsten Texte des Judentums besprochen. Dabei ist deutlich geworden, welche große Bedeutung der Weitergabe der eigenen Tradition beigemessen wird.

*Impuls*: Welche Gedanken und Formen des Judentums aus diesem Text können wir als Christinnen und Christen mitnehmen?

→ Nacheinander die roten, blauen und gelben Kärtchen betrachten lassen. Die TN können sich eines oder mehrere Kärtchen nehmen und dazu sagen, was sie darauf anspricht und was es für das eigene Leben mit der Glaubensüberlieferung bedeuten kann. Dann wir das Kärtchen um den Geschenkkarton abgelegt, dabei können sich die Farben mischen.

→ Nach je 2-3 Äußerungen kann ein Kehrvers gesungen werden, z. B. „Gottes Wort ist wie Licht in der Nacht".

**Liturgischer Abschluss**

→ Die TN können zum Abschluss zu einem freien Gebet eingeladen werden. Dank und Last in Bezug auf die Weitergabe der eigenen Tradition und der eigenen Glaubensgewissheiten können hier zur Sprache kommen und abgelegt werden.

→ **Vaterunser**

→ **Lied**: Wenn wir jetzt weiter gehen (EG 168,4)

→ **Segen**

## 3.4 Bildbetrachtung – Gottesliebe und Weitergabe des Glaubens

**Johannes Beer**

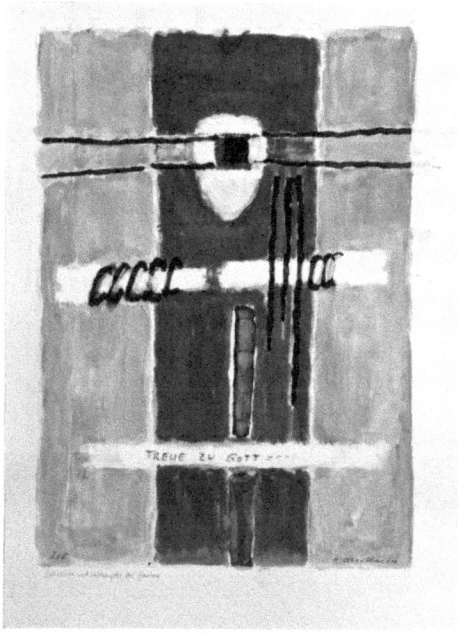

*Josef Ebnöther: „Gottesliebe und Weitergabe des Glaubens" 2018, Mischtechnik auf Papier, 73 x 52,8 cm*

Wieder finden sich der breite blaue Bereich und die gelborangenen Flächen auf diesem Bild von Josef Ebnöther. Wiederum ist das Bild dadurch senkrecht gegliedert. Auffällig sind aber diesmal drei waagerechte Bildelemente, die vor den drei senkrechten Flächen sind und diese miteinander verbinden. Das oberste Bildelement besteht aus zwei schwarzen Linien, die sich parallel über die ganze Bildfläche ziehen und rechts und links weiterzugehen scheinen. In der Mitte werden sie von einem braunen Quadrat mit schwarzer Erhöhung zusammengehalten. Hinter diesem ist eine weiße Form zu erkennen, die uns an ein Herz erinnert. Mit dieser Form assoziieren wir vom Text her sofort eine Tefillin, einen jüdischen Gebetsriemen, wie wir ihn von so vielen Fotos betender Juden kennen. Nur hier ist die Kapsel nicht auf die Stirn oder einen Arm gebunden, sondern ist vor einem Herzen dargestellt. Natürlich hat das Bezug zu der Aufforderung, dass wir Gott von ganzem Herzen lieben sollen.

Darunter, fast in der Mitte des Bildes, sehen wir zwei weiße Elemente, die wie Stäbe wirken. Sie sind eng aufeinander ausgerichtet und doch durch eine kleine Lücke getrennt. Sie sind von schwarzen Bändern locker umwickelt, wobei beim rechten die Wickelung nicht vollendet ist. Wiederum denken wir an die Tefillin, sehen aber keine Kapseln. Die gemalten Strukturen erinnern aber auch an Spulen, diese elektrotechnischen Bauteile, ohne die viele Kraftflüsse nicht möglich sind.

Unter diesen beiden Elementen ist ein senkrechtes graues Element auf dem blauen Feld, das durch einen weißen Schatten hervorgehoben ist und wie dreidimensional wirkt. Darunter ist nochmal ein solches Element, das aber gelb überlagert und mit einem roten Zeichen versehen ist. Bei beiden assoziiere ich eine Mesusa, eine Schriftkapsel, wie sie fromme Juden an ihre Türpfosten befestigen. In ihnen ist ein Pergament auf dem das „Schma Jisrael", das „Höre Israel", das jüdische Glaubensbekenntnis unseres Bibeltextes aufgeschrieben ist.

Im dritten waagerechten Element des Bildes, einem einfachen weißen Streifen, lesen wir „Treue zu Gott". Die Tefillin und Mesusa, das Bekennen mit ganzem Herzen und sich immer wieder an Gottes Zusage erinnern ist die gelebte Treue der Glaubenden zu Gott.

# 4 | Segen und Fluch – Dtn 7,1-10; 28,45-57

## 4.1 Exegese

**Dominik Markl**

Diese Texte sind keine leichte Kost. Dennoch bilden sie einen wichtigen Teil dieser Bibelwoche, weil sie uns als Leser mit schwierigen Fragen konfrontieren. **Die Bibel fordert zu erbarmungsloser kriegerischer Gewalt auf? Sie droht mit grausamen Flüchen? Wie sollen wir mit solch harten und möglicherweise gefährlichen Texten umgehen?** Mose fordert Israel auf, die kanaanäischen Völker gnadenlos zu vernichten (7,2). Im Fall des Ungehorsams gegenüber Gottes Geboten droht er seinem eigenen Volk die furchtbarsten Qualen an, die man sich nur vorstellen kann (Dtn 28,45-57). Beides ist unerhört, empörend, auf den ersten Blick zumindest. Erst wenn wir tiefer blicken, die Erfahrungen berücksichtigen, die hinter diesen Texten liegen und verstehen, worauf sie wirklich abzielen, tun sich Richtungen für eine sinnvolle Deutung auf.

### 1. Gibt göttliche Liebe die Lizenz zum Töten? (Dtn 7,1-10)

*(1) Wenn JHWH, dein Gott, dich in das Land bringt, wohin du kommst, um es in Besitz zu nehmen, wenn er viele Nationen vor dir vertreibt, die Hetiter und die Girgasiter und die Amoriter und die Kanaaniter und die Perisiter und die Hewiter und die Jebusiter, sieben größere und stärkere Nationen als du, (2) und JHWH, dein Gott, sie vor dir hingibt und du sie schlägst, dann sollst du unbedingt an ihnen den Bann vollstrecken. Du sollst keinen Bund mit ihnen schließen noch Mitleid mit ihnen haben. (3) Und du wirst dich nicht mit ihnen verschwägern. Deine Tochter wirst du nicht seinem Sohn geben, und seine Tochter wirst du nicht für deinen Sohn nehmen. (4) Denn er würde deinen Sohn von mir abwenden, sodass er andern Göttern dient, und der Zorn JHWHs würde gegen euch entbrennen, und er würde dich schnell vernichten. (5) Sondern folgendes werdet ihr an ihnen tun: Ihre Altäre werdet ihr niederreißen und ihre Gedenksteine zerbrechen und ihre Ascherim umhauen und ihre Götterbilder im Feuer verbrennen. (6) Denn ein heiliges Volk bist du für JHWH, deinen Gott! Dich hat JHWH, dein Gott, erwählt, für ihn ein Juwelsvolk zu sein aus allen Völkern auf dem Angesicht der Erde. (7) Nicht weil ihr zahlreicher als die anderen Völker wäret, hat JHWH euch ins Herz geschlossen und erwählt; ihr seid ja das geringste unter allen Völkern! (8) Sondern wegen der Liebe JHWHs zu euch, und weil er den Eid hielt, den er euren Vätern geschworen, hat JHWH euch mit starker Hand herausgeführt und dich erlöst aus dem Sklavenhaus, aus der Hand des Pharao, des Königs von Ägypten. (9) So erkenne: Ja, JHWH, dein Gott, er ist der Gott! Der Gott, der Treue! Der Bewahrer des Bundes und der Verbundenheit für die ihn Liebenden und seine Gebote Bewahrenden auf tausend Generationen! (10) Doch vergeltend seinen Hassern ins Gesicht, um ihn umkommen zu lassen. Nicht zögert er gegenüber seinem Hasser, ins Angesicht vergilt er ihm!*

### 2. Das Juwelsvolk des treuen Gottes

Zunächst ein Blick auf die schönen Aspekte dieses Textes: **Gottes Erwählung macht sein Volk zum Juwel für ihn** (v.6). Dieser Ausdruck findet sich schon ganz am Beginn des Bundesschlusses am Sinai (Ex 19,5, vgl. auch Dtn 14,2; 26,18; Mal 3,17). In gängigen Übersetzungen wird das Wort einfach als „(besonderes) Eigentum" wiedergegeben, aber das bringt seinen poetischen Klang nicht zur Geltung. Das hebräische Wort *sᵉgullah* bezeichnet eigentlich den Kronschatz des Königs (so zu verstehen in Koh 2,8; 1 Chr 29,3). Es geht nicht um Israels Größe (Dtn 7,7)! Im Gegenteil, Israel ist sogar das kleinste aller Völker! Hier mag Mose übertreiben, aber es kommt auf den rhetorischen Punkt an: entscheidend ist die göttliche Liebe (v.8). In diesem Zusammenhang der Bundesthematik greift Mose in einem weiteren theologischen Höhepunkt die große Gnadenrede vom Sinai auf (v.9, vgl. Ex 34,6-7) und betont hier die direkte Vergeltung von Schuld – in Spannung mit den drei bis vier betroffenen Generationen im Dekalog (Dtn 5,9, vgl. S.50).

Zuweilen präsentiert die Bibel unterschiedliche Positionen aus der Diskussion einer schwierigen Frage. Dann ist es die Aufgabe von uns Lesern, weiter zu diskutieren, den Widerspruch zu erklären – oder auch offenzulassen. Oft hat die Bibel keine eindeutige Antwort auf schwierige Fragen. Aber sie fordert zu ernsthafter Auseinandersetzung mit ihnen heraus.

### 3. Die Problematik des Erwählungsgedankens

So schön die Rede von der göttlichen Liebe zu seinem Volk ist, sie steht hier in einem überaus problematischen Zusammenhang. Sie liefert nämlich die Begründung dafür („denn", Dtn 7,6), warum Israel die kanaanäischen Völker gnadenlos vernichten soll (v.1-5). Das neuralgische Stichwort hier ist „Bann" (*cheräm*, v.2), das totale Zerstörung meint und einen kultischen Beiklang hat. Wir sind heute aus guten Gründen sensibel für die Gewaltpotentiale, die mit Religion zusammenhängen. Mose erklärt hier ausdrücklich, dass der Vernichtungsauftrag religiöse Gründe hat. Die Verehrer anderer Götter könnten Israel von seinem Gott abbringen (v.3-4).

Auch als gläubige Menschen dürfen wir Überlegungen zur Gefahr der Intoleranz des Monotheismus, wie besonders der Ägyptologe und Kulturwissenschaftler Jan Assmann sie in mehreren Veröffentlichungen angestellt hat, nicht leichtfertig hinwegwischen. **Denn der Gedanke, dass die göttliche Erwählung sein Volk dazu legitimiert, andere zu zerstören, hat sich in der Geschichte als desaströs erwiesen**. In den Kreuzzügen, aber auch bei der kriegerischen Verfolgung der ursprünglichen Bewohner Amerikas und Südafrikas etwa verstanden sich Christen als dieses erwählte Gottesvolk, das mit Recht und sogar mit göttlichem Auftrag die barbarischen „Kanaanäer" zu vernichten hatte. Und heute besteht die Gefahr, dass extremistische Juden und Christen denselben Gedanken gegen Palästinenser richten. Dabei sollte doch offensichtlich sein, dass solches Denken und Handeln nicht nur ein Verbrechen gegen die Menschlichkeit, sondern gegen Gott selbst ist!

### 4. Hinweise zu einem besseren Verständnis

Auch wenn es in aller Kürze nicht gelingen kann, befriedigende Antworten auf all die Fragen zu geben, die sich aus der gerade skizzierten Problematik ergeben, sollen vier Aspekte hervorgehoben werden, die Voraussetzung für ein tieferes Verständnis des Gedankens der Landnahme sein können.

**Erstens**: Heute weiß man aus zahlreichen archäologischen Befunden, dass die Erzählungen von Israels Landnahme in den Büchern Deuteronomium und Josua im Wesentlichen fromme Erfindungen sind. **Die früheisenzeitliche Besiedlung Kanaans ist nicht, wie dort geschildert, in einem plötzlichen Eroberungskrieg geschehen.** Vielmehr war sie ein langsamer Prozess, in dem teils Siedlungsbereiche neu erschlossen, teils alte Städte neu belebt wurden. In den verhältnismäßig kleinen Siedlungen der Eisenzeit sah man mancherorts noch monumentale Ruinen vorangehender Jahrhunderte, die wohl zur Vorstellung beitrugen, dass in früheren Zeiten dort Riesen gelebt hatten (Dtn 1,28; 2,10.21; 9,2).

**Zweitens**: Aus der Stele des moabitischen Königs Mescha (heute im Louvre) weiß man, dass der Gedanke der Bann-Vernichtung auch im Moab des 9. Jh. v.Chr. bekannt war. Der König Mescha rühmt sich in dieser Inschrift, die gesamte Bewohnerschaft der Stadt Nebo getötet und seinem Gott Kemosch als *cherǽm* geweiht zu haben. **In der alten Welt waren Kriege häufig mit religiösen Vorstellungen verbunden.** Auch die Ägypter und die Assyrer glaubten, im Auftrag und unter dem Schutz ihrer Götter Kriege zu führen. **Sieg und äußerste Gewalt gegen Gegner wurden dabei nicht als ethisches Problem wahrgenommen.** Unter dieser Rücksicht hat sich unsere Wahrnehmung stark gewandelt. Politische Gewaltideologien müssen wir grundsätzlich und strikt von religiösen Vorstellungen trennen.

**Drittens**: Im Deuteronomium spricht Mose schon von der Rückkehr aus dem Exil ins Verheißene Land (Dtn 30,1-10). Wie der Alttestamentler Georg Braulik herausgearbeitet hat, spielt gewaltsame Eroberung in diesem Zusammenhang, der für die historische Leserschaft von entscheidender Bedeutung ist, keine Rolle mehr.

**Viertens**: Das Motiv, Israel müsse bei der Landnahme die Bewohner Kanaans vertreiben und vernichten, ist im Deuteronomium und in der deuteronomistischen Geschichtsschreibung (bis in die Königsbücher) **Teil einer komplexen Geschichtsdarstellung, die nur in ihrem Gesamtzusammenhang verständlich wird.** Dieses Modell geht von der Wiederholung der Folge von menschlicher Schuld und göttlicher Strafe aus. Israels Vorbewohner wurden nach dieser Theorie von Gott aufgrund ihrer Gräueltaten aus dem Land vertrieben, darunter Zauberei und Kinderopfer (Dtn 12,31; 18,10-12). Schon Mose warnt Israel, dass es ihm ganz gleich ergehen werde, falls es ebenso handelt (18,9). „Wie die Nationen, die Jhwh vor euch verschwinden lässt, so werdet ihr verschwinden, dafür, dass ihr auf die Stimme Jhwhs, eures Gottes, nicht gehört habt" (8,20). Und genau so kommt es schließlich auch gemäß den Königsbüchern (2 Kön 16,3; 17,17; 21,2.11). **Israel verlor sein Land, so diese Geschichtsschreiber**, in der Zerstörung des Nordreichs durch die Assyrer und im babylonischen Exil (2 Kön 17-25) **aus demselben Grund wie schon Israels Vorbewohner.** Die Erzählung der gewaltsamen Landnahme ist daher Teil einer Geschichtsdarstellung, die insgesamt Israels eigenes dramatisches Schicksal deuten und dazu motivieren will, religiöse Praktiken wie Kinderopfer niemals mehr zu dulden.

Der zuletzt genannte Aspekt weist schon darauf hin, dass die Rede von Gewalt gegen die kanaanäischen Völker wesentlich mit Gewalt zu tun hat, die das Volk der biblischen Schriftsteller selbst erfahren hatte. Dies wird besonders beim nächsten Text deutlich, Moses Flüche gegen Israel in Dtn 28, der von extremer Gewaltandrohung charakterisiert ist.

## 5. Die schrecklichsten Flüche der Bibel (Dtn 28,45-57)

*(45) Und all diese Flüche werden über dich kommen, und dich verfolgen und dich erreichen, bis du vernichtet bist, weil du nicht auf die Stimme Jhwhs, deines Gottes, gehört hast, seine Gebote und Rechtsvorschriften zu bewahren, die er dir geboten hatte. (46) Und sie werden an dir als Zeichen und Wunder sein und an deinen Nachkommen auf ewig. (47) Dafür, dass du Jhwh, deinem Gott, nicht in Freude und wohlbeherzt gedient hast wegen der Fülle an allem, (48) wirst du deinen Feinden dienen, die Jhwh gegen dich gesandt hat in Hunger und in Durst, in Nacktheit und in Entbehrung von allem. Und er wird ein eisernes Joch auf deinen Nacken legen, bis er dich vernichtet hat.*

*(49) J*HWH *wird eine Nation aus der Ferne gegen dich herbeitragen, vom Ende der Erde, so wie der Adler einher fliegt, eine Nation, deren Sprache du nicht gehört hast, (50) eine Nation harten Gesichts, die keine Rücksicht zeigt auf den Alten und für den Jungen kein Mitleid hat. (51) Sie isst die Frucht deines Viehs und die Frucht deines Bodens, bis du vernichtet bist. Die dir nicht übrig lässt vom Korn, Most oder Öl, Wurf der Rinder oder Zucht der Schafe, bis sie dich vernichtet hat. (52) Sie belagert dich innerhalb all deiner Tore, bis zum Niedergehen deiner Mauern, der hohen, befestigten, auf die du vertraust in deinem ganzen Land. Und sie wird dich innerhalb all deiner Tore belagern, in deinem ganzen Land, das J*HWH, dein Gott, dir gegeben hat. (53) Und du wirst die Frucht deines Leibes essen, das Fleisch deiner Söhne und deiner Töchter, die J*HWH, dein Gott, dir gegeben hat, in der Belagerung und Bedrängnis, mit der dich dein Feind bedrängen wird. (54) Der weichlichste und verzärtelteste Mann wird missgünstig auf seinen Bruder blicken und auf die Frau seines Busens und auf den Rest seiner Kinder, die er noch übrig gelassen hat (55) um keinem von ihnen vom Fleisch seiner Kinder zu geben, die er essen wird, weil ihm nichts übriggeblieben ist in der Belagerung und Bedrängnis, mit der dein Feind dich bedrängen wird innerhalb deiner Tore. (56) Die Weichlichste bei dir und die Verzärtelteste, die vor Verzärtelung und vor Verweichlichung nie gewagt hat, ihre Fußsohle auf die Erde zu setzen, deren Auge wird missgünstig auf den Mann ihres Busens blicken und auf ihren Sohn und auf ihre Tochter (57) wegen ihrer Nachgeburt, die zwischen ihren Beinen hervorkommt, und wegen ihrer Kinder, die sie gebiert. Denn sie wird sie essen aus Mangel an allem, im Verborgenen, in der Belagerung und Bedrängnis, mit der dein Feind dich bedrängen wird innerhalb deiner Tore.*

## 6. Traumatische Erfahrungen im Hintergrund biblischer Texte

Drastischer und grausamer lassen sich Flüche wohl nicht mehr formulieren. Sind dies perverse Drohungen oder obszöne Angstmache? So könnte es vielleicht auf den ersten Blick erscheinen. Besinnt man sich jedoch auf die Geschichte des Alten Orients, wird alsbald deutlich, dass die hier angesprochenen Szenen allzu nahe an der Realität liegen, die unzählige Völker – und auch Israel – durchleiden mussten. Belagerungskriege mit gnadenlosem Aushungern war eine häufige Strategie imperialistischer Eroberer. Die Belagerung, die sich Judäern wohl am tiefsten ins Gedächtnis eingebrannt hat, war jene Jerusalems im Jahr 587 v.Chr., die mit der Zerstörung der Stadt und des Tempels zu Ende ging. Diese Erfahrung, in aller Nüchternheit in der Geschichtsschreibung geschildert (2 Kön 25) steht wohl hinter diesem Text. Hier erscheint sie in aller Drastik, Mose prophetisch in den Mund gelegt. **Erst in jüngster Zeit sind sich Bibelwissenschaftler dessen bewusst geworden, dass harte Texte wie dieser auch dazu dienen, traumatische Erfahrungen zum Ausdruck zu bringen, um mit ihnen umzugehen.** Der Text mag Leser mit gutem Grund erschrecken und anekeln. Doch sollten wir ihn nicht vorschnell überheblich aburteilen und den Text mit unseren moralischen Urteilen überfrachten. Vielmehr ist es hilfreich, einige Schritte zurückzutreten und zwischen dem schwelenden Rauch dieser Worte die psychischen Zerstörungen wahrzunehmen, von denen sie zeugen, und diesen zunächst einmal Respekt zu zollen.

**Literatur ist – wie auch andere Formen der Kunst – eine Ausdrucksform, die es ermöglicht, verheerende Erfahrungen zu bearbeiten und so, bestenfalls, zu transformieren.** Ein berühmtes Beispiel aus jüngerer Zeit und eine der frühen poetischen Verbalisierungen des Holocaust ist Paul Celans *Todesfuge*. Auch für Opfer von Missbrauch kann es heilsam sein, die erdrückende Sprachlosigkeit im Schreiben aufzubrechen. In diesem Sinne können wir extreme Texte der

Bibel auch als Mutmacher verstehen. Sie fassen äußerste Erfahrungen der Menschheit in Worte und bezeugen: Opfer von Gewalt müssen nicht verstummen, sie haben eine Stimme und Sprache, derer sie sich bedienen können. Auch das Unsägliche muss nicht vollkommen verschwiegen bleiben. Sprache ist ein Medium der Resilienz.

## 7. Flüche in altorientalischen Vertragstexten

Wiewohl die obige Passage einmalig ist in der altorientalischen Literatur, bilden Flüche einen üblichen Baustein altorientalischer Vertragstexte. Besonders stark im Hintergrund des Deuteronomium steht der **Treueid Asarhaddons**. Im Jahr 672 v.Chr. ließ König Asarhaddon die obersten Beamten seines ganzen Imperiums und die Könige abhängiger Kleinstaaten wie auch Israel einen Treueid schwören, mit dem sie sich zur Loyalität gegenüber ihm und insbesondere seinem designierten Thronfolger Assurbanipal zu verpflichten hatten. Dieser Text droht im Fall des Ungehorsams mit zahlreichen grausamen Flüchen. Der Eidestext war in der langen Regierungszeit Assurbanipals wohl bekannt und tief verhasst. **Seine Rhetorik hat eine frühe Form des Deuteronomium aller Wahrscheinlichkeit nach beeinflusst. Doch das Deuteronomium transformiert die politisch-rhetorischen Techniken der Assyrer geradezu auf ironische Art und Weise.** Hatten die Assyrer darauf abgezielt, imperiale Macht zu zementieren, verwendet das Deuteronomium deren sprachliche Finessen um – ganz im Gegenteil – ihre eigene Identität gegen imperialistische Ansprüche zu stärken und ihre Treue einzig und allein Jhwh zu geloben.

> **Der Gebrauch von Nichtgewalt verlangt größere Tapferkeit als der von Gewalt.**
>
> Mahatma Ghandi

## 4.2 Der Text heute – Themen und Bausteine

Kerstin Offermann

## 1. Das mühsame Erbe der Gewalttexte

Am liebsten wäre es einem ja, wenn solche Texte gar nicht in der Bibel stehen würden. Deshalb kommen sie auch so selten in Predigten oder Bibelarbeiten vor. Sie rufen sofort den Widerstand der Teilnehmerinnen und Teilnehmer hervor. Diese Texte widersprechen unseren Werten von Frieden, Verständigung und Liebe. Sie widersprechen unserem Gottesbild des vergebenden und für alle Menschen zugänglichen Gottes. Sie werden uns von Kritikern aus der Gesellschaft vorgeworfen, auch weil sie so eine verheerende Wirkungsgeschichte haben. Als Leitende oder Leitender ist man dann in einer ungemütlichen Position. Soll man die Texte verteidigen, wo sie doch in der Bibel stehen?

Für den Umgang mit dem Deuteronomium kommt man um solche Texte und das darin dargestellte Thema nicht herum. Es ist daher nicht hilfreich, sie zu ignorieren. **Eine Möglichkeit ist, diese Texte bewusst ad acta zu legen, so wie in der christlichen Tradition ja zum Beispiel auch angemessenerweise mit den Texten zu rituellen Opfern umgegangen wird.** Wenn man sich für diesen Umgang entscheidet, wird man diese Einheit auslassen und auch in den anderen Texten die anstößigen Verse nicht mitbedenken. Wie wir ja schon gesehen haben ist der Umgang mit Texten der Tradition im Deuteronomium selbst ein recht freier. Auf diese Tradition kann man sich berufen. Allerdings lässt das Deuteronomium dabei auch anstößige und widersprüchliche Deutungen nebeneinanderstehen, weil es damit rechnet, dass diese Texte das Potential haben, uns auch heute noch etwas zu sagen zu haben.

Dann wäre die Frage, wie aus der Abwehr eine differenzierte Art der Auseinandersetzung mit den Texten werden kann und was der mögliche Gewinn dabei wäre.

**Zunächst aber ist es wichtig der Abwehr Raum und Stimme zu geben und auch das eigene Unwohlsein mit den Texten zu benennen.** Damit vollzieht man schon einen hermeneutischen Schritt des Deuteronomiums nach: auch den unangenehmen Seiten des Lebens einen Sprachraum zur Verfügung zu stellen, damit sie in den Kontext der Gottesbeziehung gestellt werden können und damit handhabbar werden.

## 2. Wie sie anders gelesen werden können:

Wie bereits in der Exegese dargestellt ist es unbedingt nötig, sich den Entstehungshintergrund der Texte zu vergegenwärtigen. Dazu ist es hilfreich, den archäologischen Stand der Dinge anzusehen:

Dem israelischen Archäologen Israel Finkelstein zufolge, zeigt der archäologische Befund, dass „die Zerstörung dieser Städte im Verlauf von mehr als hundert Jahren erfolgt. Zu den möglichen Ursachen zählen Invasion, Zusammenbruch der Gesellschaft und Bürgerkrieg. Es ist nicht das Werk einer einzelnen Militärstreitmacht und ganz sicher nicht eines einzigen militärischen Feldzugs. Was in Wirklichkeit eine chaotische Serie von Aufruhren war, verursacht durch viele verschiedene Faktoren und ausgeführt von vielen unterschiedlichen Gruppen, wurde – viele Jahrhunderte später – die glänzend gesponnene Saga einer Gebietseinnahme mit Gottes Segen und unter seinem direkten Befehl. Das alles weist darauf hin, dass die ersten Israeliten nicht so sehr mit anderen Völkern kämpfen mussten als mit dem steinigen Gelände, den dichten Wäldern des Berglandes und der rauen und manchmal unberechenbaren Umwelt. Der Aufstieg des frühen Israels war ein Ergebnis des Zusammenbruchs der kanaanäischen Kultur, nicht ihre Ursache." (Keine Posaunen vor Jericho, Ein detaillierter Beitrag zur Landnahme findet sich auch auf der DVD.)

Neben dem archäologischen Befund hilft auch die Wahrnehmung der Abfassungssituation der Texte zu einem besseren Verständnis. Die Texte des Deuteronomiums und auch diese Rede des Mose, wurden im Exil verfasst und dort zuerst gelesen und gehört; kurz vor der Rückkehr in die Heimat, nach über 40 Jahren in der Fremde, von Leuten, die nur ein heimatloses, rechtloses, staatenloses Leben kannten. Sie waren traumatisiert von den Kriegserfahrungen (oder denen ihrer Eltern). Sie erlebten Scham, Ohnmacht, Verlust von Eigenständigkeit und Identität und auch den Verlust von Gottvertrauen. In Kristina Maroldts Spiegel-Artikel „Ich bin der Herr, dein Gott" wird diese Erfahrung eindrucksvoll in Worte gefasst: „Es muss ein furchtbares Schlachten und Wüten gewesen sein: Feuersbrünste fegten durch die Gassen. Pfeile bohrten sich in Häuser und Menschenleiber. Tausende wurden ins Feindesland verschleppt oder erschlagen. Als das Heer des babylonischen Königs Nebukadnezzar im Sommer 587 v. Chr. *endlich* vom Königreich Juda und seiner Hauptstadt Jerusalem abließ, war vom stolzen Bergstaat nicht mehr viel übrig: Jerusalems Häuser, der Königspalast sowie der Tempel des Nationalgottes Jahwe waren zerstört, die Felder ringsum verwüstet, die Söhne des Königs ermordet, Priester und Politiker deportiert." (https://0cn.de/bw9u)

Aber auch wegen der bevorstehenden Rückkehr in die verlorene Heimat waren die Menschen voller Ängste und Besorgnis. Wie wird es da aussehen? Wer lebt da jetzt? Viele der Anwesenden kennen die alte Heimat nur noch aus Erzählungen.

Die Texte schildern eine fiktive vergangene Aufforderung. Es ist keine Aufforderung an die ersten Hörer und Leser – das heißt, es ist nie eine wirkliche Aufforderung zu einer militärischen Tat gewesen! Die Erinnerung an eine fiktive historische Situation soll vielmehr Mut machen. Der Text ist eine Rückenstärkung, eine Glaubensstärkung für einen Neuanfang, für Veränderungen, die bedrohlich und beängstigend sind, grade aufgrund der Erfahrung der Katastrophe und des Scheiterns. Gott hat schon einmal geholfen. Gott wird es auch wieder tun. Ziel ist nicht die Vernichtung der anderen, sondern die Verbesserung des eigenen Handelns. Sie wollen durch die geschichtliche Darstellung einen Ansporn zu besserem Verhalten in der Zukunft sein.

### 3. Als Trauma-Texte

Für die verunsicherten Menschen in der Aufbruchssituation im Exil sind die Texte also ermutigend und ermahnend. Und sie sind therapeutisch. Wer ständig seine eigene Ohnmacht erfährt, sich als Objekt des Handelns anderer erlebt, wessen Grenzen und eigene Räume nicht respektiert, ja gar nicht mehr zugestanden werden, der erfährt eine Auflösung des eigenen Subjektes und diese erfährt man als Scham. Eine „positive Verarbeitung bestünde mithin in der Wiedergewinnung des Raumes und der eigenen Verfügungsgewalt. Für Israel bestand diese positive Verarbeitung im gedeuteten Aufschreiben der Ereignisse." (aus: „Erzählen, um zu überleben" von Hanna Liss; https://0cn.de/qbdv)

**Die Texte schaffen eine zweifache Bearbeitung dieses Traumas: Zuerst einmal macht die bildhafte Vergegenwärtigung der sonst unaussprechbaren Erfahrungen diese handhabbar und indem sie mit den Feinden identifiziert werden, rücken sie von einem selbst weg. So werden Ohnmacht und der Verlust des Subjekt-Seins überwunden, indem Israel wieder eine Handlungsoption bekommt.** Sie sind nicht einfach Opfer. Sie sind selbst für ihr Geschick verantwortlich gewesen. Aus Scham wird Schuld. Weil sie untreu waren, erging es ihnen so schlecht. Sie sind nicht mehr bloß ohnmächtige Opfer. Wie das Deuteronomium, so stellen auch die Propheten ihren „Zeitgenossen erbarmungslos unter Schuld und Verfehlung, und zwar deshalb, um das historische Israel als Volk unter anderen Nationen auch weiterhin als Volk Gottes behaupten zu können." (s.o.) Gott ist nicht Objekt und Opfer anderer militärischer Mächte, sondern der souveräne Herrscher, auch wenn seine Herrschaft durch die Gewalt merkwürdig und unverständlich wird. Aber auch das Volk ist nicht mehr ohnmächtiges Objekt und Opfer, sondern hat eine Handlungsoption: mit Gott zu herrschen, oder durch sein eigenes HANDELN, durch seine WAHL gegen Gott seinen Untergang selbst herbeizuführen! **Diese Texte bringen Gott mit allen Bedingungen des Lebens in Verbindung, selbst mit den Abgründen der menschlichen Realität. Gott bekommt auch damit zu tun.**

Gott bleibt selbst in den Abgründen Handelnder. Mit der Frage, wie das mit dem zugewandten, liebenden Gott zusammenpasst, ringen auch die Texte der Bibel. Die Völker sind ein Werkzeug, ihre Vernichtung ist Strafe für Ungehorsam, die Abgründe, die man selbst erlebt sind Folge des eigenen Tuns oder Erziehungshandeln Gottes. Hier werden auch Gottes Abgründe thematisiert. Luther nennt das später den *deus absconditus*: den verborgenen, absurden Gott. Das herausfordernde und das heilsame dieser Texte ist: Es gibt nichts in unserem Leben, das wir nicht mit Gott zusammendenken könnten. Es gibt nichts, was zu abgründig für Gott ist. Die Bibel bietet herausfordernde Verbindungsmöglichkeiten an. Das Neue Testament betont vor allem die Nähe Gottes mit allem Leidenden durch Jesus Christus, in dem Gott selbst leidet und stellvertretend das Leiden auf sich nimmt. Auch diese Art Gott und Leiden zusammenzubringen ist schwer auszuhalten. Das Ziel dieser Zusammenhänge ist aber immer, die Menschen wieder lebens- und handlungsfähig zu machen, ihre Trauer zu bewältigen und ihnen Mut und Kraft für den Aufbruch in die Zukunft zu geben.

 Bitten Sie die TN, den Bibeltext unter dieser Perspektive zu lesen: was ist an den Texten heilsam? Welche Worte schaffen neuen Bewegungsspielraum und machen Mut für die Zukunft?

## 4. Als Hinführung zu aktuellen Gesellschaftsdiskussionen

Die Frage nach Identität und Heteronomie ist eine sehr drängende Frage unserer Gesellschaft. **Funktioniert Identität nur über Abgrenzung? Oder kann man seine Identität eigentlich nur im Zusammenleben mit anderen finden? Wie kann das Zusammenleben der verschiedenen Kulturen bei uns gelingen**? Die 27-jährige Sourya Kalemba-Wakamba erklärt dazu: „Ich fühle mich nicht als Deutsche. Wenn du immer reflektiert bekommst, dass du anders bist, dann fühlst du dich auch anders." Als Frau mit dunkler Hautfarbe kann sie die Frage, wo sie herkommt, nicht mit ihrem deutschen Wohnort beantworten. Dann kommt sofort die Nachfrage: „Und wo kommst du eigentlich her?" Diese Spiegelung, anders zu sein, ist zu ihrer Identität geworden, auf die sie durchaus stolz ist. Sie spreche doch anders, höre andere Musik, feiere auch anders Gottesdienst; sie habe eben eine andere Kultur – nämlich die ihrer Eltern. Die sind aus dem Kongo geflohen, sie wurde in Deutschland geboren und war in den Augen der Ausländerbehörde ein Flüchtling. Erst mit 26 Jahren bekam die gelernte Übersetzerin eine Niederlassungserlaubnis. Wenn sie nun als „Sprach und Kulturmittlerin" bei Mondo junge Flüchtlinge zu den Ämtern begleite, falle ihr mitunter ein, dass sie selbst noch etwas auf der Ausländerbehörde zu regeln habe. Kalemba-Wakamba will nicht Deutsch sein, aber sie wünscht sich, dass Menschen unterschiedlicher Herkunft sich stärker mischen – so wie in Paris. Dort sei es sehr multikulturell, schwärmt sie. Der Bericht entstammt: Geschäftsberichte und Jahresberichte der Diakonie Deutschland 2018. Auf der DVD verfügbar.

 Lesen Sie mit den TN den Bericht von Sourya Kalemba-Wakamba. Diskutieren Sie mit den TN: Lässt sich die eigene Identität auch ohne Abgrenzung bewahren? Lassen sich die verschiedenen Identitäten und Kulturen zusammenbringen, ohne dass verlangt werden muss, dass einige ihre Identitäten aufgeben? Müssen dann alle etwas von ihrer Identität aufgeben?

Helfen die Texte dabei, die eigene Identität angesichts von Ohnmacht und Schwäche zu stärken? Der Text hält uns auch einen Spiegel vor: So seid ihr Menschen. Er spielt mit der menschlichen Faszination von Gewalt, die sich in Literatur und Film, sowohl in der Kunst als auch in Videospielen deutlich zeigt. Gewalt fasziniert uns. Und sie stößt und ab. Uns mit ihr fiktiv zu beschäftigen hat offensichtlich eine wichtige entlastende Funktion für die menschliche Seele. Zugleich hält der Text uns aber auch einen Spiegel vor, welche furchtbaren Folgen Machtmissbrauch im religiösen Bereich haben kann, gerade wegen seiner desaströsen Wirkungsgeschichte, aber auch angesichts des aktuellen Erschreckens über Kindesmissbrauch in religiösem Kontext oder von religiös motivierter terroristischer Gewalt. Mose wird hier auch als ein gefährlicher religiöser Führer dargestellt, der womöglich in diesen Texten eine Grenze überschreitet und Gott für seine Machtzwecke vereinnahmt. Solchem Missbrauch von religiöser Macht, müssen wir widerstehen, uns dazu bekennen, dass er auch im Namen Jesu Christi stattgefunden hat, und uns für Gerechtigkeit, Versöhnung und Heilung einsetzen. Interessante und vertiefende Gedanken finden sie im Artikel „Macht und Kirche" in „Bibel und Kirche 2-2019" (Hrsg: Katholisches Bibelwerk).

 Ein erster Schritt dazu könnte eine Zeit mit Gebet und Bekenntnis in der Einheit sein. (vgl. dazu die folgende Bibelarbeit), in der für Opfer und Täter gebetet wird und wir unsere eigene Betroffenheit, aber auch unserer eigene Verführbarkeit bekennen.

### Lieder
EG 181 Laudate omnes gentes (GL 386)
EG 369 Wer nur den lieben Gott lässt walten (GL 424)
EG 421 Verleih uns Frieden gnädiglich (GL 475)
EG 425 Gib uns Frieden jeden Tag
EG 433 Hevenu Shalom alechem
EG 435 Dona nobis pacem (GL 473)
Im Frieden dein, oh Herre mein

# 4.3 Vorschlag für eine Bibelarbeit

**Kerstin Offermann**

## Inhaltlicher Schwerpunkt

Texte, die zu Gewalt aufrufen, sind schwer zu ertragen. Durch die geschichtliche Einordnung werden sie verständlicher. Sie bleiben aber eine Herausforderung, die mit gegenwärtigen gesellschaftlichen Herausforderungen korrespondiert.

## Materialien und Medien
- Bibeltexte
- DIN A7-Karten
- Stifte
- Drei A3-Blätter mit Konfliktthemen und Fragen

## Zur Gestaltung des Abends

### Liturgische Eröffnung
→ Ein **Kyrie-Lied** zur Einstimmung auf die Einheit, z. B.: „In Ängsten die einen und die ande-
   re leben" (Lieder zwischen Himmel und Erde 303), Da wohnt ein Sehnen tief in uns, (Lieder
   zwischen Himmel und Erde 209), Friede sei mit dir (Manfred Siebald), Wir suchen deine
   Nähe (Erbarmen, Kyrie) (von Christoph Zehender, Manfred Staiger)
→ **Psalm der Bibelwoche** (Psalm 16) gemeinsam gelesen

### Auf den Text zugehen (15 min)
Wir werden uns heute mit schwierigen Texten beschäftigen. Es sind Texte, die zu Gewalt und
Vernichtung aufrufen oder sie ankündigen. Wegen solcher Texte mögen manche Menschen
gar nicht mehr in der Bibel lesen. Wegen solcher Texte und ihrer Wirkungsgeschichte steht
auch das Christentum in der öffentlichen Kritik. Und doch stehen diese Texte in der Bibel.
Wie können wir mit ihnen umgehen? Darum soll es heute gehen.
Bevor wir den Text (die Texte) von heute lesen, möchte ich mit Ihnen zusammen die Situation
rekonstruieren, in die dieser Text hineingeschrieben wurde.
→ Situation schildern / vorstellen und ggf. von den TN ergänzen lassen – Wie denken Sie,
   haben diese Menschen sich gefühlt?
- Erfahrung von Vernichtung der Stadt Jerusalem, Vertreibung
- Verlust von Heimat, kultureller und religiöser Identität
- Auseinandersetzung mit fremder Kultur und Religion (als Flüchtling)
- Rückkehr in eine verlorene Heimat, die überfremdet und besetzt ist

Weitere Schilderung der Situation in der Exegese, S. 76
**Alternativer Einstieg**: Lesen Sie den ersten Abschnitt des Artikels „Ich bin der Herr, dein Gott"
von Kristina Maroldt als kurze und eindrückliche Schilderung der Situation. (Spiegel-Sonderheft

SPIEGEL GESCHICHTE 6/2014, „Die Bibel, das mächtigste Buch der Welt". Artikel abrufbar auf: https://0cn.de/bw9u)

**Alternativer Einstieg mit Video:** www.bibelwerk.de/Gewalt (10 Minuten extra einplanen): „Bevor wir uns dem Text zuwenden, möchte ich mit Ihnen noch ein Video anschauen, in dem es auch um Gewalt geht, um Gewaltopfer und um einen religiösen Umgang damit. Die Art, wie in diesem Video über Gewalt und den Umgang damit geredet wird, kann uns dabei helfen, den therapeutischen Wert des Textes zu verstehen, den wir dann gleich gemeinsam lesen" Dem Text begegnen (20 min)

**Textlesung** Dtn 7 und 28 **in zwei Gruppen**. Arbeitsauftrag:
- Bitte, lesen Sie den Text in der Gruppe laut
- Schreiben Sie Adjektive, die die Stimmung des Textes und seine Wirkung darstellen, auf Kärtchen. z. B. „herausfordernd, trotzig, ermutigend, erschreckend ..."
- In welcher Position stellt der Text das Volk Israel dar? Mit welchen Möglichkeiten, welchen Zielen, welchen Erfahrungen und Verheißungen? Welche Beziehung hat es zu den anderen Völkern? Welche zu Gott?
→ **Austausch im Plenum**: Die Gruppen stellen sich ihren Text gegenseitig vor.
Im Gespräch wird der Frage nachgegangen, wie die beiden Texte zusammenpassen. Ist das tatsächlich dasselbe Volk? Was muss da passiert sein?
Welche zentralen Erfahrungen stehen im Hintergrund solcher Texte?
Informationen: Landnahme hat so nicht stattgefunden! Auch die Rücksiedlung ins Land war nicht militärisch-kriegerisch! (vgl. Exegesen zum Text)

Die Rede ist inszeniert und lenkt den Blick von Gewaltopfern fiktiv 500 Jahre zurück. Der „Auftrag" zu Gewalthandlungen wird Machtlosen und Vergewaltigten der Exilszeit vorgetragen.
→ *Impuls*: Verändert das die Art, wie man den Text hört / liest?
Versuchen Sie bitte, sich in die ersten Zuhörer und Zuhörerinnen hineinzuversetzen und aus ihrer Perspektive den Text zu lesen. Was hören und denken die Menschen im Exil möglicherweise angesichts dieser alten Anweisungen? Was denken wir?
→ Vers für Vers mit den TN überlegen, was sich ändert, je nachdem, aus welcher Perspektive man den Text liest.
Ziel der Rede ist die Wiedergewinnung von Deutungs- und Handlungshoheit für ohnmächtige und geschwächte und identitätslose Menschen. Sie sollen durch die großen Reden von Mose ihre Identität zurückgewinnen, ermutigt werden, in ihre alte Heimat, das verheißene und von Gott zugesagte Land zurückziehen und neues Gottvertrauen gewinnen.

**Mit dem Text weitergehen (15 min)**
*Parallele Konflikte in der heutigen Zeit:*
1. Konflikte zwischen nomadischen und landbestellenden Bevölkerungsgruppen in Nigeria: „Im Sahelgürtel leben die Fulani, es sind traditionelle Nomadenvölker mit Rinderherden. In der Trockenzeit wandern sie üblicherweise in Richtung Süden ins Kulturland hinein, in der Regenzeit können sie nach Norden ausweichen und finden dort Nahrung und Wasser für ihre Tiere. Kommt der Regen aber nicht, gibt es diese Ausweichmöglichkeit nicht mehr. Die Fulani müssen immer weiter nach Süden wandern und treffen dort auf Bevölkerungsgruppen, die vom Ackerbau leben und deren Felder jetzt bedroht sind von Herden, die die Aussaat

zerstören. Teilweise übernachten Kleinbauern mittlerweile auf ihren Feldern, um die Pflanzungen zu verteidigen. Die Aggressionen zwischen den Fulani und anderen Bevölkerungsgruppen wachsen. Der Kampf um die Ressourcen Wasser und Land wird immer schärfer." (Quelle: EKD-Heft „Fürbitte für bedrängte und verfolgte Christen" für den Sonntag Reminiszere; auf der DVD vorhanden)

2. Ist Identität nur durch Abgrenzung zu erhalten? Auch das ist aus der geschichtlichen Situation der Schwäche und den Bemühungen heraus zu verstehen, dass sich die Völker auflösen sollen! Aber auch wir erleben Abgrenzungsbewegungen aus Angst vor Identitätsverlust! Was bedeutet das für unsere Bemühungen um Integration von Migranten?

3. Solche Texte haben eine desaströse Wirkungsgeschichte. Wir kennen religiös motivierte Gewalt: Wir können der Verbindung von Religion und Gewalt nur widersprechen und widerstehen. So wie wir manches, was Martin Luther vor 500 Jahren zu politischen Themen gesagt hat, nur entscheiden ablehnen und als zeitbedingt hinter uns lassen, so gilt das auch für die Mose in den Mund gelegte Weltsicht.

→ **Gruppendiskussion**: Die drei Konflikte mit Frageimpulsen auf drei A3-Blätter kopieren und die Gruppe in drei Untergruppen aufteilen, sodass jede Gruppe einen dieser Konfliktfälle intensiver bespricht: Worin besteht der eigentliche Konflikt? Wer sind hier die Starken, Mächtigen? Wer sind die Schwachen, Ohnmächtigen? Welches Interesse haben die Starken? Welches Interesse haben die Schwachen? Gibt es für diesen Konflikt einen Lösungsansatz im bearbeiteten Bibeltext? Gibt es einen Zuspruch? Jede Gruppe formuliert eine These: Das hat uns besonders beschäftigt oder berührt. Nach der Gruppenphase stellen die Gruppen ihre These den anderen vor.

→ **Zuspruchkarten gestalten**: Auf diese drängenden Fragen finden wir heute keine befriedigenden Antworten und Lösungen. Aber wir können sie Gott klagen und Gott um Vergebung und Beistand bitten. Die TN werden gebeten, auf die A7-Karten ein Stichwort zu schreiben, für das Sie Gott um Beistand und Hilfe oder um Vergebung bitte möchten. Die Karten anschließend einsammeln und jede/n TN bitten, ein oder mehrere Karten zu ziehen, bis alle Karten wieder verteilt sind. Jede/r liest dann das, auf der gezogenen Karte (oder den gezogenen Karten) aufgeschriebene Stichwort vor. Zwischen den Stichworten antworten alle TN mit einem gesprochenen oder gesungenen Kyrie-Gebetsruf

## Liturgischer Abschluss

→ **Segenslied**:
„Herr wir bitten, komm und segne uns, Herr, gib uns deinen Frieden!" (EG 436), oder „Verleih uns Frieden gnädiglich" (EG 421; GL 475)

→ Gemeinsames **Vaterunser**

→ und ein abschließender **Segenszuspruch**

## 4.4 Bildbetrachtung – Vernichtung der kanaäischen Völker und Fluch

**Johannes Beer**

*Josef Ebnöther: „Vernichtung der kanaäischen Völker und Fluch" 2018,*
*Mischtechnik auf Papier, 72,5 x 54 cm*

Wieder finden sich der breite blaue Bereich und die gelborangenen Flächen auf diesem Bild von Josef Ebnöther. Wiederum ist das Bild dadurch senkrecht gegliedert. Aber die senkrechten Flächen enden im unteren Drittel an einer klaren Grenze. Wie mit Stacheldraht gezogen, ist zwischen den beiden gewickelten Endpunkten hier eine Barriere. Und gleich darunter finden wir das Wort „Fluch", das hier klarmacht, wodurch dieser Teil geprägt ist. Der Bereich darunter scheint mit dem Bereich darüber keine Verbindung zu haben. Unten ist es dunkel. Die Brauntöne dominieren über dem blaugrünen Grund. Rote Strukturen sind zu erkennen und erinnern an lodernde Flammen. Ich habe hierbei Erinnerungen an Fegefeuer-Darstellungen, wie ich sie aus der Kunstgeschichte und vor allem aus katholischen Kirchen des Alpenraumes kenne, wo sie oft am unteren Rand eines Altares zur Warnung aufgemalt sind.

Über der Stacheldrahtgrenze, die auch an eine doppelte Rose erinnert, die keine Blätter aber viele große Stacheln hat, finden sich sowohl in den gelborangenen Feldern als auch in dem blauen Feld solche Blumen. Am deutlichsten treten sie im mittleren weißen Feld vor dem blauen Bereich hervor. Zwei Rosen begleiten dort das Wort „Segen", wobei die Symbolik der Rosen sehr komplex ist. Sie stehen, gerade wenn sie rot blühen, für die Liebe, aber auch für Leben, Ewigkeit und himmlische Vollkommenheit. Die geknickte Rose allerdings, wie wir sie im unteren weißen Feld des blauen Balkens entdecken, gilt als Symbol für die Vergänglichkeit und den Tod. Diese Rosen scheinen zu fallen und in Gefahr zu sein, die Grenze zum Fluch zu überwinden. Oben im blauen Bereich schiebt sich eine runde Fläche herein, deren rosa Inneres gelb umrandet und mit einer weißen Aura umgeben ist. Auch dies erinnert mich an Altäre des Alpenraumes, bei denen oft Christus in einer hellen Aureole dargestellt ist. So steht dies helle Rund hier für mich für die Zuwendung Gottes an die Menschen.

Auf den gelborangenen Feldern, die ja den Bereich der Menschen symbolisieren, erkennen wir im oberen Teil wiederum abstrahierte Blumen, die an die Rosen erinnern. Hier blüht das Leben. Und je näher der Bereich zu dem hellen Rund ist, je mehr er sich also auf Gott ausrichtet, desto mehr blüht es dort.

# 5 | Dankbarkeit – Dtn 8

## 5.1 Exegese

**Dominik Markl**

Das achte Kapitel des Buches stellt eine deuteronomische Musterpredigt und ein rhetorisches Glanzstück aus Moses Mund dar. Hier baut sich eine Kontrastwelt auf, zwischen der schrecklichen Wüste und dem paradiesischen Land, zwischen strenger Lehrzeit und gemütlichem Ausruhen. Aufmerksame Beobachtung menschlicher Psychologie wird hier verbunden mit poetisch feinsinniger Theologie.

*(1) All das Gebot, das ich dir heute gebiete, sollt ihr bewahren, es zu tun, damit ihr lebt und euch vermehrt und in das Land kommt, um es in Besitz zu nehmen, das* Jhwh *euren Vätern zugeschworen hat. (2) Und gedenke des ganzen Weges, den* Jhwh, *dein Gott, dich gehen ließ, diese vierzig Jahre in der Wüste, um dich zu demütigen, dich zu prüfen, um zu erkennen, was in deinem Herzen ist: ob du seine Gebote bewahrst oder nicht. (3) Und er demütigte dich, er ließ dich hungern, und speiste dich mit dem Manna, das du nicht gekannt und deine Väter nicht gekannt hatten, um dich erkennen zu lassen: Nicht vom Brot allein lebt der Mensch, sondern von allem Herauskommenden aus dem Mund* Jhwhs *lebt der Mensch. (4) Deine Kleidung ist nicht zerschlissen von dir herab und dein Fuß ist nicht geschwollen diese vierzig Jahre. (5) So erkenne mit deinem Herzen, dass so wie ein Mann sein Kind erzieht,* Jhwh, *dein Gott, dich erzieht. (6) So bewahre die Gebote* Jhwhs, *deines Gottes, zu gehen auf seinen Wegen und ihn zu fürchten.*
*(7) Denn* Jhwh, *dein Gott, führt dich in ein gutes Land, ein Land von wasserführenden Schluchten, Quellen und Gewässern, hervorkommend in der Ebene und am Berg. (8) Ein Land von Weizen und Gerste und Weinstock und Feigenbaum und Granatbaum, ein Land von Ölbaum und Honig, (9) ein Land, in dem du nicht in Armut dein Brot essen wirst, in dem dir an nichts fehlen wird, ein Land, dessen Steine Eisen sind und aus dessen Bergen du Kupfer hauen wirst. (10) Und du wirst essen und satt werden und* Jhwh, *deinen Gott, preisen für das gute Land, das er dir gegeben hat.*
*(11) Hüte dich, dass du* Jhwh, *deinen Gott, nicht vergisst, indem du seine Gebote und seine Rechtsbestimmungen und seine Ordnungen, die ich dir heute gebiete, nicht hälst! (12) Dass nicht, wenn du isst und satt wirst und gute Häuser baust und bewohnst (13) und deine Rinder und deine Schafe sich vermehren und Silber und Gold sich dir vermehren und alles, was du hast, sich vermehrt, (14) sich dein Herz überhebt und du* Jhwh, *deinen Gott, vergisst, der dich aus dem Land Ägypten herausgeführt hat, aus dem Sklavenhaus.*
*(15) Der dich in der großen und schrecklichen Wüste wandern ließ – Feuernattern und Skorpione und Dürre ohne Wasser – der für dich Wasser hervorkommen ließ aus Kieselfels! (16) Der dich in der Wüste mit Manna speiste, das deine Väter nicht gekannt hatten, um dich zu demütigen und um dich zu prüfen, um dir am Ende Gutes zu tun. (17) Und du sagst in deinem Herzen: ,Meine Kraft und die Stärke meiner Hand haben mir diesen Reichtum erworben!' (18) Sondern gedenke* Jhwhs, *deines Gottes, denn er ist es, der dir Kraft gibt, um Reichtum zu erwerben, um seinen Bund aufrecht zu erhalten, den er deinen Vätern geschworen hat, wie es am heutigen Tag ist. (19) Doch es wird geschehen, falls du* Jhwh, *deinen Gott, tatsächlich vergessen solltest und anderen Göttern hinterherläufst und ihnen dienst und vor ihnen niederfällst, heute bezeuge ich gegen euch, dass ihr gewiss verschwinden werdet. (20) Wie die Nationen, die* Jhwh *vor euch verschwinden lässt, so werdet ihr verschwinden, dafür, dass ihr auf die Stimme* Jhwhs, *eures Gottes, nicht gehört habt.*

## 1. Theologie des Lebens

Der Auftakt dieser Rede gipfelt in dem sprichwörtlich bekannten Gedanken, „Nicht vom Brot allein lebt der Mensch, sondern von allem Herauskommenden aus dem Mund Jнwнs lebt der Mensch." Im Hebräischen hat diese Formulierung noch zusätzliche Nuancen. Denn „alles Herauskommende" (kol-moza') lässt das erste Wort der Rede nachklingen: „alles Gebot" (kol-hammizwah). Ein zweiter Reim, noch feinsinniger, verbindet den Gottesnamen mit dem unmittelbar folgenden „lebt": jahwe jichjeh. In der Schrift schauen die beiden Worte beinahe gleich aus: יהוה יחיה. Der Gottesname erscheint so deutlich hör- und sichtbar als Lebensquelle schlechthin.

Die Wüstennahrung des Manna spiegelt, so erklärt Mose, die Lebensgabe der göttlichen Offenbarung. So macht die Tora selbst schon deutlich, dass es bei dieser Erzählung (Ex 16) nicht nur um ein äußerliches Wunder geht, sondern um eine tiefere, eine spirituelle Erfahrung, um das geistliche Gestärktwerden aus Gott. Im Johannesevangelium geht Jesus auf dem Lehrpfad des Mose weiter, indem er sich selbst mit dem Brot aus dem Himmel identifiziert: „Ich bin das Brot des Lebens; wer zu mir kommt, wird nie mehr hungern, und wer an mich glaubt, wird nie mehr Durst haben" (Joh 6,35).

**Dass das göttliche Wort, und daher auch Moses Lehre, Lebenswort ist – auf Leben abzielt und es bewirkt – ist ein Grundmotiv im Buch Deuteronomium.** Es findet sich wiederholt in Formulierungen, die zum Bewahren der Gebote motivieren – „damit du lebst" (vgl. 4:1; 5:33; 8:1; 30:16, 19). Kontrastreich steht im Hintergrund Israels Todesangst bei der Offenbarung der göttlichen Worte am Sinai. Diese Gottesintensität war so stark, dass man um sein Leben fürchten musste, und umso wunderbarer ist die Erfahrung, am Leben geblieben zu sein (4:33; 5:24, 26) – eine Begegnung mit dem „lebendigen Gott" (5,26)! Das Motiv der göttlichen Lehre als Lebenswort gelangt ganz zum Abschluss der Mose-Reden zu einem zusammenfassenden Höhepunkt: „Legt euer Herz zu all diesen Worten, die ich euch heute bezeugt habe, die ihr eure Kinder lehren sollt, zu bewahren zu tun alle Worte dieser Tora. Denn nicht ein leeres Wort ist es für euch, sondern es ist euer Leben!" (32,46-47).

Das Johannesevangelium nimmt diesen Gedanken auf: „Im Anfang war das Wort...; in ihm war Leben" (Joh 1,1-4). Auch die Zeichen Jesu des Johannesevangeliums sind geschrieben, „damit ihr durch den Glauben Leben habt in seinem Namen" (Joh 20,31). Die Ausrichtung der Glaubenslehre auf Leben ist fundamental. Was nicht dem Leben dient, kann nicht sinnvolle Glaubenslehre sein. Gesunde Religiosität vermehrt, bereichert, vertieft das Leben, sie führt zur Quelle allen Lebens, zu Gott selbst: „er ist dein Leben" (Dtn 30,20, vgl. S. 119).

## 2. Eine Modellpredigt: aus Erfahrung lernen

In ihrem Grundduktus legt Moses Rede das erste Gebot des Dekalogs aus, indem sie es in die Erfahrung des Gottesvolkes vom Exodus durch die Wüstenerfahrung bis zur Entfaltung des Reichtums im Land einbettet. Die Anspielungen auf den Dekalog sind deutlich. Israel darf Jнwн nicht vergessen, „der dich aus dem Land Ägypten herausgeführt hat, aus dem Sklavenhaus" (8,14, vgl. 5,6). Das Volk soll nicht „anderen Göttern" dienen und vor ihnen niederfallen (8,19, vgl. 5,7.9). Als Modellpredigt verbindet Mose diese Ermahnung mit einer Reflexion über die Geschichte des Volkes. Die Erzählung von Israels Weg durch die Wüste findet sich im Buch Numeri (Num 10,11-21,35). Geschichte aber wird nicht um ihrer selbst willen erzählt, sondern um aus ihr zu lernen. Die „Moral von der Geschicht" bedarf jedoch der Reflexion, wie Mose hier modellhaft zeigt.

Der Gedankengang der Rede windet sich wie eine Spirale in zwei Kreisen durch den Kontrast zwischen den Lehren aus den Entbehrungen der Wüste und den Gefahren des künftigen Reichtums im Land (v.2-6 / v.7-14; v15-16 / v.17-20). **Aus der Wüstenzeit soll Israel lernen: „So erkenne mit deinem Herzen, dass so wie ein Mann sein Kind erzieht, Jhwh, dein Gott, dich erzieht" (v.5). Der Prediger also tut nichts anderes, als Gottes eigene Pädagogik zu erhellen.**
Der Vers lässt eine ganz ähnliche Formulierung nachklingen: „in der Wüste, wo du gesehen hast, dass Jhwh, dein Gott, dich getragen hat, wie ein Mann sein Kind trägt" (1,31). Gottes Kind zu sein, bedeutet beides: getragen, aber auch herausgefordert und geprüft werden. Das Schlüsselverb „prüfen" (8,2.16) findet man auch in Erzählungen der Wüstenwanderung (Ex 15,25; 16,4). Selbst Jesus durchlief nach Matthäus (4,1-11) und Lukas (4,1-13) Prüfungen. Jesu erste Antwort stammt dabei bedeutsamerweise aus unserem Kapitel: „Nicht vom Brot allein soll der Mensch leben." Die schweren Momente des Lebens, die uns an die Grenzen führen und unsere Persönlichkeit weiter formen, lernen wir manchmal im Nachhinein als göttlichen Liebesbeweis zu verstehen.

**Der „ganze Weg" und die „vierzig Jahre" (v.2) sind ein Bild dafür, dass Charakterbildung lange Zeit braucht und nicht ohne die Erfahrung der Entbehrung geht.** Das Unterwegssein, das Wandern, das Pilgern ist eine spirituelle Übung. Es gibt Zeit zur Reflexion und lässt das Voranschreiten körperlich erleben. Dass die Persönlichkeit durch Erfahrung wächst, ist an der Reifung im Leben von Menschen deutlich zu sehen. In ähnlicher Weise gilt das auch für Gemeinschaften, wenn sie sich bewusst auf einen Weg des Lernens machen: Familien, Pfarrgemeinden, Ordensgemeinschaften, Völker. Auch die christlichen Kirchen dürfen sich als pilgerndes Gottesvolk verstehen. Heute muss sich aber auch die Menschheit insgesamt auf einen gemeinsamen Weg des Lernens machen, da sie wie nie zuvor global verflochten und eine Schicksalsgemeinschaft geworden ist.

Die Reflexion auf Erfahrung, die Mose hier vermittelt, findet sich vielfach in der Geschichte der Spiritualität wieder. Ignatius von Loyola leitet in seinen Geistlichen Übungen dazu an, sich in eine biblische Erzählung hineinzuversetzen: sich die Szene mit allen Sinnen zu veranschaulichen, mit den Protagonisten ins Gespräch einzutreten und schließlich darüber nachzusinnen, worin die gute Frucht der Meditation liegt. Auch der Ausspruch des Horaz *tua res agitur*, „es geht um deine Sache", häufig in protestantischer Predigt umgesetzt, bringt das Prinzip der Applikation treffend zum Ausdruck. Wir verstehen die Bibel letztlich nicht, wenn wir nur diskutieren, was sie einmal bedeutet haben könnte, sondern nur, wenn wir begreifen, was sie *für uns* bedeuten kann.

### 3. Spiritualität der Wüste: Demut als grundlegende Tugend

In Moses Deutung begleitete Gott Israel vierzig Jahre durch die Wüste „um dich zu demütigen" (zweifach, rahmend in Dtn 8,2.16). Was ist damit gemeint?
Es geht wohl am besten aus dem Zusammenhang hervor: Die Wüste ist der Ort der unmittelbaren Erfahrung, dass letztlich alles von Gott abhängt. Die Mönche der ersten christlichen Jahrhunderte zogen sich aus guten Gründen in die Wüste zurück, um in die göttliche Schule der Demut zu gehen. Das Gegenteil ist in wirksamem Kontrast ausgesprochen: ein überhebliches Herz (v.14), das sich selbst Kraft und Erfolg zuschreibt (v.17). Die spirituelle Tugend der

Demut ist also das Bewusstsein, dass alle Kraft von Gott gegeben ist (v.18). Sie ist kein Grund für duckmäuserische Selbstverkleinerung, sondern für fröhliche Dankbarkeit.

Demut hat im Deuteronomium auch eine politische Dimension. Das geht aus dem Königsgesetz hervor. Denn was für alle Israeliten gilt – dass sich ihr Herz nicht überheben soll (8,14) – gilt insbesondere für den König. Er soll täglich in „dieser Tora" lesen, „damit sich sein Herz nicht über seine Brüder [und Schwestern] erhebt" (17,19-20). Die Tora wird somit zum Lehrbuch der Demut schlechthin. Das Ziel ist eine Gesellschaft, in der *égalité* und *fraternité*, Gleichheit und Brüderlichkeit, verwirklicht werden – mehr als zwei Jahrtausende vor der französischen Revolution.

> „Die Tora lehrt Israel, sich als Volk von Demütigen gegenüber Gott zu verstehen, die einander daher respektvoll wie Schwestern und Brüder begegnen. Das ist keine naive religiöse Romantik, sondern ein politisches Programm mit handfesten machtpolitischen und finanziellen Konsequenzen, auch für die Könige dieser Welt."

Zudem ist vom Verb „demütigen" (*'anāh*) das Nomen „Geringer / Armer" (*'onī*) abgeleitet. Der Arme erhält im Deuteronomium besonderen Schutz (15,11, vgl. 105). Auch die „Armenfrömmigkeit" der Psalmen (Norbert Lohfink) spricht solchen Menschen besonderen göttlichen Beistand zu: „er, der jede Blutschuld rächt, denkt an die Armen, und ihren Notschrei vergisst er nicht" (Ps 9,13).

## 4. Wider die Vergesslichkeit

Ein weiteres zentrales Motiv in Moses Wüstenpredigt ist „gedenken / erinnern" (hebräisch *zachar*). „Gedenke des ganzen Weges" (8,2) und „gedenke Jhwhs, deines Gottes" (v.18). Dem Gedenken steht dreifach die Gefahr des Vergessens gegenüber. „Hüte dich, dass du Jhwh, deinen Gott, nicht vergisst" (v.11, vgl. v.14.20), was unausweichlich zum Untergang führt (v.20). Diese Denkfigur begegnet mehrfach in Moses Reden (vgl. 4,23-26; 6,12-15). Grund für die Gefahr des Vergessens ist hier Übersättigung (8,12-14) – ein Motiv, das in poetischer Form im Moselied wieder aufgenommen wird (32,15-18). **Es ist ein seltsames, allzu menschliches Phänomen, dass Wohlstand oft zu geistiger Trägheit führt, während manche Menschen unter größten Schwierigkeiten zu geistigen Höchstleistungen fähig werden.** Obwohl Mose zu Israel noch vor dem Einzug ins Land spricht, verrät seine Rede, dass sie eigentlich wohlhabende Menschen im Blick hat: „denn er ist es, der dir Kraft gibt, um Reichtum zu erwerben…, *wie es am heutigen Tag ist*" (8,18). Materieller Reichtum braucht umso mehr geistige und spirituelle Disziplin.

## 5. „Laudato sii": Lob der Schöpfung

Mose schwärmt über den Ressourcenreichtum des Gelobten Landes und seine natürliche Eignung für die Landwirtschaft (Dtn 8,7-9, vgl. 11,9-15). Dem steht die Erfahrung des Hungers in der Wüste gegenüber. Heute klingt dies wie eine symbolische Vorausspiegelung der Herausforderung, die Menschheit in Zeiten des Klimawandels zu ernähren. Das Gottesvolk kennt beides – Hunger und Überfluss. Es repräsentiert so in gewisser Weise die Erfahrung der Menschheit insgesamt, die Spannung zwischen Sahelzone und landwirtschaftlicher Massenproduktion, zwischen Hungerepidemien und Konsumwahn.

**Moses Predigt bekommt vor diesem Hintergrund einen neuen Klang. Seine Ermahnung an die Wohlhabenden, sich auf die Erfahrung der Wüste zurückzubesinnen, spricht heute die Notwendigkeit an, das Schicksal der Menschheit in benachteiligten Erdteilen mit im Blick zu haben.**

Jene Teile der Weltbevölkerung, die mit Ressourcen prassen, tragen die Hauptverantwortung für den Klimawandel, der jene, die schon benachteiligt sind, in ärgste Not treibt. Die Enzyklika *Laudato sii*, die Papst Franziskus mit Hilfe zahlreicher Experten formuliert hat, spricht die ökologischen, wirtschaftlichen und sozialen Herausforderungen der Gegenwart in ihren komplexen Zusammenhängen an. Die Predigt des Mose weist auf eine Problematik besonders hin. Wohlstand birgt die Gefahr der Überheblichkeit – eine traurige Realität, die sich fratzenhaft im Gesicht führender Politiker zeigen kann. Spirituelle Hoffnung kommt eher von jenen Teilen der Menschheit, die gedemütigt Hunger in der Wüste leiden. Moses Worte fordern Respekt vor diesen Menschen.

## 6. Wasser zu Kieselfels (Psalm 114)

Ein sprachliches Detail verdient Beachtung. Während die Erzählungen in Exodus und Numeri einfach vom wundervollen Wasser aus dem „Felsen" sprechen (zwei verschiedene Worte in Ex 17,6; Num 20,8-11), spricht Mose von Gott, „der für dich Wasser hervorkommen ließ aus *Kiesel*fels" (Dtn 8,15). In Moses Predigt wird das Bild noch dramatischer. Kiesel zerspringt hart und glatt, kaum etwas könnte schärfer mit der Geschmeidigkeit des Wassers kontrastieren. Zwei biblische Gedichte entwickeln dieses Motiv noch weiter. Im Moselied säugt Gott Israel mit „Honig aus Gestein und Öl aus *Kiesel*fels" (Dtn 32,13). Im abschließenden Vers von Psalm 114 verwandelt Gott Fels und *Kiesel* in Teich und Quelle. Diese Entwicklung immer stärkerer Bilder spiegelt eine Dynamik künstlerischer Kreativität und Inspiration wider. Letztlich ist sie ein Ausdruck von Liebe. Im Hohenlied wird sichtbar, dass Liebende eine geradezu unendliche Fülle von Bildern entwerfen, um der Schönheit ihrer Erfahrung Ausdruck zu verleihen.

> **Alle Menschen sind frei und gleich an Würde und Rechten geboren. Sie sind mit Vernunft und Gewissen begabt und sollen einander im Geist der Brüderlichkeit begegnen.**
>
> – Art. 1 AEMR: Allgemeine Erklärung der Menschenrechte

## 5.2 Der Text heute – Themen und Bausteine

Kerstin Offermann

### 1. Entscheidungen für das Leben

Das Wortspiel im hebräischen Text (vgl. Exegese S. 90) zeigt, wie eng Jahwe und Leben zusammengehören. Wähle Jahwe und du wählst das Leben, entscheide dich gegen Jahwe und du wählst den Tod (so pointiert vor allem in Einheit 7 ausgedrückt). Jahwe verfügt über beides, über das Leben und über den Tod. Das macht den Kontakt mit ihm gefährlich, aber weniger intensiv ist das Leben für das Deuteronomium nicht zu haben.

Der Mensch ist in der Lage wählen zu müssen und wählen zu können. Die Menschen haben die Freiheit, sich von Gott wegzudrehen, was dann aber Konsequenzen nach sich zieht. (vgl. Einheit 7) Das Deuteronomium traut den Menschen zu, so mündig zu sein, diese Konsequenzen überblicken zu können und sie in ihre Entscheidung und in ihr Handeln einfließen zu lassen. Allerdings brauchen die Menschen dafür die Bezogenheit auf ihre Geschichte und auf die Worte Gottes. Aus sich selbst heraus sind sie dazu nicht in der Lage.

Auch wir gehen davon aus, dass Menschen durchaus dazu in der Lage sind, zwischen guten und schlechten Entscheidungen zu wählen. Entscheidungen werden bei uns meist im Diskurs getroffen, indem die vermutlichen Konsequenzen der Optionen durchdacht werden. Aus der eigenen Erfahrung heraus, auf der Grundlage unserer Geschichte, im Rahmen der Gesetze und Werte, die wir teilen werden so unterschiedliche Handlungsmöglichkeiten gegeneinander abgewogen. Erstaunlicherweise fällen wir Menschen dabei durchaus nicht immer die Entscheidung, die uns eigentlich als richtig einleuchtet und nehmen auch in Kauf, dass die falschen Entscheidungen langfristig verheerende Konsequenzen haben werden – wie man deutlich am Klimawandel erleben kann.

Wie trifft man gute Entscheidungen? Wie kommt das, dass Menschen sehenden Auges Entscheidungen treffen, die zu keinem guten Ende führen werden? Ist Greta Thunberg (und die von ihr ins Leben gerufene Initiative „Fridays For Future") so etwas wie „die Mose" unseres Jahrzehnts, die uns die Konsequenzen unseres Handelns vor Augen führt und uns dazu aufruft, uns für das Richtige und damit für das Leben zu entscheiden? Dazu finden Sie einen kontextuellen Bibeldialog auf der DVD.

**Im Deuteronomium findet man zu guten Entscheidungen, wenn man auf die Worte Gottes hört.**
Die sind gleichbedeutend mit dem Manna in der Wüste und gleichbedeutend mit dem Leben. Auf der Seite des Lebens stehen: die Worte, die aus Gottes Mund kommen, die intensive Bindung an Gott, ein Leben im ungebrochenen Vertrauen auf Gott, das Gedenken und damit das Danken und das Loben, aber auch das Genießen des guten Lebens unter Gottes Segens. Auf der Seite des Todes steht das Vergessen. Vergessen bedeutet den Verlust von Beziehung zu Gott und zu den früheren Generationen und damit auch den Verlust der eigenen Identität.

Bitten Sie die TN, sich in „Murmelgruppen" miteinander auszutauschen: Wovon lebt der Mensch? Oder den Satz zu vervollständigen: Der Mensch lebt nicht von Brot allein, sondern auch von ...

## 2. Dankbarkeit

Die Bibelarbeit legt den Schwerpunkt auf die Dankbarkeit. Die Verbindung zwischen Dankbarkeit und auf dem Weg mit Gott sein findet sich in einem Gedicht von Dietrich Bonhoeffer aus dem Jahre 1940: „Den Dankbaren zeigt Gott den Weg" *(auf der DVD enthalten)*.
Der Text dieser Einheit passt sehr gut in unsere Lebenssituation. Wir erleben täglich die Versuchung, die mit dem Wohlstand einhergeht: zu vergessen, dass es nicht selbstverständlich ist, dass es uns so gut geht und, den Segen zu übersehen. Gerade im Moment macht sich mitten in unserem reichen und abgesicherten Leben eine große Verunsicherung breit, die aus Verlustangst gespeist wird. Wir stehen unter dem Leistungsdiktat: alles selbst schaffen, erhalten, absichern zu müssen.

 Gestalten Sie mit den TN eine Dank- und Lob-Zeit für Gott. Wählen Sie Lieder aus, die Sie gemeinsam singen können (z.B.: EG 286, 289, 272, 447; GL 389,392,405). Bitten Sie die TN, Gott zu sagen, wofür sie ihm danken (jeweils nur ein Stichwort, wohlformulierte Sätze sind nicht nötig), bitten Sie die TN für jedes Stichwort ein Teelicht anzuzünden.

## 3. Sich Gott verdanken – Gott vertrauen

Sehr viel gelassener, freier und zufriedener könnte das Leben sein, wenn es aus dem ungebrochenen Vertrauen auf Gott gelebt würde. Egal, wie wir uns Gott gegenüber entscheiden, Gott bleibt zugewandt, treu und interagiert mit uns. Gott macht inmitten jeder Lebenslage Kontaktangebote und hält den Weg zu sich selbst offen.

 Was hilft gegen die Lebensangst? Wie stark lassen wir uns von unseren Ängsten treiben? Was könnte das Vertrauen auf Gott stärken? Das Herz des Menschen ist in der Sicht des Deuteronomiums zugleich der Sitz der Angst und der Sitz der Liebe und des Vertrauens *(vgl. Herz-Dokument auf der DVD zu Einheit 7)*. Was entscheidet darüber, welche Kräfte im Herzen die Oberhand gewinnen?

**Die Wüste ist nicht die Situation der Strafe, sondern der Ort der Freiheit von Sklaverei – der Ort der Entscheidungen, der Ort des Lernens, der Gegenwart und Erfahrbarkeit von Gottes Fürsorge, aber auch der Ort der Versuchung.** Das Land ist der Ort der Ruhe und des Genusses, der auf Gottes Segen verweist und auf seine Güte. Aus dem Vertrauen auf Gott zu leben, bedeutet in guten wie in schlechten Zeiten beieinander zu bleiben. Daran wachsen Vertrauen und Liebe.

## 4. Glaubenswachstum

Für das Deuteronomium ist es eine Glaubensschule, sich an die Wege Gottes zu erinnern – und zwar auch an die Wege, die Gott mit anderen gegangen ist. Der Glaube und das Vertrauen wachsen aus der Beschäftigung mit dem Wort Gottes. In den darin erzählten Geschichten kann ich auch heute noch Glauben lernen.

 Machen Sie mit den TN eine Körperübung zum Pilgerweg des Glaubens. Bitten Sie die TN, sich im Raum zu verteilen und ihre Augen zu schließen. Bitten Sie die TN, eine

Körperhaltung einzunehmen, die der Wanderung durch die Wüste entspringt. Bitten Sie die TN in sich hineinzuspüren – Wie fühlt sich die Wüstenzeit an? Welche Empfindung haben Sie hier Gott gegenüber? Lesen Sie einen Bibelvers zur Entlastung und Glaubensstärkung vor: (Dtn 2, 7) „Denn der HERR, dein Gott, hat dein Wandern durch diese große Wüste auf sein Herz genommen." Spüren die TN die Nähe und Zuwendung Gottes in der Wüste? Bitten Sie die TN, eine Körperhaltung einzunehmen, kurz bevor sie aufbrechen, um in das von Gott versprochene Land zu ziehen. Bitten Sie sie, nachzuspüren, wie es sich anfühlt, an der Schwelle zum Erreichen des Ziels zu stehen. Welche Empfindung haben Sie hier Gott gegenüber? Lesen Sie einen Bibelvers zur Entlastung und zur Glaubensstärkung: „Der Herr, dein Gott, der selbst vor euch hergeht, der wird mit dir sein und wird die Hand nicht abtun und dich nicht verlassen. Fürchte dich nicht und erschrick nicht!" (Dtn. 31,8) Bitten Sie die TN nachzuspüren, wie sich diese Zusage Gottes körperlich anfühlt. Ist sei entlastend? Nun laden Sie die TN ein, noch eine dritte Haltung einzunehmen: eine Körperhaltung, am Ziel des Lebens angekommen, in Sicherheit und Frieden und Wohlstand. Bitten Sie die TN erneut nachzuspüren, wie es sich anfühlt, dort zu sein. Welche Empfindung haben Sie hier Gott gegenüber?

Lesen Sie im Anschluss mit den TN noch einmal den ganzen Text der heutigen Einheit. Was hat sich in der Wahrnehmung des Textes durch die Körpererfahrung für die TN geändert?

## 5. Wüstenzeiten

Der Text interpretiert die Wüstenzeit als Zeit, in der Gott die Menschen prüft und erzieht. Diese Interpretation wird emotionale Reaktionen hervorrufen. Erziehung durch Zumutung ist grade nicht wirklich modern. **Schwere Zeiten als Zeiten des Glaubenswachstums zu verstehen, gelingt oft erst im Nachhinein.** Hilfreich könnte hier die bekannte Geschichte von den „Spuren im Sand" von Margaret Fishback Powers sein, wo in den schweren Zeiten das eine Paar Spuren nicht für die Abwesenheit Gottes spricht, sondern für die liebvolle Zuwendung („Da habe ich dich getragen").

## 6. Kommunikation mit Gott

Der Text aus Deuteronomium 8 macht klar: Menschen tragen eine Mitverantwortung für ihre Kommunikation mit Gott. Dass diese Kommunikation überhaupt möglich ist, liegt an Gottes Zuwendung zu uns. Aber die Menschen können die Kommunikation abbrechen oder aufrechterhalten. Hören ist ein wesentlicher Teil dieser Kommunikation – aber auch Reden, hier vor allem: Danken.

 Beide Aspekte der Glaubensreise und der Kommunikation finden in den „Perlen des Glaubens" zusammen. Vgl.: https://www.perlen-des-glaubens.de/ Unter die Perlen, die dazu einladen, am Leben Jesu entlang christliches Leben betend zu bedenken, finden sich auch immer wieder Wüstenperlen. Führen Sie die TN in diese meditative Art des Gebetes und der Kommunikation mit Gott ein.

Um den Weg nachzuvollziehen und sich selbst in die Geschichte der Treue Gottes mit hinein zu denken, legen Sie Weg-Bilder aus. (vgl. die Bilder auf der DVD) Bitten Sie die TN, sich ein Bild auszusuchen, das für sie besonders gut beschreibt, wie sie Gott auf ihrem Lebensweg erleben. Bitten Sie die TN, sich zunächst zu zweit auszutauschen. Legen Sie dann mit allen TN aus den ausgewählten Bildern einen gemeinsamen Weg mit Gott. Bitten Sie die TN, zu beschreiben, was ihnen angesichts dieses Weges in den Sinn kommt. Welche Bilder tauchen oft auf? Welche Atmosphäre transportieren diese Bilder? Wie ist Gott, wenn diese Bilder sein Mitgehen beschreiben?

Der Heilige Benedikt beginnt seine Ordensregel mit den Worten: „Lausche, mein Sohn, meine Tochter, auf die Lehren des Meisters und neige das Ohr deines Herzens, nimm den Zuspruch des gütigen Vaters willig an und erfülle ihn durch die Tat! So kehrst du durch die Mühe des Gehorsams zu dem zurück, den du durch die Trägheit des Ungehorsams verlassen hast." **Es geht um das Hören mit dem Herzen, nicht nur um akustische Wahrnehmung. Ein solches Hören zielt auf Beziehungen und verändert diese;** sowohl meine Beziehung zu mir selbst als auch meine Beziehung zu meinem Mitmenschen, sowie die Beziehung zu Gott.
Ist Gehorsam vielleicht ein Abenteuer, auf das man sich einlassen könnte? Unter welchen Bedingungen wäre das denkbar?

## 7. Gesellschaftliche Dimension

Der Text aus Deuteronomium 8 hat auch eine starke politische Dimension.

 Aus der Geschichte zu lernen bedeutet auch, sich an sie zu erinnern. In unserem Land ist das nicht mehr unwidersprochen. Sich an die deutsche Geschichte zu erinnern, bleibt schmerzhaft und hält demütig und dankbar. Diese Geisteshaltung empfiehlt auch das Deuteronomium. Gesellschaftlich wird das Klima aber rauer. Welche Geisteshaltung empfinden die TN als in unserem Land vorherrschend? Würden Sie sich wünschen, dass Demut wieder an Attraktivität gewinnen würde?

Könnte es sein, dass auf Gott zu setzen und auf seine Gebote zu hören wie es das Deuteronomium empfiehlt auch für unsere gesellschaftlichen Probleme eine Lösung wäre? Würden Gerechtigkeit, Frieden, Nachhaltigkeit, Gelassenheit und Identität gestärkt?
Auf welche gesellschaftspolitischen Themen finden die TN im Deuteronomium eine Antwort? Dabei können wir natürlich die biblischen Worte nicht mehr mit der Autorität von Mose begründen. Gibt es auch gute Argumente für die Sichtweise der Bibel, wenn man sie von der Autorität Gottes löst?

**Lieder**
| | |
|---|---|
| GL 383 | Ich lobe meinen Gott, der aus der Tiefe mich holt (EG Regionalteil) |
| GL 526 | All meine Quellen |
| EG 272 | Ich lobe meinen Gott von ganzem Herzen (GL 400) |
| EG 294 | Nun sagt Dank und lobt den Herren (GL 385) |
| EG 432 | Gott gab uns Atem, damit wir leben (GL 468) |

## 5.3 Vorschlag für eine Bibelarbeit

**Kerstin Dominika Urban**

### Inhaltlicher Schwerpunkt

Dieser Abschnitt nimmt den Zusammenhang von Dankbarkeit und Vergessen, von Hören und Gehorchen, von Freiheit von und Freiheit zu etwas in den Blick. Entscheidend ist dabei der Blickwinkel: Damit ihr Leben habt.

In der Rede zum Volk wird der Blick immer wieder auf den zurückgelegten Weg durch die Wüste und das dort erlebte gerichtet. Die Bewahrung *und* die Zumutungen (Wüste, Hunger, Durst ...) werden auf Gott hin gedeutet. Er hat geprüft *und* gerettet. Die Gefahr des Vergessens, wem das Volk Reichtum und Rettung in Gefahr zu verdanken hat, wird deutlich benannt und die Konsequenzen daraus beschrieben. Und es geht um Verantwortung und Freiheit. Der Mensch ist gefragt und kann sich entscheiden für ein Leben mit Gott – in aller Konsequenz – oder ein Leben ohne Gott.

Dankbarkeit, Vergessen, Hören, Gehorchen, Freiheit sind keine abstrakten Begriffe, sondern drücken Beziehung aus. Zuerst Gottes Beziehung zu seinen Menschen und in Folge unsere Beziehung zu Gott. Und das kann nicht nur punktuell sein, sondern umfasst das ganze Leben: Höhen und Tiefen.

### Materialien und Medien

- Stifte und Papier für die TN
- Leere A6-Zettel für alle TN
- Zwei große Papierbogen beschriftet mit den Begriffen: *Danken/Dankbarkeit* und *nicht vergessen*
- Stifte zum Beschriften der Zettel
- Eddings oder dicke Wachsmalkreiden
- Klebestift

### Zur Gestaltung des Abends

#### Liturgische Eröffnung
- **Lied:** Vergiss nicht zu danken dem ewigen Herrn (In manchen Regionalteilen des EG)
- **Gebet:** „Wir danken dir, Gott, für deine Gnade. Dafür, dass du unseren Weg mitgehst und uns hältst in den schweren und in den schönen Stunden unseres Lebens. *(evtl. einiges aufnehmen, von dem, was die TN geschrieben haben).* Lass uns nicht vergessen, dass wir unser Leben und alles, was wir sind und haben und können, dir verdanken. Sei gepriesen in Ewigkeit. Amen."

#### Auf den Text zugehen (25 min)
Herzlich willkommen zum 5. Abend in der Bibelwochenreihe. Das 5. Buch Mose haben wir uns vorgenommen und wenden uns heute einem „Erinnerungstext" zu. Bevor wir den Text in den Mittelpunkt unseres Nachdenkens und Redens stellen, werden wir uns selber erinnern.
→ Sie sehen zwei Bögen Papier mit den Worten *Danken/Dankbarkeit* und *nicht vergessen*. Neh-

men Sie sich einen Augenblick Zeit. Erinnern Sie sich, schauen Sie auf Ihren persönlichen Lebensweg zurück und überlegen: Wofür bin ich dankbar? Und was will ich nicht vergessen? Schreiben Sie es auf die vorbereiteten Zettel. Wir haben dazu ca. 5 Minuten Zeit. *(Währenddessen ggf. leise Hintergrundmusik)*

→ Die TN werden gebeten, sich in Murmelgruppen *(ca. 3 Personen)* zusammenzusetzen: „Tauschen Sie sich aus, warum Ihnen das wichtig ist, was Sie aufgeschrieben haben."

→ Die Gruppen bekommen diesen Impuls: Verständigen Sie sich in der Gruppe auf drei Dinge, die Sie mit Dank erfüllen und drei, die Sie nicht vergessen wollen und schreiben diese auf die vorbereiteten Moderationskarten *(ein Begriff pro Karte)*.
Dann werden die Begriffe, Ereignisse ... auf das jeweilige Plakat geklebt.

Wir nehmen wahr, was andere geschrieben haben (entweder durch lautes Vorlesen oder indem die TN herumgehen und selbst schauen).

### Dem Text begegnen (20 Minuten)

→ **Der Text wird reihum gelesen** (Jede / r einen Satz). Im Anschluss an das Lesen des Textes teilen sich die TN in Gruppen auf (max 10 Personen).

→ **Impulsfragen** für die Gruppenphase (Jede Gruppe bekommt ein Blatt mit den Fragen)
- Suchen Sie nach positiven Bildern / Visionen
- Sind diese Visionen für Sie Realität? Wem sind sie verdankt?
- Suchen Sie nach negativen Bildern / Visionen
- Erfahren Sie solche Dinge auch irgendwie persönlich? Wer ist dafür verantwortlich?
- Welche Rolle spielt Gott bei alldem? Was sagt der Text und wie sehen Sie das?
- Bitte formulieren Sie eine zentrale Erkenntnis aus der Auseinandersetzung mit dem Text (ein Satz) und schreiben Sie diese auf das Blatt.

→ **Im Plenum**: Die Blätter mit den zentralen Erkenntnissen werden vorgelesen. Es folgt ein Austausch über die Frage-Impulse.

→ **Information**: Hier können die Wortspiele im Hebräischen eingebracht werden: „Alles aus Gottes Mund Herauskommende": *kol-moza* – „alles Gebot" *kol-hammizwah*, d.h.: Das Befolgen von Gottes Weisung ist so gut wie Nahrung.
Der Herr (JHWH) ... Der Mensch lebt (JHWH) = dasselbe Wort
Bedeutung: Der Mensch lebt nur aus Gott!
Das ist in einer Zeit der Vorsorge, Versicherung etc. wirklich eine Herausforderung.

### Mit dem Text weitergehen

Die TN werden eingeladen, sich einen Satz, Teilsatz oder ein Wort aus dem Bibeltext herauszusuchen, das Mut macht. Dann wird jeweils eine Dankkarte aus dem Anfangsteil vorgelesen und jemand zitiert ein Wort aus dem Text, das vielleicht dazu passt.

### Liturgischer Abschluss

→ **Psalm 16** lesen
→ **Lied**: Bewahre uns Gott (EG 171)
→ **Vaterunser**
→ **Segen**

## 5.4 Bildbetrachtung – Nicht vom Brot allein lebt der Mensch

**Johannes Beer**

*Josef Ebnöther: „Nicht vom Brot allein lebt der Mensch" 2018,*
*Mischtechnik auf Papier, 72,8 x 52,5 cm*

Wieder finden sich auf diesem Bild von Josef Ebnöther ein blauer Bereich und eine gelborangene Fläche. Aber dieses Bild ist klar waagerecht gegliedert. Das Blaue ist oben und das Gelborangene darunter. Getrennt ist beides durch eine weiße Linie. Der Bereich Gottes ist klar von dem Bereich des Menschen getrennt. Dies Oben und Unten entspricht unseren kindlichen Vorstellungen, wonach eben wir auf der Erde leben und Gott über uns im Himmel ist. Auch gibt es auf diesem Bild im unteren Bereich eine dunklere, eine bräunliche Zone, die durch schwarze Linien vom gelborangenen Bereich getrennt ist.

Diese schwarzen Linien allerdings bilden eine eigene Form. Sie kommen von links und rechts, um sich in der Mitte zu treffen. Dort zeichnen sie jeweils einen leichten nach oben geöffneten Bogen. So entsteht dort der Eindruck einer flachen Schale. Und wenn wir die ganzen Linien nun betrachten, erinnert uns das an ineinander gelegte Hände, die nach oben geöffnet sind, die empfangsbereit sind. So strecken wir die Hände aus, um etwas hineingelegt zu bekommen. So strecken manche sie aus, um die Hostie beim Abendmahl zu bekommen. Und auch auf diesem Bild sehen wir, wie die Hände langsam gefüllt werden.

Wandern wir dann mit unserem Blick nach oben, erkennen wir sofort senkrechte Strukturen, die genau auf die geöffneten Hände zulaufen. Da sind weiße und leicht rosafarbene runde Elemente, die von oben herabfallen oder herabschweben. Da finden sich weiter herabführende helle Streifen. Da schaffen diese hellen Elemente eine Bewegung, die aus dem Bereich des Himmels über die Grenze hinweg in den Bereich des Menschen geht. Da kommt etwas herab, das die Hände füllt. Das erinnert an das im Text erwähnte Manna, an das Himmelsbrot.

Unter allen steht auf einem hellen Streifen „Dankbarkeit" und „Segen Gottes" geschrieben. So wird deutlich, dass das, was von oben kommt, die Gaben Gottes, sein Segen sind. Jede und jeder wird für sich überlegen müssen, was da alles zugehört. Die geöffneten Hände zeigen das dankbare Annehmen dieses vielfältigen Segens. Es sind eben keine schaffenden, sondern empfangenden Hände.

## 6.1 Exegese

**Dominik Markl**

Eines der auffälligsten Merkmale des Buches Deuteronomium ist seine besondere Aufmerksamkeit für Personengruppen, die Gefahr laufen, sozial benachteiligt zu werden. In der Welt des Alten Testaments sind das besonders Witwen, Waise, Arme und Fremde, die keinen Grund und Boden zur landwirtschaftlichen Selbstversorgung besitzen. Ein Grund für diesen Zug des Deuteronomium mag die kriegerische Aggression sein, die Israel und Juda im 8.-6. Jh. v.Chr. von Seiten der Assyrer und Babylonier erfahren haben: Kriege lassen Witwen, Waisen und Flüchtlinge zurück.

Ein weiterer Grund für die soziale Sensibilität der Schreiber im Hintergrund des Buches dürfte sein, dass sie selbst zu einer sozial gefährdeten Gruppe gehörten. Die Leviten haben, das ist auffällig stark betont, keinen Grundbesitz wie die anderen Stämme (Dtn 10,9; 12,12; 14,27.29; 18,1-2). Das Deuteronomium wirbt dafür, dass sich das Volk mit den Leviten ebenso solidarisch zeigen soll wie mit anderen gefährdeten Menschen. In Deuteronomium 15,1-15 geht es um die Bekämpfung von Armut und um die Freilassung von Sklaven. Deuteronomium 10,17-19 gehört zu den ermahnenden Vorreden zum Gesetzeskorpus und stellt die deuteronomische Sozialethik auf ein theologisches Fundament.

### 1. Der unbestechliche Gott der Götter liebt die Fremden (Dtn 10,16-19)

*(16) So beschneidet die Vorhaut eures Herzens und versteift nicht mehr euren Nacken! (17) Denn JHWH, euer Gott, er ist der Gott der Götter und der Herr der Herren, der große und starke und furchtgebietende Gott, der keine Person ansieht und kein Bestechungsgeschenk annimmt. (18) Der Recht verschafft der Waise und der Witwe, und der den Fremden liebt, sodass er ihm Brot und Kleidung gibt. (19) So liebt den Fremden, denn Fremde seid ihr gewesen im Land Ägypten.*

### 2. Innere Offenheit und Feinfühligkeit

Das zunächst seltsam erscheinende Bild der Herzensbeschneidung (10,16), bei dem es um innere Sensibilität geht, begegnet nochmals in transformierter Form gegen Ende der Mose-Reden (30,6, vgl. S. 118). Die Aufforderung, nicht den Nacken zu versteifen, greift ein Motiv aus der Szene mit dem Goldenen Kalb auf (9,6.13). Beides sind körperliche Bilder für mentale, psychische Haltungen. In religiösen und ethischen Dingen spielen Einstellungen, innere Dispositionen, eine entscheidende Rolle. Ohne innere Offenheit und Feinfühligkeit kann Entscheidendes nicht geschehen. Inneres spiegelt sich oft im Körper. Den Nacken zu kreisen hilft, sich ein wenig zu entspannen. Die biblische Sprache nimmt die Wechselwirkung von Körper und Psyche wahr. Heute erforschen wir Psychosomatik. Praktiken wie Yoga helfen zu ganzheitlicher Gesundheit.

## 3. Jhwh ist der „Gott der Götter"!

Gibt es nun doch andere Götter? Die Vielzahl der Götter war für die meisten Menschen der Antike eine Selbstverständlichkeit. In den ausgefeilten Systemen der religiösen Anschauungen der Babylonier aber gab es auch eine Hierarchie. Die großen Götter waren der Himmelsgott An, der Götterkönig Enlil, der Süßwassergott Ea, der Mondgott Sîn, der Sonnengott Schamasch, der Sturmgott Adad, die Liebes- und Kriegsgöttin Ischtar, der Krieger Ninurta, der Seuchen- und Kriegsgott Nergal, der Schreibergott Nabû, der Stadtgott Babylons Marduk und der Staatsgott der Assyrer Aschur. In Babylonien wurde Marduk immer mächtiger und schließlich mit Enlil identifiziert, sodass er ganz an die Spitze der Hierarchie rückte. In einem Gebet wird er ausdrücklich als „Gott der Götter" bezeichnet. Doch Nabonid, der letzte König der Babylonier (Regierungszeit 556-539 v.Chr.), hatte andere Vorstellungen. Wie schon seine Mutter, war auch er ein glühender Verehrer des Mondgottes Sîn. Er ließ dessen uralte Tempel in Ur und Harran restaurieren. **In mindestens zwei Inschriften bezeichnete er Sîn als „Gott der Götter", sodass der Mondgott dem alteingesessenen Marduk seinen Rang an der Spitze des Pantheons streitig machte.** Die mächtige Marduk-Priesterschaft in Babylon war darüber keineswegs amüsiert. Das war vermutlich ein Hauptgrund, warum der Perserkönig Kyros ein leichtes Spiel hatte, Babylon zu erobern. Kyros paktierte mit den Marduk-Priestern und präsentierte sich als Erneuerer des Kultes, der Marduk gebührt – so wird es auf dem berühmten, im *British Museum* ausgestellten Kyros-Zylinder beschrieben.

**Dass Deuteronomium hier betont, „Jhwh, euer Gott, *er* ist der Gott der Götter und der Herr der Herren" (10,17) könnte ein judäischer Kommentar zu diesem babylonischen Streit in den letzten Regierungsjahren des Nabonid sein.** Exilierte Judäer hielten sich damals in Babylonien auf, vermutlich auch in der Hauptstadt, und waren wohl über die brisanten religiösen Streitigkeiten gut informiert. Denn diese waren auch von höchster politischer Bedeutung. Die Eroberung durch Kyros bedeutete für die Judäer, dass sie in die alte Heimat des Volkes zurückkehren durften – ein Schlüsselereignis, das auch an einem Höhepunkt der Mose-Reden zur Sprache kommt (Dtn 30,1-10). Es gehörte schon einiges Selbstbewusstsein dazu, zu behaupten, Jʜᴡʜ, ein wenig bekannter Gott eines kleinen Volkes, dessen Tempel in Schutt und Asche lag, sei größer als alle Götter der mächtigsten Großreiche. Ein Hinweis darauf, dass es gerade die vollkommene Zerstörung und das Exil waren, die die Judäer dazu herausforderten, ihre Sicht von Gott völlig neu zu überdenken. Wenn man von Gott spricht, so erkannten sie, muss man ihn als Gott des ganzen Universums beschreiben (vgl. bes. Dtn 4,32-40).

## 4. Unbestechlich!

Auf den ersten Blick mag die Aussage, Gott nehme kein Bestechungsgeschenk an (10,17), ein wenig überflüssig wirken. Gott manipulieren zu wollen, ist aber eine Grundversuchung von Religion überhaupt. Hier steht im Hintergrund dieser Aussage die Vorstellung, dass Gott der „Richter der ganzen Welt" ist (Gen 18,25), der auch das Verborgene sieht (Jer 23,24). Weil Gott immun ist gegen die Einflussnahme der Großen und Mächtigen, kann er denen, die selbst gar nichts haben, Waisenkindern und Witwen, Recht verschaffen (Dtn 10,18).

Das ganze Gewicht dieser Aussage versteht man aber erst, wenn man sie im Zusammenhang mit einer anderen Stelle aus dem deuteronomischen Gesetz liest, in dem es um menschliche Richter geht. Dort heißt es: „Du sollst das Recht nicht beugen, du sollst die Person nicht ansehen und kein Bestechungsgeschenk nehmen. Denn das Bestechungsgeschenk macht die Augen der Weisen blind und verdreht die Sache der Gerechten" (16,19). **Die Unbestechlichkeit, die Mose von menschlichen Richtern fordert, spiegelt also die Unbestechlichkeit Gottes selbst.** Das heißt auch, dass Menschen, die im Rechtswesen tätig sind, große Verantwortung tragen. Sie müssen mit ihrem Ethos gleichsam die göttliche Ehrlichkeit spiegeln. Ganz in diesem Sinn hatte Mose schon bei seiner Einsetzung von Richtern gesagt: „Ihr sollt im Gericht nicht die Person ansehen; den Kleinen wie den Großen sollt ihr hören. Ihr sollt euch vor niemandem fürchten, denn das Gericht ist Gottes Sache" (1,17).

Schon in der alten Welt war Korruption eines der Grundprobleme, unter dem zahllose Menschen zu leiden hatten, ohne sich wehren zu können. Die Propheten sprechen davon (Jes 1,23; 5,22f.; Ez 22,12; Mi 3,11) ebenso wie die Sprichwörter: „Ein Zauberstein ist die Bestechung in den Augen ihres Gebers; wohin er sich wendet, hat er Erfolg" (Spr 17,8). Der Kampf gegen die Korruption ist unablässig notwendig im Einsatz für soziale Gerechtigkeit. Die Entrechteten suchen Zuflucht zu dem Einen, der wirklich unbestechlich ist.

## 5. Liebe für den Fremden: Imitatio Dei

Gott liebt den Fremden (10,18). Das ist ein starkes Wort in Zeiten von Flüchtlingskrisen, in denen Hassparolen lauter werden und auch die „Gutmenschen" darüber nachdenken müssen, welche Maßnahmen man vernünftigerweise setzen muss, um mit nicht bewältigbaren Flüchtlingsströmen in der Zukunft umzugehen. „Sodass er ihm Brot und Kleidung gibt". Die göttliche Liebe ist nicht einfach ein warmes Gefühl ums Herz, sondern zeigt sich im Handeln. Aber mit wessen Händen gibt Gott Brot und Kleidung? Es wird nicht ausdrücklich gesagt, ist aber in der Folge der Sätze impliziert: **Weil Gott den Fremden liebt, und so wie Gott den Fremden liebt, soll auch sein Volk Fremde lieben, das heißt, ihnen Brot und Kleidung geben. Nicht einfach nur geben, sondern liebevoll geben.**

„Denn Fremde seid ihr gewesen im Land Ägypten." Dieser Satz ist eine Art Refrain im Deuteronomium. Er ist gewiss keine gedankenlose Schablone. Israeliten hatten über Jahrhunderte Erfahrungen mit dem Fremdsein gemacht, nicht zuletzt in Ägypten. Die in der Genesis erzählten Familiengeschichten verpacken zahllose Erfahrungen mit Hungersnot, Gastarbeit, Kriegsgefangenschaft und Sklaverei. Gab es solche Phänomene nur in der Antike? Nein, auch in den Kriegen des 20. Jahrhunderts erlitten Millionen von Menschen Flucht oder Vertreibung. Zahllose Europäer wanderten nach Amerika und anderswohin aus. Im Hinblick auf die Geschichte der Menschheit insgesamt ist deutlich, dass sie aus Afrika stammt. Letztlich sind wir alle Migranten. Wer sich mit Migranten identifiziert, sich in sie hineinversetzt, kann nicht mehr von oben auf sie herabschauen. Es geht darum, gemeinsam konstruktive Wege für die Zukunft zu entwickeln.

## 6. Menschliche Großzügigkeit und göttlicher Segen (Dtn 15,1-15)

Drei soziale Brennpunkte behandelt Mose hier gemeinsam: Verschuldung (Dtn 15,1-6), Armut (v.7-11) und Sklaverei (v.12-18). Der abschließende Unterpunkt, der Sklaven betrifft, die bei ihrem Herren bleiben wollen (v.16-18), wird im Kontext der Bibelwoche ausgelassen. Im Gesamtaufbau des deuteronomischen Gesetzes ist bemerkenswert, dass diese Bestimmungen zum Schutz von Personen am äußersten Rand der Gesellschaft vor die verantwortlichen Amtsträger (16,18-18,22) kommen, insbesondere dem König (17,14-20). Sozialer Ausgleich auf breiter Basis ist Voraussetzung dafür, dass selbst der König Bruder unter Geschwistern bleiben kann (vgl. 17,15.20).

*(1) Am Ende von sieben Jahren wirst du einen Schulderlass halten. (2) Das aber ist die Sache des Schulderlasses: Jeder Gläubiger soll das Darlehen seiner Hand, das er seinem Nächsten geliehen hat, erlassen. Er soll seinen Nächsten und seinen Bruder nicht drängen; denn man hat einen Schulderlass für J*HWH *ausgerufen. (3) Den Ausländer magst du drängen. Was du aber bei deinem Bruder hast, soll deine Hand erlassen, (4) damit nur ja kein Armer unter dir ist. Denn J*HWH *wird dich reichlich segnen in dem Land, das J*HWH*, dein Gott, dir als Erbteil gibt, es in Besitz zu nehmen, (5) wenn du nur wirklich auf die Stimme J*HWHS*, deines Gottes, hörst, darauf zu achten, dieses ganze Gebot zu tun, das ich dir heute gebiete. (6) Denn J*HWH*, dein Gott, wird dich segnen, wie er zu dir gesprochen hat. Und du wirst vielen Nationen ausleihen, du aber wirst dir nichts leihen. Und du wirst über viele Nationen herrschen, über dich aber werden sie nicht herrschen. (7) Wenn es einen Armen bei dir geben wird, irgendeinen deiner Brüder in einem deiner Tore in deinem Land, das J*HWH*, dein Gott, dir gibt, dann sollst du dein Herz nicht hart machen und deine Hand vor deinem Bruder, dem Armen, nicht verschließen. (8) Sondern du sollst deine Hand unbedingt für ihn öffnen und ihm jedenfalls ausleihen, was der Not, die ihn bedrückt, abhilft. (9) Hüte dich, dass in deinem Herzen nicht der Gedanke der Versuchung entsteht: Das siebte Jahr, das Erlassjahr, ist nahe! - und dass dein Auge dann böse ist gegen deinen Bruder, den Armen, und du ihm nichts gibst. Dann würde er gegen dich zu J*HWH *schreien, und es wäre Sünde in dir! (10) Unbedingt geben wirst du ihm, und nicht wird dein Herz böse sein, wenn du ihm gibst. Denn wegen dieser Sache wird J*HWH*, dein Gott, dich segnen in all deinem Tun und allem, wozu du deine Hand ausstreckst. (11) Denn der Arme wird nicht aus der Mitte deines Landes verschwinden. Darum befehle ich dir: Unbedingt wirst du deine Hand öffnen für deinen Bruder, deinen Geringen und deinen Armen in deinem Land. (12) Wenn dein Bruder, ein Hebräer oder eine Hebräerin, sich dir verkauft, dann soll er dir sechs Jahre dienen, und im siebten Jahr wirst du ihn von dir als Freien entlassen. (13) Und wenn du ihn als Freien von dir entlässt, wirst du ihn nicht mit leeren Händen entlassen: (14) du wirst ihm kräftig aufladen von deinen Schafen, von deinem Kornlager und von deiner Weinpresse. Womit J*HWH*, dein Gott, dich gesegnet hat, davon sollst du ihm geben. (15) Und erinnere dich, dass du Sklave warst im Land Ägypten, und J*HWH*, dein Gott, hat dich erlöst. Darum gebiete ich dir heute diese Sache.*

Die drei Abschnitte sind intensiv durch das Motiv des siebten Jahres (v.1.9.12) und des göttlichen Segens verbunden. **Segen ist sowohl der Grund, warum Israel großzügig gegenüber Bedürftigen sein kann (v.4.6) als auch Folge von Freigebigkeit (v.10.14).** Darüber hinaus setzt diese Passage systematisch familiäre Sprache ein. Der Schuldner (v.3), der Arme (v.7.9.11) und der Sklave (v.12) werden als „dein Bruder" bezeichnet. Dass dieser Ausdruck als Kurzform für „dein Bruder oder deine Schwester" gebraucht ist, wird zuletzt ganz ausdrücklich gesagt – „ein Hebräer oder eine Hebräerin" (v.12). Das Deuteronomium definiert Israel so als Volk von Schwestern und Brüdern, deren familiäre Zusammengehörigkeit auch impliziert, dass ökonomische Differenzen abgefedert werden müssen. Dieser Gedanke ist von Paulus für die frühchristlichen Gemeinden aufgenommen worden (1 Kor 11,22; vgl. Apg 2,44-45; 4,32). Tiefster Grund für die Geschwisterlichkeit ist: „Ihr seid Kinder J*HWHS*, eures Gottes" (Dtn 14,1).

## 7. Schuldenerlass (15,1-6)

Die Regel zum Schuldenerlass im siebten Jahr (15,1-6) ist in dieser Form einmalig für das Deuteronomium, hat aber einen Vorläufer im Brachjahr des Bundesbuches (Ex 23,10-11) und ist weiter entfaltet im Sabbat- und Jobeljahr des Heiligkeitsgesetzes (Lev 25). Schuldenerlass ist eine Maßnahme zur Armutsbekämpfung. Das idealistische Ziel „damit nur ja kein Armer unter dir ist" (v.4) wird im Folgenden realistisch ergänzt: „Denn der Arme wird nicht aus der Mitte deines Landes verschwinden" (v.11). **Das Jahr des Schuldenerlasses erhält im Deuteronomium noch eine tiefe religiöse Bedeutung. Wenn Israel diesen sozialen Ausgleich wiederhergestellt hat, ist es bereit, als Volk insgesamt die Tora zu hören und zu lernen** (31,9-13, s. S. 29-30). Ob der hier geforderte Schuldenerlass jemals so realisiert wurde, ist unbekannt. Doch allein schon der Gedanke ist revolutionär. In der heutigen Zeit hat die Problematik der Verschuldung eine globale Dimension angenommen. Ganze Nationen sind derart in Abhängigkeiten geraten, dass man dies fast als modernen Kolonialismus bezeichnen könnte. Heute steht die Geschwisterlichkeit der Menschheitsfamilie auf dem Spiel.

## 8. Großzügigkeit gegenüber Armen (15,7-11)

Hier geht Mose mit einer Mischung aus realistischem Pragmatismus und psychologischer Raffinesse vor, was im Zusammenspiel der Motive „Herz", „Hand" und „Auge" zum Ausdruck kommt. Weder soll das Herz verhärtet noch die Hand verschlossen sein (v.7). Weder soll im Herzen ein schlechter Gedanke sein noch das Auge böse (v.9). Geschickt nimmt Mose aufkommende Versuchungen vorweg. **Kaum ein Abschnitt des deuteronomischen Gesetzes ist rhetorisch mit solchem Nachdruck gestaltet wie dieser. Mit dem Verhältnis zu Bedürftigen ist ein neuralgischer, besonders gefährdeter Punkt des sozialen Zusammenlebens angesprochen, der zugleich aber grundlegend für den Gesamtzusammenhalt der Gesellschaft ist.** Dabei kommt es nicht nur auf die äußeren Handlungen an – das Öffnen der Hand – sondern auch auf Gedanken und Haltungen – Herz und Auge. Die Versuchung der Überheblichkeit und Verachtung gegen Menschen am Rand ist groß. Mose motiviert zum Gespräch auf Augenhöhe mit geschwisterlicher Wertschätzung.

## 9. Freilassung von Sklaven (15,12-15)

In der Antike zwang Armut viele Menschen dazu, sich als Sklaven zu verkaufen. Auch Kriege spielten dabei eine Rolle. In belagerten Städten mussten Mütter ihre Kinder verkaufen, um sie am Leben zu erhalten. Ohne Sozialversicherung konnte schon eine ausfallende Ernte oder eine Krankheit eine Familie in die prekäre Situation treiben, Leib und Leben verkaufen zu müssen. In der damaligen Zeit war Sklaverei freilich eine allgemein akzeptierte und legale Institution, auf der ganze wirtschaftliche Systeme beruhten – ganz besonders im römischen Weltreich. Dieses System in Frage zu stellen grenzt in dieser Welt an utopischen Wahnwitz. Hier im Deuteronomium fordert Mose eine großzügige Entlassung im siebten Jahr. Das Heiligkeitsgesetz beansprucht sogar, in Israel dürfe es gar keine Sklaven geben (Lev 25,39-55), „denn mein sind die Kinder Israels als Diener, meine Diener sind sie, die ich aus dem Land Ägypten herausgeführt habe" (v.55). Wie viele Frauen werden heute weltweit als Sexsklavinnen festgehalten? Die Dunkelziffern sind hoch, auch vor unserer Haustüre, in Europa.

**6.1** EXEGESE

**Wo man Gerechtigkeit verjagt,
kommt das Unrecht durch die Hintertür herein.**

Sprichwort aus Ruanda

## 6.2 Der Text heute – Themen und Bausteine

**Kerstin Offermann**

Die Zuordnung der beiden Texte erschließt sich eher vom zweiten Text her, oder aber wenn man bei Dtn 10 schon ab Vers 12 liest, und mit der Frage „Was fordert Gott von uns?" beginnt. Dann tritt sehr deutlich die Thematik der Mitmenschlichkeit in den Vordergrund. (vgl. dazu Einheit 3)

### 1. Begründung der Nächstenliebe

Was motiviert Menschen dazu einem anderen Menschen freundlich und hilfsbereit zu begegnen? Der Bibeltext gibt dazu verschiedene mögliche Antworten.

**1. Weil Gott es von uns fordert.**
Diese Begründung ist natürlich nur dann sinnvoll und nachvollziehbar, wenn man die Autorität Gottes anerkennt und sich seinem Urteil über das Leben beugt. Daher ist nachvollziehbar, warum zur Wahrung dieser Autorität Gottes seine universale Bedeutung, Macht und Größe betont wird. Es gibt also eine Bezugsgröße, die über unserer eigenen Wahrnehmung und unseren eigenen Werten steht, von der wir uns sagen lassen müssen, was richtig und was falsch ist, was in der Zukunft zum Leben und was zum Niedergang führt.
Eine solche Begründung wird nicht von allen Menschen geteilt. Trotzdem ist es für die, die sich an Gott halten, die stärkste Motivation.

**2. Weil der andere mir persönlich nahesteht und ich darum Verantwortung für ihn habe.**
Das Deuteronomium konzipiert hier eine Familienethik: Schwestern und Brüder, Kinder des gleichen Vaters – Gott. Wie man sich innerhalb der Familie unterstützt, soll man das auch innerhalb der Gesellschaft tun. Interessanterweise gibt es ja in den Texten auch eine Differenzierung zwischen dem Bruder und dem Fremden. Es ist selbstverständlich, dem zu helfen, der mir persönlich nahesteht. Obwohl manchmal selbst diese Solidarität innerhalb der Familie und dem Freundeskreis noch angemahnt werden müsste. **In einer Familie können alle gut miteinander leben, wenn sie sich gegenseitig unterstützen. So soll auch die gesellschaftliche Realität eine Solidargemeinschaft sein.** Damit es allen gut geht, die gesellschaftlichen Spannungen nicht zu groß werden und die Gemeinschaft nicht am Wohlstand einiger und dem Leid anderer auseinanderbricht.

**3. Weil wir uns ein solches Verhalten bei Gott abgeschaut haben.**
Wie Kinder das Verhalten ihrer Eltern imitieren, so sollen wir auch das Verhalten Gottes imitieren: Gott ist unbestechlich, darum seid ihr es auch!
Gott liebt den Fremden, darum tut ihr es auch!
Gott ist barmherzig und großzügig, darum seid ihr auch so!
Gott hat euch befreit, darum befreit andere aus den finanziellen Engpässen, in denen sie gefangen sind.

Gott ist stark und darum ist er verantwortlich und liebevoll. Weil wir stark sind, müssen wir auch gut sein. Weil wir stark sind, dürfen wir die Stärke nicht gegen andere einsetzen, sondern für sie. Und dafür, unsere eigenen Verhaltensweisen zu verbessern.

**4. Weil wir auch so behandelt werden wollen, wenn wir in der gleichen Notlage sind.**
Die Erinnerung an die eigene Bedürftigkeit und an die Zerbrechlichkeit der eigenen Existenz lässt einen die unterstützen, denen es schlecht geht. Sich vorstellten, wie wäre es, an ihrer Stelle zu sein, motiviert zur Hilfe und Unterstützung. Ebenso die Erkenntnis, dass die eigenen Vorfahren in eben solcher Notlage waren und man im Blick auf die Vergangenheit noch was wiedergutzumachen oder was besserzumachen hat.

**5. Weil eine Gesellschaft nur so gut funktioniert.**
Das Deuteronomium hat immer auch eine politische Dimension im Blick. Eine Gesellschaft sagt viel darüber aus, wie sie sich selbst versteht, wenn man betrachtet, wie sie mit denen umgeht, die in Not sind. Wir leben in einer Solidargemeinschaft, die sich für das Wohl aller verantwortlich fühlt. Aber das ist nicht mehr für alle ein positiver Wert.

 Schreiben Sie die verschiedenen Motivationen (s.o.) auf eine Moderationswand. Bitten Sie die TN die Stellen im Text zu identifizieren, die diese Motivation unterstreichen. Diskutieren Sie mit den TN, ob ihnen selbst diese Motivation einleuchtet und ob sie auch für ihr persönliches Verhalten Konsequenzen daraus ziehen.

 Der Text bietet auch Diskussionsstoff mit populistischem und fremdenfeindlichem Denken. Zu dieser Gesprächssituation finden Sie zwei Dokumente auf der DVD: Die Broschüre „Umgang mit Rechtspopulismus" der Diakonie Deutschland und den Studienbrief aus *Brennpunkt Gemeinde* „Argumentieren und streiten wie Jesus" von Katharina Wiefel-Jenner.

## 2. Menschliche Handlungsdimensionen

Bildlich spricht der Text von vier Dimensionen des menschlichen Handelns: dem Auge, dem Herz, der Hand und dem Nacken. (gemäß der Übersetzung in der Exegese)
*Wie begegne ich dem Bedürftigen*
*mit dem Auge,*
*mit der Hand,*
*mit dem Herz,*
*mit dem Nacken?*

Visualisieren Sie diese verschiedenen Körperteile. Malen Sie z.B. einen menschlichen Umriss auf eine Flipchart und markieren Sie die verschiedenen genannten Körperteile darin.
Bitte Sie die TN, Verben und Adjektive zu sammeln, wie Sie mit den verschiedenen Körperteilen bedürftigen Mitmenschen begegnen (positiv und negativ).
Es könnte auch noch das Ohr ergänzt werden. „Um die Verlassenen wieder in die Gesellschaft zu integrieren, müssen wir ihnen zuhören", schreibt Ulrich Lilie zur „Unerhört"-Kampagne der Diakonie. Unter https://www.diakonie.de/unerhoert/ finden Sie Geschichten, Interviews und Einblicke in die reale Welt von Menschen, die heute unter ähnlich schwierigen Bedin-

gungen leben, wie sie Deuteronomium 15 im Blick hat. Auch die Bibelarbeit beschäftigt sich mit ähnlichen Beispielen.

 Der Bibeltext eignet sich gut für ein kontextuelles Bibelgespräch zum Thema Fremdsein. Einführung in die Methode und Beispiele dafür finden Sie auf der DVD. Zu diesem Thema gibt es auch ein lectio divina-Heft, zu finden unter https://www.lectiodivina.de/alle-ausgaben/ und zu beziehen beim Bibelwerk unter https://0cn.de/rhv1.

### 3. Imitation Gottes

 Wenn wir Gott imitieren sollen, müssen wir uns vor Augen führen, wie Gott ist und handelt. Bitten Sie die TN Aussagen aus dem Text über Gottes Handeln und Gottes Wesen zusammenzutragen.

Was davon können wir imitieren? Welche dieser Aussagen finden sich im NT als Aussagen über Jesus Christus wieder? Der im Text von Gott erhobene globale Anspruch entspricht Gottes liebevoller Zuwendung in Christus an alle Welt (Johannes 3,16). Gilt für uns also überhaupt noch die Unterscheidung in Schwestern und Brüder und Fremde? Wir sind global mit Schwestern und Brüdern in Christus verbunden. Aber sogar von Jesus Christus zur Feindesliebe aufgerufen. Zu der Herausforderung der Feindesliebe gibt Huub Osterhuis eine pragmatische Antwort: „Es steht nicht geschrieben, dass du sie umarmen musst, nicht, dass du warme Gefühle für sie hegen musst. Die Auslegung des Wortes Liebe ist „Brot und Kleidung". Brot und Kleidung sind Lebensbedürfnisse. In jenem Spruch über den Fremden bedeutet „lieben": am Leben erhalten – am Leben, diesem kostbarsten Menschenrecht." (aus: „Alles für Alle")

 Geben Sie den TN einen Segen (z.B. den untenstehenden) mit, in der Zusage, dass sie die Aufgabe der Mitmenschlichkeit nicht aus eigener Kraft stemmen müssen, sondern von Jesus Christus dazu mit Liebe ausgestattet werden.

**Die Liebe Gottes, die uns Jesus offenbart hat,
sei vor euren Augen ein lockendes Ziel,
in euren Herzen die treibende Kraft
und bleibe unter euren Füßen der tragende Grund.**

Quelle: Evangelische Kirche in Hessen und Nassau (https://0cn.de/cyie)

### Lieder
| | |
|---|---|
| EG 263 | Sonne der Gerechtigkeit (GL 481) |
| EG 412 | So jemand spricht, ich liebe Gott |
| EG 409 | Gott liebt diese Welt EG (GL 464) |
| EG 419 | Hilf, Herr meines Lebens (GL 440) |
| EG 420 | Brich mit dem Hungrigen dein Brot |

Da wohnt ein Sehnen tief in uns

## 6.3 Vorschlag für eine Bibelarbeit

**Claudia Elisabeth Pfeiffer**

### Inhaltlicher Schwerpunkt

In den ausgewählten Versen dieser Einheit steht Gottes Anliegen im Vordergrund, wie sich der Mensch gegenüber den Schwächsten der Gesellschaft und den Mitmenschen verhalten soll. Der starke Gott selbst wendet sich den Schwächsten zu und fordert das auch von den Israeliten. Sie waren selbst Ausgestoßene und Schwache in Ägypten und wissen umso mehr um die Erfahrung. Gott gewährt den Schwachen auf diese Art und Weise Schutz und Versorgung.

Noch schärfer ist die Forderung im Umgang mit den Mitmenschen aus dem eigenen Volk. Wer diesen nicht zugewandt gibt, der macht sich schuldig. Gott verspricht im Text Segen für diejenigen, die gerne geben. Der Zusammenhang zwischen Segen und Großzügigkeit wird in beide Richtungen eröffnet.

**Hauptbotschaften des Textes:**
- Gott sorgt sich um die Schwächsten der Gesellschaft: Waisen, Witwen und Fremdlinge.
- Gott fordert, dass wir unseren Mitmenschen gerne geben – vor allem denen, die uns nahestehen (Gott gibt auch uns gerne, wir sollten es ihm gleichtun).
- Geben bringt Segen.

### Materialien und Medien

- Blätter mit den vier Erfahrungsberichten und die Karikatur (S. 113)
- Ggf. Zettel und Stifte

### Zur Gestaltung des Abends

**Liturgische Eröffnung**
→ **Lied**: z.B. Wenn jeder gibt, was er hat (Junges Gotteslob 256)
Brich dem Hungrigen dein Brot (EG 418)
Brot, das die Hoffnung nährt (GL 378)
→ **Gebet**: Herr, unser Gott, aus dem Alltag kommen wir in diesen Abend und bringen mit, was uns bewegt. Wir wollen jetzt bei dir und deinem Wort ankommen und wollen nach dem suchen, was du in unser Leben sprechen willst. Amen

**Auf den Text zugehen (20min)**
Mit Hilfe von vier Erfahrungsberichten von Menschen aus der Gegenwart versetzen sich die Teilnehmenden in die Situationen der erwähnten Personengruppen im Bibeltext. Die Herausforderungen werden wahrgenommen.
Es bilden sich zwei Gruppen, die jeweils zwei Texte gemeinsam lesen – im Anschluss können sich die Gruppen gegenseitig von den anderen gelesenen Berichten erzählen.

### Witwe – Vera, 38-jährige Musiklehrerin aus Zürich – ihr Mann starb an Krebs

„In der Zeit nach dem Tod meines Mannes war ich lange ganz anders als sonst. Der Zustand in dem ich lebte, ist schwer zu beschreiben. Ich war viel spiritueller als in anderen Lebensphasen, da ich mich auch immer noch mit meinem Mann verbunden fühlte. Gleichzeitig waren da die vielen Leute. Sie wussten nicht, was sie sagen sollten. Hatten Mitleid. Brachen in Tränen aus. Es gab auch einige, die nicht sprachlos blieben. Sie gaben Tipps, nach denen ich nie gefragt hatte. Etwa, wie ich die Kinderbetreuung am besten einrichten soll. Ein anderer beliebter Tipp war, mir zu erklären, wie ich wieder einen Mann bekomme. Sie zogen die Schlussfolgerung, wenn ich wieder einen Mann hätte, dann wäre ich doch bestimmt wieder glücklich.

Neben meinem 50%-Job an der Schule füllen die Kinder meinen Terminplan aus. Ich bin jetzt ganz alleine für sie verantwortlich. Das ist anders. Ich vermisse jemanden, dem die Kinder genau so lieb sind wie mir. Jemand, der unser Leben teilt. Jemand, bei dem ich mich anlehnen kann. Bei dem ich nicht mehr ständig geben muss, sondern einfach sein kann. Trotz allem möchte ich kein Sonderfall sein, obwohl ich weiß, dass ich einer bin. Denn ich bin nicht wie die anderen Alleinerziehenden. Ich bin weder geschieden noch getrennt, sondern verwitwet."

*Quelle: (in Auszügen) https://0cn.de/v49t*

### Waise – Jan, 29, seine Eltern starben kurz nacheinander und er wurde zum Vollwaisen

„Meine Mutter bekam Husten, mein Vater Bauch- und Rückenschmerzen, ehe sie mit einem Abstand von eineinhalb Jahren beide starben. Lungenkrebs und Leberkrebs. Mit 28 Jahren, mitten im Studium, wurde ich Vollwaise, Hausbesitzer und war finanziell ruiniert.

Irgendwo habe ich gelesen, dass mit dem Tod der Eltern die eigene Kindheit ende. Das stimmt. Man wird ziemlich schnell, auf ziemlich harte Weise erwachsen. Man kommt an seine Grenzen. Eines Tages saß ich im Park auf einer Bank, wegen Banalitäten bei der Anmeldung hatte mir eine Professorin die Teilnahme an einer Prüfung verweigert. Ich brach zusammen. Habe geheult wie ein Blöder.

Meine Eltern sind tot, ich habe auch sonst nicht wirklich Familie. Wenn meine Freunde sagen: „Ich rufe nochmal schnell meinen Vater an", oder „Ich bin über das Wochenende bei meinen Eltern", ist das hart für mich. Neulich hat ein Kumpel sich einen Gebrauchtwagen gekauft. Ein anderer seine Steuererklärung gemacht. Das sind so Situationen, die man ja klassisch mit seinen Eltern bespricht und sie um Rat fragt. Das kann ich jetzt nicht mehr."

*Quelle: (in Auszügen) https://0cn.de/8ntv*

### Fremder – Hamid, aus Syrien, 41, lebt seit drei Monaten in einer Erstaufnahmestelle in Hamburg

„Ich bin müde. Seit drei Monaten lebe ich mit meiner Familie in einem Zelt auf einem Parkplatz, der zum Aufnahmelager gehört. Hier ist es laut, eng, dreckig. Alte und junge Menschen, Frauen und Männer sind zusammen untergebracht. Das ist ein Problem, denn viele Bewohner sind psychisch krank und aggressiv, die Frauen haben keine Privatsphäre. Das Essen ist verkocht und ungenießbar, es gibt zu wenige Toiletten.

Einem Dolmetscher bin ich erst einmal begegnet, ich verstehe vieles nicht und kenne daher meine eigenen Rechte nicht. Der Krieg in Aleppo war die Hölle, seitdem habe ich keine Erwartungen mehr an mein Leben. Aber meine Kinder sollen nicht an diesem Ort aufwachsen, sie spielen in Dreck und Müll. Mein Sohn spricht kaum noch. Einer der Sozialarbeiter sagte mir, dass wir vielleicht noch neun oder zehn Monate hier bleiben.

Vor dem Winter habe ich Angst: Wir haben kaum passende Kleidung oder feste Schuhe dabei. Doch manchmal kommen Helfer mit Spenden vorbei und junge Menschen, die mit den Kindern spielen. Das sind gute Tage."

*Quelle: aus „Flüchtlinge in Deutschland - Früher war ich Naqid, heute bin ich der Asylant'„,*
*SPIEGEL ONLINE 03.10.2014, aufgezeichnet von Annika Lasarzik.*

### Bruder – Melanie, sucht Rat zum Thema „Geld verleihen" in einem Online-Forum

„Ich habe ein Problem, denn mein jüngerer Bruder hat mich um Geld gebeten. Er hat sich mit meinem Cousin selbstständig gemacht und hat nun überraschenderweise eine Rechnung erhalten, mit der sie vorher nicht gerechnet haben. Nun habe ich noch nie Geld an jemanden verborgt, weil ich selber auch nicht viel habe. Das, was ich habe, hab ich mir hart erarbeitet und ich hätte auch niemals Rückhalt von meinen Eltern oder sonstigen Anverwandten. Deshalb muss ich natürlich auf das Geld achten und es zusammenhalten.

Ich bin so verblieben, dass er morgen zu mir kommt und ich habe ihm gesagt, dass er mir ein konkretes Konzept nennen soll, wie ich das Geld zurückbekomme. Schenken werde ich es ihm nicht und es wird das erste und letzte Mal sein, dass ich etwas verleihe. Da ich von ihm auch kleine Beträge nach mehrmaligem Auffordern erst zurückbekomme und auch noch Außenstände bei ihm habe, habe ich kein Vertrauen. Wenn ich das hätte, hätte ich auch kein Problem, ihm den Betrag zu geben. Aber ich habe den Eindruck, dass er sehr gut mit Schulden leben kann und auch etwas naiv an die Sache herangeht.

Wie würdet ihr vorgehen? Einerseits bin ich von dem Konzept nicht überzeugt, andererseits möchte ich ja als Schwester nicht meinen Bruder abwärtsfahren sehen *seufz*. Und wie gesagt, mir würde auch niemals jemand helfen können."

*Quelle: Forum Brigitte.de*

Im Anschluss kommen die Teilnehmenden über die Situationen der Betroffenen ins Gespräch.

→ Folgende Impulsfragen können das Gespräch unterstützen:
   - Welcher Bericht hat Sie am meisten bewegt?
   - Können Sie Gemeinsamkeiten bei den Erfahrungsberichten entdecken?
   - Haben Sie Ideen, was die Situationen der vorgestellten Personen verbessern könnte?
→ Übergang zu Impulsfragen mit persönlicherem Bezug
   - Finden Sie sich in den Situationen wieder?
   - Was hätten Sie sich für Reaktionen im Umfeld gewünscht?
   - Was hätte Ihnen wirklich geholfen?

### Dem Text begegnen

**Stopp-Methode:** Die Teilnehmenden lesen reihum den Text und halten an beliebiger Stelle inne – das kann nach dem Satzende sein oder auch mittendrin bei Worten, die die Leser innehalten lassen. Die Pausen sollen ca. 2 Sekunden dauern. Die Teilnehmenden lesen reihum jeweils mindestens 1 Wort und maximal einen Satz. Sie halten bei dem Wort an, dem sie Aufmerksamkeit schenken wollen. Der/die Nächste hält ca. 2 Sekunden Pause und liest weiter.

Vorteil: Es wird nicht immer auf Satzende gelesen; Neues wird entdeckt; man kann nicht ausrechnen, wann man dran ist.

**Den Worten Gewicht geben**: Der Text ist durch das Stopp-Lesen genau wahrgenommen wurden. Jeder soll sich nun nochmal selbst bewusstwerden, welche Schlagworte, Satzverbindungen oder Verse ihn bewegen. Deshalb soll jeder Teilnehmer mit einem Stift betreffendes Textmaterial farbig markieren. Im Anschluss liest die / der Leitende den Text laut vor. Immer wenn ein markiertes Textstück kommt, liest der Teilnehmende mit. So lesen manchmal nur zwei und manchmal auch alle. Auf diese Weise wird klar, auf welche Worte sich die Aufmerksamkeit der Leser richtet und der Text wird durch die Rezitation klarer und einprägsamer.

Im Anschluss findet der Austausch über den Text statt. Impulsfragen können das Plenumsgespräch befördern:
-   Was finden Sie be-„merken"-swert an diesem Text?
-   Ist eine Abgrenzung der verschiedenen Personengruppen voneinander möglich?
-   Welchen Zusammenhang zwischen Gott, dem Volk Israel und den Schwächsten der Gesellschaft eröffnet dieser Text?
-   Wie ist Ihre Einschätzung zu „Gott als Vorbild"?
-   Welche Vorschläge finden Sie im Text, wie die Zuwendung zum Nächsten stattfinden kann?
-   Der Text spricht vom Verhalten gegenüber den Mitmenschen. Können Sie daraus Ansätze für ein Verhalten in der Gegenwart ziehen?
-   Gibt es einen Zusammenhang zwischen Geben und Segen?

**Mit dem Text weitergehen**

Das Bild wird gemeinsam angesehen. Eindrücke können geäußert werden.
Folgende Impulsfragen werden gestellt:
-   Wenn Sie an die benannten Personengruppen aus dem Text heute in Deutschland denken – Können Sie einschätzen, wie mit Ihnen umgegangen wird?
-   Gibt es in Ihren Augen Möglichkeiten wie Jan, Vera, Hamid und Melanie in ihren Situationen geholfen werden könnte?
-   Wie müssten wir uns verhalten, um den Anforderungen im Text gerecht zu werden? Was wäre Deutschland dann für ein Land?

**Aufgabe**: Schreiben Sie sich ein Vorhaben für die nächste Woche auf, wo sie sich vornehmen, etwas von dem zu tun, was der Text fordert! Im nächsten Treffen kann sich die Gruppe über die gemachten Erfahrungen austauschen.

**Schluss-Impuls** zum Nachsinnen und Mitnehmen:

*„Man würde viel Almosen geben, wenn man Augen hätte zu sehen, was eine empfangende Hand für ein schönes Bild macht."*

Johann Wolfgang von Goethe

Das Zitat kann entweder zum Abschluss vorgelesen werden oder auf einem kleinen Zettel den Teilnehmenden jeweils mitgegeben werden.

**Liturgischer Abschluss**

→ **Lied**

→ **Vaterunser**

→ **Segensgebet**:

*Sei bei uns, wenn wir aufbrechen,*
*um deine frohe Botschaft zu den Menschen zu bringen.*
*Segne unsere Schritte,*
*damit wir nicht müde werden auf unserem Weg.*
*Segne unsere Worte,*
*damit wir die Herzen der Menschen erreichen.*
*Segne unsere Hände,*
*damit sie gerne geben und Not lindern.*
*Es segne uns der eine Gott,*
*der Vater, der Sohn und der Heilige Geist.*
*Amen*

## 6.4. Bildbetrachtung – Solidarität mit Armen und Fremden

**Johannes Beer**

*Josef Ebnöther: „Solidarität mit Armen und Fremden" 2018,
Mischtechnik auf Papier, 73 x 49,5 cm*

Auf dieser Arbeit von Josef Ebnöther steht ganz klar der blaue Bereich im Mittelpunkt. Er fällt sofort ins Auge und ist dominant. In ihm finden sich helle Formen. Es sind weiße Flecken und Striche. Aber sie wirken nicht auf die anderen Bereiche ein, gehen nicht auf sie über. Der blaue Bereich ist von den anderen vielmehr durch eine weiße Linie klar getrennt. Die weißen Flecken sind durchnummeriert von eins bis sieben und selbstverständlich denken wir da an den im Text genannten Rhythmus der sieben Jahre. Besonders auffallend ist in der Mitte des unteren Teils des blauen Bereichs eine dunkle rote ovale Form, die in ihrer Mitte wiederum weiß ist. Auf der dunklen Form ist eine rote Linie, die nach oben mit zwei Enden bis in die weiße Form Nummer sieben ausläuft und auch nach unten unterhalb der dunklen roten Form fortgesetzt wird. Mich erinnert diese Form an ein menschliches Herz, so wie man es von Transplantationsfotos zum Beispiel kennt, obwohl hier keine klassische Herzform zu erkennen ist. Dann wären die organisch anmutenden roten Linien sicherlich die entscheidenden Adern. Und dann ist auch klar, dass sie gerade an das siebte weiße Feld „angeschlossen" sind, denn wir sollen nicht hartherzig gegen unseren armen Nächsten sein.

Unter dem blauen Feld ist nun eine ockerfarbene Fläche mit einem grünen Grund. Sie steht hier symbolisch für das von Gott gegebene Land. Auf ihr erkennen wir zwei Arme, die auf einander zugestreckt sind und deren Hände einander ergriffen haben. Hier haben sich vor einem weißen Rund zweie die Hände gereicht. Und dieses Symbol ist, auch wenn es durch die SED lange Zeit okkupiert war, ein allgemeinverständliches Symbol für gelebte Solidarität.

Oben auf diesem Bild nun finden sich helle gelbe und weiße Streifen. In den beiden oberen Ecken sind schwarze und rote Zeichen. Vielleicht symbolisieren sie Menschen unterschiedlicher Herkunft und Völker. In der Mitte des mittleren Streifens steht das Wort „Mitmenschlichkeit". Es steht da ganz zentral wie eine gestaltete Überschrift über der Bildkomposition. Darunter, durch die leichte Strichart etwas zurücktretend, stehen weitere Zeichen. Sie haben die Anmutung einer fremden Schrift, auch wenn nichts zu lesen, ja nicht einmal ein einziger Buchstabe zu erkennen ist. Mich erinnert das an Plakate in der Flüchtlingsarbeit, auf denen neben deutschen Willkommensgrüßen die gleichen Worte in mir völlig unlesbaren Schriften aufgedruckt sind.

# 7 | Wähle das Leben – Dtn 30

## 7.1 Exegese

**Dominik Markl**

Galt der Fokus der Bibelwoche bisher Moses Vorreden zum Gesetzeskorpus, mit nur gelegentlichen Blicken in die Gesetze selbst sowie den darauf folgenden Segen und Fluch, geht es nun um die letzte große Mose-Rede, die nochmals mit besonderen theologischen Höhepunkten aufwartet. Die Moab-Bund-Rede (Dtn 29-30) ist mit einer Einleitung eröffnet, die den Moab-Bund ausdrücklich gegenüber dem Horeb-Bund abhebt (28,69). Tatsächlich bezweckt Moses Rede einen Bundesschluss, doch ist sie eine Bundesrede *sui generis*. Obwohl sie Elemente aus traditionellen altorientalischen Bundesschlüssen enthält wie den „historischen Prolog" (vgl. 29,1-8) oder den summarischen Hinweis auf Segen und Fluch (30,1.19), ist sie mit herkömmlichen Bundestexten nur begrenzt vergleichbar. Die Rede stellt nicht etwa selbst den Bund dar, sondern sie deutet die vorangehenden Reden des Deuteronomium durch systematische Rückverweise zu Inhalten des Moab-Bundes. Die von Mose daraufhin niedergeschriebene Tora (31,9) wird so zum Bundesdokument.

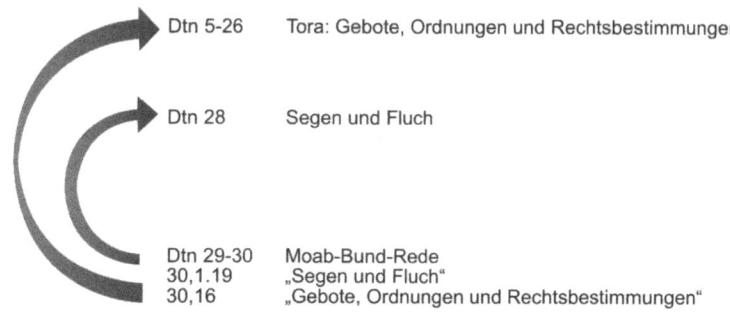

| | |
|---|---|
| Dtn 5-26 | Tora: Gebote, Ordnungen und Rechtsbestimmungen |
| Dtn 28 | Segen und Fluch |
| Dtn 29-30<br>30,1.19<br>30,16 | Moab-Bund-Rede<br>„Segen und Fluch"<br>„Gebote, Ordnungen und Rechtsbestimmungen" |

Der Aufbau der Rede ist im Folgenden schematisch zusammengefasst:

29,1-8     Israel ist Zeuge für Gottes Wohltaten
29,9-14    Ganz Israel ist anwesend für den Bundesschluss
29,15-27   möglicher Bundesbruch (Götzendienst) und seine Folgen
29,15-20:  Meineid und göttlicher Zorn
29,21-27:  Folgen des Zornes für das Volk – das Exil
29,28      Selbstverpflichtung: „Das Verborgene gehört Jhwh unserem Gott..."
30,1-10    Nach Segen und Fluch: Umkehr zu Gott und Rückkehr aus dem Exil
30,11-14   Nähe des Wortes
30,15-20   Aufforderung zur Bundesentscheidung: Wahl des Lebens

Die anfänglichen Passagen der Rede sprechen Israels bisherige Erfahrung mit Jhwh (29,1-8) und ihre gegenwärtige Anwesenheit für den Bundesschluss an (29,9-14): „Ihr alle steht heute vor Jhwh, eurem Gott..., um in den Bund Jhwhs, deines Gottes, einzutreten" (29,9-11). Moses anschließender, prophetisch in die Zukunft ausschweifender Exkurs (29,15-30,10) spricht zunächst in komplexer Form die möglichen Folgen des Bundesbruches in Form von Götzendienst an. Dieses Vergehen würde letztlich zur völligen Zerstörung des Landes (29,21-22) und zum Exil führen:

*(24) Dann wird man sagen: „Weil sie den Bund Jhwhs, des Gottes ihrer Väter, verlassen haben, den er mit ihnen geschlossen hatte, als er sie aus dem Land Ägypten herausführte, (25) und weil sie hingingen und andern Göttern dienten und sich vor ihnen niederwarfen, vor Göttern, die sie nicht kannten und die er ihnen nicht zugeteilt hatte, (26) entbrannte der Zorn Jhwhs gegen dieses Land, so dass er den ganzen Fluch über es gebracht hat, der in diesem Buch aufgeschrieben ist. (27) Und Jhwh hat sie herausgerissen aus ihrem Land im Zorn und im Grimm und in großem Unwillen und hat sie in ein anderes Land geworfen, wie es am heutigen Tag der Fall ist.“*  (Dtn 29,24-27)

Die Autoren dieser Textpassage haben Zeitebenen komplex miteinander verwoben: Sie lassen Mose in der (von ihnen aus gesehen) fernen Vergangenheit Reden in der (von ihm aus gesehen) fernen Zukunft zitieren, um die Zerstörung des Landes und die Verschleppung ins Exil zu thematisieren, die für die Autoren und Adressaten dieses Textes schon zur realen historischen Erfahrung geworden ist. Der betont am Ende stehende Ausdruck „wie es am heutigen Tag der Fall ist" lässt keinen Zweifel daran. Es geht hier – wie in vielen anderen Texten des Alten Testaments (2 Kön 17-25; Jeremia; Ezechiel) – um die Erklärung und Deutung dieser Katastrophe. Dies ist der Hintergrund und Ausgangspunkt für die zweite Hälfte der Rede (Dtn 30).

## 1. Deuteronomium 30

*(1) Und es wird geschehen, wenn all diese Worte, der Segen und der Fluch, über dich kommen, die ich dir heute vorgelegt habe, und du es dir zu Herzen nimmst unter allen Nationen, wohin dich Jhwh, dein Gott, vertrieben hat, (2) und du zu Jhwh, deinem Gott, umkehrst und auf seine Stimme hörst, gemäß allem, was ich dir heute gebiete, du und deine Kinder, mit deinem ganzen Herzen und mit deiner ganzen Seele, (3) dann wird Jhwh, dein Gott, dein Schicksal wenden und sich deiner erbarmen! Er wird zurückkehren und dich sammeln aus all den Völkern, wohin dich Jhwh, dein Gott, zerstreut hat. (4) Wäre dein Vertriebener am Ende des Himmels, von dort würde Jhwh, dein Gott, dich sammeln, und von dort dich holen. (5) Und Jhwh, dein Gott, wird dich in das Land bringen, das deine Väter in Besitz genommen haben, und du wirst es in Besitz nehmen, und er wird dir Gutes tun und dich zahlreicher werden lassen als deine Väter. (6) Und Jhwh, dein Gott, wird dein Herz und das Herz deiner Nachkommen beschneiden, Jhwh, deinen Gott, zu lieben, mit all deinem Herzen und all deiner Seele, um deines Lebens willen. (7) Und Jhwh, dein Gott, wird all diese Verwünschungen auf deine Feinde und deine Hasser geben, die dich verfolgt hatten. (8) Du aber wirst umkehren und auf die Stimme Jhwhs hören und all seine Gebote tun, die ich dir heute gebiete. (9) Und Jhwh, dein Gott, wird dir überreich geben bei jedem Werk deiner Hand, an Frucht deines Leibes und an Frucht deines Viehs und an Frucht deines Landes zum Guten. Denn Jhwh wird umkehren, sich zu freuen über dich zum Guten, wie er sich gefreut hat über deine Väter. (10) Denn du wirst hören auf die Stimme Jhwhs, deines Gottes, zu bewahren seine Gebote und seine Satzungen, geschrieben im Buch dieser Tora, denn du wirst umkehren zu Jhwh, deinem Gott, mit all deinem Herzen und mit all deiner Seele.*

*(11) Denn dieses Gebot, das ich dir heute gebiete, es ist nicht zu wunderbar für dich, und es ist nicht fern. (12) Nicht im Himmel ist es, zu sagen, ‚Wer wird für uns zum Himmel hinaufsteigen und es für uns holen? Dann hören wir es und tun es!' (13) Und nicht jenseits des Meeres ist es, zu sagen, ‚Wer wird für uns übersetzen jenseits des Meeres und es für uns holen? Dann hören wir es und tun es!' (14) Sondern sehr nah bei dir ist das Wort, in deinem Mund und in deinem Herzen, es zu tun.*

*(15) Schau, heute habe ich vor dich gelegt das Leben und das Gute, und den Tod und das Böse. (16) Was ich dir heute gebiete, zu lieben Jhwh, deinen Gott, zu gehen auf seinen Wegen und zu bewahren seine Gebote und seine Satzungen und seine Rechtsbestimmungen, sodass du lebst und dich vermehrst und Jhwh, dein Gott, dich segnet im Land, in das du kommst, um es in Besitz zu nehmen. (17) Falls sich aber dein Herz abwendet, und du nicht hörst und dich verführen lässt und dich vor anderen Göttern niederwirfst und ihnen dienst, (18) erkläre ich euch heute: Gewiss werdet ihr verschwinden, nicht werdet ihr lang machen die Tage im Land, wofür du den Jordan überschreitest, dorthin zu kommen, es in Besitz zu nehmen. (19) Heute nehme ich den Himmel und die Erde als Zeugen gegen euch! Das Leben und den Tod habe ich vor dich gelegt, den Segen und den Fluch! Wähle nun das Leben, damit du lebst, du und deine Nachkommen! (20) Zu lieben Jhwh, deinen Gott, zu hören auf seine Stimme und an ihm zu hängen, denn er ist dein Leben und die Länge deiner Tage, zu wohnen auf dem Land, das Jhwh deinen Vätern zugeschworen hat, dem Abraham, dem Isaak und dem Jakob, es ihnen zu geben.*

## 2. Die Entfaltung des Motivs der „Umkehr" (30,1-10)

Wie Johann Sebastian Bach in seinen Kompositionen das jeweilige Leitmotiv durch alle Stimmen wandern lässt, so verwendet der Deuteronomium-Text hier sieben Mal das Leitwort „Umkehr" (Hebräisch *schūv*, „umkehren, zurückbringen").

V.1 (wörtlich) „... und du es *zurückbringst* zu deinem Herzen"
V.2 „...du zu Jhwh, deinem Gott *umkehrst* ..."
V.3 „dann wird Jhwh, dein Gott, dein *Schicksal wenden*, er wird sich deiner erbarmen;
    Er wird *zurückkehren* und dich sammeln aus all den Völkern..."
V.8 „Du aber wirst *umkehren* und auf die Stimme Jhwhs hören ..."
V.9 „Denn Jhwh wird *umkehren*, sich zu freuen ..."
V.10 „Denn du wirst *umkehren* zu Jhwh, deinem Gott, ..."

Sowohl Israel kehrt um (v.1.2.8.10) als auch Gott (v.3.9). Israel und Jhwh bekehren sich zueinander. Umkehr ist zunächst ein innerer Prozess, der mit Bewusstwerdung zu tun hat (v.1). Dann aber setzt dieses innere Geschehen eine äußere Dynamik der Rückkehr aus allen Nationen und selbst vom Ende des Himmels in Gang.

## 3. Wer sind „deine Väter" in 30,5?

Hier findet sich ein Knackpunkt des Textes. Mose spricht zu Israel im Lande Moab. Doch zugleich spricht er das „Du" Israels so an, als wären schon zukünftige Schicksalsschläge eingetroffen (Segen und Fluch, v.1). Aus dem Exil würde Jhwh „dich, Israel" aus der Zerstreuung heimholen und „dich in das Land bringen, das deine Väter in Besitz genommen haben" (v.5). Wer aber sind die Väter, die das Land in Besitz genommen haben? Es ist genau jene Generation der Israeliten, zu denen Mose gerade in Moab spricht, die er dazu auffordert das Land in Besitz zu nehmen! Nur am Rande sei bemerkt: Dtn 30,5 kann sich nicht auf die Erzväter Abraham, Isaak und Jakob beziehen. Von ihnen wird nie gesagt, sie hätten das Land in Besitz genommen. Der Dialog zwischen Gott und Abraham zeigt, dass erst Abrahams Nachkommen nach dem Exodus das Land in Besitz nehmen werden (Gen 15,7-21). Auch für Jakob ist das verheißene Land noch

„das Land der Fremdlingschaft" (Gen 28,4; 36,7; 37,1), das er erst durch seine Nachkommen in Besitz nehmen kann (Gen 28,4).

Darin liegt ein raffinierter Trick der Mose-Rede. Seine eigentlichen Adressaten der erzählten Welt – Israel vor der Landnahme in Moab – müssen in Dtn 30,5 sozusagen um die Ecke denken, und was Mose sagt, funktioniert gar nicht so recht für sie. (Mose müsste für sie eigentlich sagen: „dich wieder in das Land bringen, das du gerade dabei bist in Besitz zu nehmen"). Aber die Mose-Rede funktioniert bestens in den Ohren jener, die sie im Exil hören. Mose spricht zwar *zu* Israel in Moab, aber *für* Israel im Exil. **In der erzählten Welt spricht Mose die zukünftigen Nachfahren des vor ihm stehenden Israel an – ein literarischer Trick, mit dem sich die Autoren dieses Textes an ihre eigenen Zeitgenossen wenden.** Dies mag wie ein kleines Detail wirken. Aber es ist von größter Wichtigkeit, weil sich so auch die folgende Botschaft von der Nähe des Wortes (v.11-14) und der Aufforderung zur Wahl des Lebens (v.15-20) deutlich an jenes „Du" Israels im Exil richtet. Wir kommen ganz am Ende nochmals darauf zurück.

### 4. Die Beschneidung des Herzens (30,6)

„Und Jhwh, dein Gott, wird dein Herz und das Herz deiner Nachkommen beschneiden". Was soll dieses sonderbare Bild bedeuten? Bei der Beschneidung der Vorhaut des männlichen Gliedes wird die Eichel freigelegt – einer der sensibelsten Bereiche des Körpers. Beim Bild der Beschneidung des Herzens geht es um innere Sensibilität (zum Bild des unbeschnittenen Herzens vgl. Lev 26,41; Jer 9,25; Apg 7,51). Die Beschneidung des Herzens ist die Voraussetzung dafür, dass Israel seinen Gott wirklich mit ganzem Herzen lieben kann. Hatte Mose vor der Gesetzesdarlegung dazu aufgefordert, sein Herz zu beschneiden (10,16, vgl. S. 101), kündet er jetzt an, Gott selbst werde Israels Herz beschneiden. Das ist ein großer Unterschied. **Es bedeutet, dass nur Gott selbst den Menschen zur Liebe und zum Gehorsam befähigen kann. Hier wird die grundlegende Gnadentheologie des Deuteronomium formuliert.**

Wie der Theologe Ernst Ehrenreich aufgezeigt hat (*Wähle das Leben! Deuteronomium 30 als hermeneutischer Schlüssel zur Tora.* Wiesbaden 2010), bildet diese Stelle einen letzten großen Höhepunkt der Bundestheologien des Pentateuch. Die körperliche Beschneidung war das Zeichen des Bundes mit Abraham gewesen (Gen 17). Die Herzensbeschneidung hingegen ermöglicht das Gelingen des Moab-Bundes. Die Beschneidung des Herzens löst das tiefliegende Problem des menschlichen Herzens, das schon Grund für die Sintflut war (Gen 6,5) und erneut in der Rede des Moab-Bundes angesprochen ist: „Jhwh hat euch bis zum heutigen Tag weder ein Herz gegeben zu erkennen noch Augen zu sehen, noch Ohren zu hören" (Dtn 29,3). Auch der mögliche Bundesbruch geschieht im Herzen (29,17f.)

Mose sagt nicht „dein Herz und das Herz deiner Söhne", sondern „dein Herz und das Herz deiner Nachkommen." Bei der Herzensbeschneidung kommt es nicht auf das Geschlecht an. Das Herz von Frauen und Männern ist gleichermaßen betroffen.

### 5. Dieses Wort ist sehr nah bei dir (30,10-14)

Die einfache Botschaft dieses Abschnittes ist fein ausgestaltet und hat weitere Implikationen, als man auf den ersten Blick vermuten würde. Der Gedanke, niemand müsse zum Himmel hinaufsteigen, um das göttliche Gebot zu erlangen (v.12), erinnert an das Bild der bis zum Ende des Himmels Exilierten (v.4). Auch wenn die vorangehende Rede auf Rückkehr zum

Verheißenen Land abzielt (v.1-10), gilt doch die Nähe des Wortes für alle Israeliten, unabhängig, ob sie schon im Land oder noch jenseits des Meeres oder am Ende des Himmels verstreut sind. **Das Wort der Tora wurde so für Juden zum „portativen Vaterland"** (Heinrich Heine, *Geständnisse*), **zu einer Heimat, die sie immer bei sich trugen.**

### 6. Wähle das Leben, damit du lebst! (30,15-20)

Diese Passage beschließt nicht nur die Rede des Moab-Bundes, sondern die großen Mose-Reden des Deuteronomium (Dtn 1-30) insgesamt. Mit dramatischer Dringlichkeit hält Mose seinem Volk Leben und Tod vor Augen. Nochmals legt Mose Segen und Fluch vor Israel (30,15.19, vgl. 11,26). Nochmals warnt er vor dem gewiss bevorstehenden Untergang im Fall des Ungehorsams (30,18; vgl. 8,19). Und nochmals ruft er Erde und Himmel als Zeugen auf (30,19, vgl. 4,26). Eine Schwierigkeit bietet der hebräische Text hinsichtlich eines kleinen, aber wichtigen Details. Es ist nicht ganz klar, ob es heißen soll „denn *er* [nämlich Gott selbst] ist dein Leben" (v.20, so deuten z.B. Vulgata und Einheitsübersetzung) oder „denn *dies* [Gott zu lieben etc.] ist dein Leben" (so z.B. Septuaginta und Elberfelder Bibel). Der Text lässt beide Deutungen zu. Vielleicht spielt er sogar mit dieser Doppeldeutigkeit. Beides ist richtig. Theologisch stärker ist der Gedanke, Gott selbst sei das Leben seines Volkes – und der Einzelnen: „dein Leben".
„Heute" (vier Mal in v.15f.18f.) muss Israel die Wahl zwischen Leben und Tod treffen. Es ist sowohl das Heute Israels in Moab, als auch das Heute der im Exil verstreuten Israeliten (29,27). **Letztlich ist es das „Heute" all derjenigen, die sich durch Moses eindringliche Rede ansprechen lassen. Auf ihre Wahl kommt es an. Am Sinai hatte Israel bereitwillig dem Bundesschluss zugestimmt** (Ex 19,8; 24,3.7). **Beim Moab-Bund hingegen ist keine Antwort zu finden. Sie wird von den Hörern und Lesern des Buches erwartet.**

### 7. „Für uns und für unsere Kinder auf ewig: zu tun alle Worte dieser Tora!" (29,28)

Wie eine Antwort auf Moses dramatische Aufforderung lauten könnte, liest man in einem rätselhaften Vers im Zentrum der Rede des Moab-Bundes – am Übergang zwischen den furchtbaren Folgen des Bundesbruches und der Hoffnung auf einen Neuanfang. „Das Verborgene ist für JHWH, unseren Gott, aber das Offenbare für uns und für unsere Kinder auf ewig: zu tun alle Worte dieser Tora!" (29,28) Der Ausdruck „das Verborgene" ist vieldeutig. Er mag sich auf die Gründe für Unverständliches in den Katastrophen der Geschichte beziehen. Oder auf Sünden, die für Menschen verborgen bleiben. Klar ist aber „das Offenbare" – identifiziert mit „dieser Tora". Offenbarung ist ein göttliches Geschenk, das Gemeinschaft und Beständigkeit vermittelt, „für uns und für unsere Kinder auf ewig."

> Hier, an den Hängen der Hügel,
> im Angesicht der sinkenden Sonne
> und des Schlundes der Zeit, nah den schattenberaubten Gärten
> tun wir, was Gefangene tun,
> tun wir, was Menschen tun ohne Arbeit:
> Wir nähren die Hoffnung.

Mahmud Darwisch, Belagerungszustand, Aus dem Arabischen von Stephan Milich,© 2002 Verlag Hans Schiler

## 7.2 Der Text heute – Themen und Bausteine

Kerstin Offermann

### 1. Wahl für das Leben

Sich mit den (negativen) Konsequenzen von Entscheidungen konfrontiert zu sehen, ist mit Blick auf den Klimawandel gesellschaftlich hochaktuell. Diese aktuelle politische Dimension lässt die Argumentation von Dtn 30 plausibel erscheinen: Wenn ihr jetzt die richtigen Entscheidungen trefft, werdet ihr und die Generationen nach euch leben können. Wenn ihr heute die falschen Entscheidungen trefft, werdet ihr untergehen. Am Klimawandel wird deutlich wie das ist, wenn es um Leben und Tod geht. (vgl. dazu die Einheiten 2 und 5)

 Es bietet sich an zu deinem Text die Methode des kontextuellen Bibellesens anzuwenden. Dabei wird zunächst ein aktuelles Thema besprochen, das die TN beschäftigt, und aufgrund der dabei entstandenen Fragestellungen der Bibeltext gelesen. (vgl. Information und Entwurf auf der DVD)

Natürlich ist das Ziel immer „damit ihr lebt". Der Weg dahin ist allerdings strittig. Was sind hilfreiche Wege, welches sind die verlässlichen Ratgeber, was sind Tatsachen und was sind „fake news"? **Das Deuteronomium sieht Gott als Garanten für Wahrheit und als verlässlichen Rat- und Gesetzgeber.** Unumstritten war das aber offensichtlich auch zu seiner Zeit nicht. Es muss begründet und dafür geworben werden, diesem Ratgeber zu glauben und seinen Wegen zu folgen.

 Um bei einer Wahl die eigenen Wertvorstellungen und Überzeugungen mit dem Programm dessen zu vergleichen, den man wählen könnte, gibt es im politischen Bereich seit ein paar Jahren den Wahl-O-Mat. Auf der DVD finden Sie einen ähnlichen Wahl-O-Mat für das Leben. Verschiedene Behauptungen, an denen sich die Wahl für ein gutes Leben aus der Sichtweise des Deuteronomiums spiegelt oder die Aspekte aus den bisherigen Einheiten aufnehmen, sind auf einem Arbeitsblatt in einer Tabelle eingetragen. Die TN können den Aussagen zunächst individuell zustimmen oder sie ablehnen, die Aussagen dann werten und ggf. ergänzen, um sich dann in Kleingruppen darüber auszutauschen.

Auf der DVD finden Sie ein Bible-Art-Journaling, sowohl als ausgeführtes Kunstwerk zum Betrachten, als auch als Dokument zum Selbstgestalten und Fertigmalen.

## 2. „fake news" oder vertrauenswürdig?

Mit „fake news" erschleichen sich Blender und Verführer das Vertrauen von Menschen, oder untergraben die Glaubwürdigkeit sonst vertrauenswürdiger Quellen. Aus der Perspektive des Deuteronomium waren die anderen Götter im kulturellen Umfeld des Volkes Israel, also auch die anderen Lebensentwürfe und politischen Systeme um sie herum, solche Verführer und Blender. **Für das Deuteronomium sind die Gebote und Worte JHWHs die Richtschnur, um zwischen „wahr" und „fake" zu unterscheiden. Diese Unterscheidung zu treffen, ist für uns heute zu einer alltäglichen Herausforderung geworden.** Wie schaffen wir das? Welche Kriterien legen wir an? Wem glauben wir warum?

Wer entscheidet sich schon für den Tod und den Fluch? So gesehen ist es gar keine Wahl. Aber die Frage ist, ob die Wege, die Mose bzw. das Deuteronomium, bzw. Gott zeigt wirklich zum Leben führen. Es ist also eine Frage, ob man Gott vertraut, eine Glaubensfrage, eine Beziehungsfrage. Was traue ich Gott zu? Welchen Anspruch darf Gott auf mich erheben?

Das Deuteronomium begründet den totalitären Anspruch Gottes auf das Leben der Menschen ...

*   ... mit der erfahrenen und erzählten Geschichte mit Gott, also mit Gottes bereits geprüfter Vertrauenswürdigkeit in der Vergangenheit;
*   ... mit Gottes Macht über die Geschicke der Völker, über Himmel und Erde und Leben und Tod, Wohlergehen oder Niedergang durch Segen und Fluch;
*   ... mit Gottes Liebe zu den Menschen, die auch total ist; (s.u.)
*   ... mit der Nähe von Gottes Wort. (dazu s.u.)

 Tragen Sie mit den TN zusammen, welche Begründungen für die Vertrauenswürdigkeit Gottes in den bisherigen Texten der Bibelwoche und im heutigen Text zu finden sind. Sind diese Argumente für die TN einleuchtend? Was finden sie selbst an Gott vertrauenswürdig?

## 3. Entscheidung über Leben und Tod

Nur selten geht es in unseren Entscheidungen tatsächlich um die Wahl zwischen Leben und Tod. Die, denen wir begegnen, sind oft Entscheidungen, bei denen wir uns im Grenzbereich menschlicher Möglichkeiten bewegen. Wenn es etwa um das Abschalten lebenserhaltender Geräte, um Suizid oder um Abtreibung geht. Manchmal geht es tatsächlich ums Ganze. Ist der Text aus dem Deuteronomium mit seiner deutlichen Parteinahme für das Leben in solchen Situationen eine Entscheidungshilfe?

**Leben und Tod bilden die äußersten Grenzen unserer menschlichen Möglichkeiten. Aber viele kleine Entscheidungen konstituieren den Zwischenraum zwischen Leben und Tod und damit die Qualität des Lebens heute.** Im Freiraum dazwischen kann sich auch Vielfalt und Ambiguität entfalten, existiert auch Raum für unterschiedliche Meinungen.

Was sind für uns existenzielle Fragen, bei denen es ums Ganze geht? Was prägt unser Leben und macht es zu einem Leben mit Gott, mit Christus? Was macht unsere christliche Identität aus? An welcher Stelle ist bei uns der „status confessiones"? Was ist „dieses Gebot, das ich dir heute gebiete"?

 Tragen Sie mit den TN zusammen, welchen Geboten Gottes sie an den Abenden der Bibelwoche begegnet sind, an welche sie sich noch erinnern können. Welches ist das entscheidende Gebot? Was ist den verschiedenen Geboten gemeinsam? Gibt es überhaupt ein „Hauptgebot"?

In Mk 12,28-34 beantwortet Jesus diese Frage mit dem Doppelgebot der Liebe. Im Deuteronomium steht analog die unbedingte Liebesbeziehung zwischen Gott und seinem Volk im Mittelpunkt. Es geht um die Ausschließlichkeit der Bindung an JHWH und die Umsetzung der Liebe in einem gottgemäßen Leben miteinander.

### 4. Umkehr bei Irrwegen

Am Leben zu bleiben, am Leben erhalten werden, ist ein Ausdruck der Fürsorge Gottes und des Plans Gottes. Daher ist es so unbegreiflich, wenn man das Gegenteil erlebt. Die Erfahrung von Unglück, Niedergang, Verzicht wird dann auch zu einer Erfahrung der Anfechtung. Hat Gott uns verlassen, oder haben wir Gott verlassen?

Das Deuteronomium stellt deutlich klar, dass falsche Entscheidungen der Vergangenheit zum Dilemma der Gegenwart geführt haben. Fehlentscheidungen führen zu Konsequenzen, die man dann tragen muss. Die falschen Entscheidungen gefällt zu haben, die falschen Schwerpunkte im Leben gesetzt zu haben, sich den falschen Beratern geöffnet zu haben, hat dazu geführt, das Ziel verfehlt zu haben, eine Grenze überschritten zu haben, ein verbotenes Land betreten zu haben, an einem Ort zu sein, wo man nicht sein sollte.

Aber es geht dem Deuteronomium nicht darum, einen Schuldigen zu finden. Es geht immer um die Gegenwart und um die Zukunft, wenn die Vergangenheit betrachtet wird. Jetzt ist die Zeit, in der eine Entscheidung zu fällen ist. Jetzt ist alles offen. Es kann noch mal neu losgehen. Gott ist bereit, sich zu verändern. Ihr könnt euch verändern. Jetzt ist alles offen. Neuanfang und Umkehr ist möglich, weil Gott den Weg dazu offenhält.

> Und Jesus sagte: „Die Zeit ist erfüllt, und das Reich Gottes ist nahe herbeigekommen. Tut Buße und glaubt an das Evangelium!" (Markus 1,15)

Dass es Abwege und Irrwege in der Vergangenheit gegeben hat, ist offensichtlich. Darum stehen die Menschen jetzt da, wo sie stehen. Aber sie werden nicht auf die Fehler der Vergangenheit festgelegt. Gott hat sich auf die zubewegt. Sie können sich auf Gott zubewegen. **Heute ist ein Neuanfang möglich – und dieses Heute ist nach der Konstruktion des Deuteronomiums jeden Tag wieder ein neues Heute.** Heute ist ein Neuanfang möglich und alles offen. Dass es auch in Zukunft womöglich wieder Abwege und Irrwege geben wird, gehört zum Aufbruch und zum Weg in eine unbekannte Zukunft dazu. Als Wegweiser und Hilfsmittel gegen unnötige Umwege und als Trost bei den Umwegen, die man trotzdem gehen wird, verweist Mose auf die Gegenwart Gottes. Gott hält zu euch. Ihr habt die Wahl, ob ihr auch zu Gott halten wollt.

Das Deuteronomium bietet an, sich mit Gott zu verbünden, weil sich Gott mit uns verbündet im Kampf für eine bessere Zukunft. Und bei jedem Irrweg ist immer eine Umkehr möglich, weil auch Gott sich immer wieder uns zuwendet.

## 5. Offenes Herz

Ein auf Gott ausgerichtetes Herz ist gemäß Dtn 30 die Voraussetzung für eine gute Wahl. Diese Voraussetzung wird aus zwei Perspektiven betrachtet: Einerseits traut es dem Menschen sehr viel zu (es ist in eurem Herzen! v. 14), andererseits erwartet es alles von Gott. (Gott wird eure Herzen beschneiden v. 6).

Die *Beschneidung der Herzen* macht das Hören des Wortes Gottes, das Verstehen und das entsprechende Handeln, also den Gehorsam, erst möglich. **Man kann „Beschneidung" auch mit „Öffnung des Herzens" übersetzen. Inhaltlich geht es also darum, Blockaden zu beseitigen: das, was Gott und der Liebe im Weg steht abzuschneiden.** Das ist schmerzhaft und anstrengend, aber auch befreiend und reinigend. Ein ähnliches Bild gebraucht Jesus in Johannes 15. Dort beschreibt er Gottes ermöglichendes Handeln im Bild des Weingärtners, der die Reben beschneidet und reinigt, damit sie Frucht bringen. In Dtn 30,6 beschneidet Gott die Herzen der Menschen. In Dtn 10,16 sind es die Menschen selbst, die ihr Herz beschneiden sollen.

Wie kann man dafür sorgen, dass das eigene Herz für Gott offenbleibt und auf die Liebe hin ausgerichtet ist? Bernhard von Clairvaux sagt dazu:

> Zieh dich ab und an von dem zurück, womit du dich beschäftigst, dass es dich nicht Stück für Stück zu einem Punkt führt, an den du nicht kommen willst. Du fragst, wo dieser Punkt ist? Dort, wo das Herz verhärtet.

Das Deuteronomium geht davon aus, dass wir die Liebe Gottes zum Vorbild nehmen und durch sie lernen, was lieben heißt (Einheiten 3 und 6). Dem Herzen kommt dabei im Deuteronomium eine besondere Bedeutung zu: Gott trägt uns Menschen und unser Schicksal in seinem Herzen. Von Herzen soll Israel sich zu seinem Gott halten und dann von Herzen seine Entscheidungen treffen. Gottes Gegenwart im Herzen führt dazu, dass die Angst aus dem Herzen verschwindet und dass die Liebe dort Einzug hält. Im Herzen mit Gott vereint zu sein, ist innig und hat Konsequenzen für alle Dimensionen des menschlichen Lebens. Im Herzen kommt das Wort Gottes dem Menschen ganz nah.

## 6. Nähe des Wortes Gottes

Das Wort Gottes ist da. Dadurch ist es sowohl Angebot als auch Irritation. Es ist für jeden zugänglich und erreichbar. Es ist nicht mehr aus der Welt zu schaffen. Man kann es ausprobieren. Es ist eine Vergewisserung. Es ist zuverlässig und überprüfbar. Man kann es nachlesen. Man muss sich nichts mehr von anderen, die es für ihre eigenen Zwecke missbrauchen könnten, erzählen lassen, was Gott angeblich gesagt haben soll. Es ist „in diesem Buch" (29,26f.) jederzeit zugänglich, auch für künftige Generationen.

Es ist nicht im Himmel. **Es ist auf Tafeln geschrieben den Menschen übergeben worden, in die Hände der Menschen übergegangen, die es weiterentwickeln und weitertradieren und daraus ein Buch machten. Damit ist es erreichbar. Es ist verständlich. Aber es geht damit auch das Risiko ein, missbraucht zu werden, missverstanden zu werden.** Unterschiedliche Deutungen sind nun erlaubt. Weiterentwicklung ist erlaubt. Menschliches Verständnis ist erlaubt. Gottes

Wort ist genauso inkarniert wie Gott selbst in Jesus Christus. Gottes Gegenwart ist mitnehmbar, ohne festen Wohnsitz, ohne himmlische Autorität.

Gott ist gespannt, was wir daraus machen, wie wir uns entscheiden. (8,2) Gott traut uns richtige Entscheidungen und ein angemessenes Verstehen zu. Gott widersteht der Versuchung, uns zu manipulieren.

## 7. Die Antwort bleibt offen

Es wird nicht erzählt, wie sich das Volk damals entschieden hat. Vielleicht, weil es letztes Mal, als es so vollmundig war, schiefgegangen ist. Vielleicht weil der Fortgang der Geschichte, der Einzug ins Land und der Gehorsam der Israeliten Josua gegenüber, eine implizite Antwort ist, die glaubwürdiger ist als gesprochene Worte (vgl. 34,9). Vielleicht weil die Antwort im Verborgenen liegt (29,28) und von den eigentlichen Adressaten der Exilsgemeinde eine Antwort erwartet wird.

Sicher, weil sie immer wieder in einem neuen Heute von den aktuellen Hörerinnen / Hörern und Leserinnen / Lesern des Buches erwartet wird.

### Lieder

EG 198    Herr, dein Wort, die edle Gabe
EG 199    Gott hast das erste Wort
EG 605    Herr, gib uns Mut zu hören (GL 448)

Katharina Wiefel-Jenner

### Inhaltlicher Schwerpunkt

Liest man die gesamte Mose-Rede als Vertragstext zum Bundesschluss Gottes mit Israel, dann erläutert dieser Abschnitt, welche Konsequenzen für Israel aus dem Bund folgen würden, wenn Israel den Bund mit Gott nicht achtet. So wie andere Verträge kennt auch der Bund Gottes mit Israel „Vertragsstrafen". Dtn 30,17.18 zählt die Folgen für die Missachtung der Gebote auf. Himmel und Erde werden als Zeugen dafür benannt.

Dieser Abschnitt mit den Folgen und „Vertragsstrafen" hat nicht nur die Israeliten im Blick, die Mose in Moab anredete. Der Text wendet sich im Prinzip an drei unterschiedliche Adressaten. Auf der Erzählebene werden die Israeliten angesprochen, die Mose um sich versammelt hat und die vor dem Übergang über den Jordan in das ihnen von Gott verheißene Land stehen. Aufgeschrieben wurde die Mose-Rede für die Israeliten im babylonischen Exil. Sie werden an den Bundesschluss Gottes und die Verpflichtungen für ihre Mütter und Väter erinnert, die diese missachtet hatten. Die von Mose genannten „Vertragsstrafen" erklären den Israeliten im Exil die Ursache für ihre Lage. Sie deuten die Katastrophe des Exils als Konsequenz aus Israels Missachtung der Bundesverpflichtung. Zugleich weisen die Worte der Mose-Rede über die Katastrophe und das Scheitern Israels am Bund hinaus und eröffnen für alle, die diese Worte lesen, den Raum so zu leben, wie es dem Bund mit Gott entspricht. So richten sich die Worte an jede neue Generation und stellen sie vor die Entscheidung für Gott und sein Gebot oder gegen Gott und sein Wort.

### Materialien und Medien

- Große Papierbögen
- Teilnehmerheft mit dem Bibeltext
- Stifte
- Papier in zwei verschiedenen Farben

### Zur Gestaltung des Abends

#### Liturgische Eröffnung

#### Bibelwochenpsalm mit Zwischentexten:

*Bewahre mich, Gott; denn ich traue auf dich.*
*Ich habe gesagt zu dem HERRN: Du bist ja der Herr!*
*Ich weiß von keinem Gut außer dir.*
**Ganz nah bist du, mein Gott.**
**Ganz nah ist dein Wort,**
**näher als alle Welt,**
**näher als ich mir selbst.**

*An den Heiligen, die auf Erden sind,*
*an den Herrlichen hab ich all mein Gefallen.*
*Aber jene, die einem andern nachlaufen,*
*werden viel Herzeleid haben.*
*Ich will das Blut ihrer Trankopfer nicht opfern*
*noch ihren Namen in meinem Munde führen.*
**Ganz nah bist du, mein Gott.**
**Ganz nah ist dein Wort.**
**Nichts muss ich fürchten,**
**nichts kann mich von dir trennen.**
*Der HERR ist mein Gut und mein Teil;*
*du hältst mein Los in deinen Händen!*
*Das Los ist mir gefallen auf liebliches Land;*
*mir ist ein schönes Erbteil geworden.*
**Ganz nah bist du, mein Gott.**
**Ganz nah ist dein Wort.**
**Ich lebe, weil du mich behütest.**
**Aus deinen Händen empfange ich alles.**
*Ich lobe den HERRN, der mich beraten hat;*
*auch mahnt mich mein Herz des Nachts.*
*Ich habe den HERRN allezeit vor Augen;*
*er steht mir zur Rechten, so wanke ich nicht.*
**Ganz nah bist du, mein Gott.**
**Ganz nah ist dein Wort.**
**Du machst den Tag hell.**
**Du vertreibst die Angst der Nacht.**
*Darum freut sich mein Herz, und meine Seele ist fröhlich;*
*auch mein Leib wird sicher wohnen.*
*Denn du wirst meine Seele nicht dem Tode lassen*
*und nicht zugeben, dass dein Heiliger die Grube sehe.*
**Ganz nah bist du, mein Gott.**
**Ganz nah ist dein Wort.**
**Mit meinen Händen strecke ich mich aus nach dir.**
**Mit meinen Augen sehe ich,**
**wie der Tod vor dir flieht.**
**Mit meinem Mund bekenne ich dir, mein Gott:**
*Du tust mir kund den Weg zum Leben:*
*Vor dir ist Freude die Fülle und Wonne zu deiner Rechten ewiglich.*

### Auf den Text zugehen (20 min)

*Impuls:* In Krisenzeiten tritt der Gegensatz zwischen Glück und Unglück, Leben und Tod, Segen und Fluch besonders deutlich hervor. In der Krise dominieren das Unglück, die Nähe des Todes und das Gefühl, unter einem Fluch zu leben. In Krisen fragen die Menschen nach dem Warum und den Ursachen für Unglück, Tod und Fluch. Sie fragen danach, ob die Krise vermeidbar gewesen wäre. Sie fragen nach Gott und danach, welche Wege es aus der Krise gibt.

Auch Israel stellte sich im babylonischen Exil diese Krisen-Fragen und unser Abschnitt aus der Mose-Rede behandelt sie.

- Die TN lesen Dtn 30,15-18.
- Die TN versetzen sich in die Lage Israels im babylonischen Exil.
- Die TN teilen sich in zwei Gruppen auf. **Die erste Gruppe** überlegt, welche Fehler Israel gemacht hat (je konkreter desto besser), sodass die Katastrophe des Exils unvermeidlich wurde. Die Fehler werden auf einzelnen farbigen Blättern notiert. **Die zweite Gruppe** überlegt, was Israel hätte tun können, um das Exil vermeiden. Die Ergebnisse werden auf einzelnen Blättern in einer zweiten Farbe notiert.
- Die beiden Gruppen behalten ihre Blätter noch.

## 2. Dem Text begegnen (30 min)

*Impuls*: Durch die Mose-Rede lernt Israel, dass durch die Krise das Entscheidende nicht in Frage gestellt ist: Die Beziehung zu Gott bleibt. Die Krise ist eine Folge der Missachtung der Gebote Gottes, aber Gott selbst bleibt der Gott seines Volkes auch in der Krise. In seinem Wort ist Gott gegenwärtig und Gottes Wort stellt die Beziehung zu Gott sicher.

- Die TN lesen Dtn 30,11-14.
- Die TN teilen sich wieder in die beiden Gruppen und versetzen sich in die Lage Israels im Exil. Sie überlegen, welche Wirkung die Verse 11-14 auf Israel gehabt haben wird. Dabei bezieht jede Gruppe ihre Ergebnisse des vorigen Arbeitsschritts mit ein. Sie ergänzen die Notizen aus ihrem ersten Arbeitsschritt (s. oben).
- Die Gruppen benennen eine Person aus ihrer Mitte, die das Wort verkörpert. Diese Person identifiziert sich mit den Aussagen über Gottes Wort in den Versen 11-14.
- Die beiden Gruppen berichten abwechselnd von den Fehlern, die Israel gemacht hat bzw. was zur Vermeidung des Exils nötig gewesen wäre. Sie überreichen der Person, die das Wort verkörpert, ihre Blätter. Diese antwortet jeweils auf die Aussagen und Überlegungen aus den Gruppen, indem sie aus den Versen 11-14 vorliest. Dazu kann sie z.B. sagen: „Ich bin das Wort, wenn ihr mich gehört hättet, dann …" Anschließend legt sie die Blätter mit den Notizen in die Mitte bzw. heftet sie an eine Tafel.

Abhängig von der Gruppengröße und der Bereitschaft der TN können auch mehrere Personen das Wort verkörpern.

## 3. Mit dem Text weitergehen (20 min)

*Impuls*: Der Textabschnitt betont am Anfang, dass Mose **heute** spricht. „Das Gesetz, das ich euch heute gebe …" Dieses **Heute** reicht über die Gegenwart der Israeliten am Ufer des Jordans und im babylonischen Exil hinaus. Der biblische Mose stellt Israel vor die Wahl, den Bund mit Gott zu halten oder sich von Gott abzuwenden. Diese Wahl ist gleichbedeutend mit einer Wahl zwischen Leben und Tod, Glück und Unglück, Fluch und Segen, Gott zu lieben und zu gehorchen oder Gott nicht zu lieben und Gott nicht zu gehorchen.

Da das **Heute** des Mose auch unser Heute ist, hat auch die heutige Generation die Wahl zwischen Leben und Tod, zwischen Segen und Fluch, Gott zu lieben und zu gehorchen oder Gott nicht zu lieben.

→ Die TN überlegen im Zweiergespräch, bei welchen Themen sich heute die Wahl zwischen Leben und Tod, Fluch und Segen, Gott lieben und gehorchen oder Gott nicht lieben und gehorchen, stellt.

→ Danach werden die Themen im Plenum zusammengetragen und notiert. Anschließend werden die wichtigsten Themen ausgewählt und als Frage an die Kirche, die eigene Gemeinde und sich selbst gestellt.

→ Wenn es möglich ist und die Person, die im vorigen Abschnitt das Wort verkörpert hatte, sich dazu bereitfindet, kann diese Person die Fragen z.B. mit den Worten kommentieren: „Ich bin das Wort. Ich stelle euch heute vor die Wahl … *Nennung des Themas* … Wählt das Leben!"

## Liturgischer Abschluss

→ **Lied**: Laudate omnes gentes (EG 181.6 / GL 386)

→ **Gebet**:

*Ganz nah ist dein Wort,*
*barmherziger Gott.*
*Ganz nah bist du.*
*Heute bist du da.*
*Heute sprichst du zu uns.*
*Du willst, dass wir das Leben wählen.*
*Wir danken dir für dein Wort,*
*für deine Nähe,*
*für deine Gegenwart*
*heute und alle Tage*
*in Jesus Christus, deinem Sohn und unserem Herrn.*
*Amen.*

→ **Vaterunser**

→ **Segen**

**Johannes Beer**

*Josef Ebnöther: „Wähle das Leben, damit du lebst" 2018,*
*Mischtechnik auf Papier, 73 x 52,5 cm*

Bei dieser Arbeit von Josef Ebnöther fällt als erstes der dunkle untere Teil des Bildes auf, der deutlich mehr als ein Drittel der Fläche einnimmt. Dieser Teil ist in Brauntönen mit zwei dunkelgrünen Blöcken rechts und links und einem blauen und grünen Mittelfeld gearbeitet. Eine weiße Unterbrechung öffnet sich am rechten Rand. Rote Linien und kurze Striche überlagern den mittleren Bereich. Dieselbe Farbigkeit ist uns schon bei dem Bild von Josef Ebnöther zu Mose Tod bei dem aufgebahrten Mose im Sarg begegnet und vor allem beim unteren Teil des Segen-Fluch-Bildes von Josef Ebnöther. Auch bei diesem Bild jetzt erinnern mich die roten Striche und Formen wieder an Fegefeuer-Darstellungen. Hier wird für mich abstrahiert die christliche Bildsprache der Unterwelt, des Reiches des Todes, ja der Hölle zitiert.

Im oberen Teil des Bildes finden wir die bekannte senkrechte der Dreiteilung mit zwei gelborangenen Feldern und einem blauen in der Mitte. In diesem blauen Feld sind wieder helle Striche und weiße Felder, wobei diese einen kleinen schwarzen Strich im unteren Bereich haben, der an einen Stiel erinnert, so dass diese weißen Felder wie helle, strahlende Blüten wirken. Da der blaue Bereich in diesen Bildern von Josef Ebnöther für den Raum Gottes steht, ist hier mit den herabschwebenden Blüten das Wirken Gottes und sein Wort symbolisiert.

Die beiden gelborangenen Bereiche, die ja in diesen Bildern von Josef Ebnöther für den Raum der Menschen stehen, werden jeweils von einer hochaufwachsenden Blume geprägt. Sie wurzelt mit ihrem roten Stiel tiefer, als der Bildraum reicht, und wächst fast bis zum oberen Rand. Ihre Blüten flankieren den weißen Balken, der wie eine Überschrift die Worte „Wähle das Leben" trägt.

Erst langsam bei genauerer Betrachtung erschließt sich, dass das dunkle blaue Feld im unteren dunklen Bereich nichts Eigenständiges ist, sondern die schattenhafte Fortführung des blauen Streifens aus dem oberen Bildteil. Gottes Wirken reicht also bis in das Totenreich, so dass auch die Blumen, die Symbole des neu sprießenden Lebens, dem entwachsen können. Wenn wir uns an Gott orientieren, werden wir leben.

# Ökumenischer Bibelsonntag 2020:
# Du zeigst uns deine Herrlichkeit (Dtn 5,24)

erarbeitet von: B. Densky (ACK/BEFG), Dr. M. Linnenborn (Röm.-Kath.), S. Morrison (SELK); C. Miron (Griech.-Orth.), J-H. Wanink (Alt-Reform.), L. Grüning (EKD);

## Einführende Überlegungen / Informationen zum Gottesdienst

*Der Gottesdienst wurde von einer multilateralen Arbeitsgruppe der Arbeitsgemeinschaft Christlicher Kirchen in Deutschland erarbeitet.*

*Er lässt sich so feiern, wie in diesem liturgischen Ablauf abgedruckt. Die Arbeitsgruppe zeigt an einzelnen Stellen alternative Möglichkeiten auf und stellt damit Gottesdienst-Bausteine für den ökumenischen Bibelsonntag zur Verfügung die anregen sollen, vor Ort einen eigen geprägten Gottesdienstablauf zu erarbeiten, der im ökumenischen Feiern den Gott ehrt, der uns durch seine begleitende Gegenwart Wege öffnet und stark macht.*

### Abkürzungen
EG – Evangelisches Gesangbuch
GL – Gotteslob
GEmK – Gesangbuch der methodistischen Kirche
Thuma Mina – Internationales Ökumenisches Liederbuch, München 1995

### Versammelt in Jesu Namen
..................................................................................................................................

### Präludium/Lied
| | |
|---|---|
| GL 381 | Dein Lob, Herr, ruft der Himmel aus |
| GL 551 | Nun singt ein neues Lied dem Herren |
| GEmK 414 /GL 487 | Nun singe Lob, du Christenheit |
| GEmK 401 /EG 262 | Sonne der Gerechtigkeit |

### Liturgische Eröffnung
*(Alternativ kann entsprechend der jeweiligen Tradition der Gemeinde(n) vor Ort eröffnet werden – z.B. mit Bibelwort: Wochenspruch, Tageslosung und Gebet)*

**L** Im Namen des Vaters und des Sohnes und des Heiligen Geistes.
**A** Amen
**L** Gnade sei mit euch und Friede von Gott, unserem Vater, und dem Herrn Jesus Christus. (1.Kor 1,3)
**L** Lasset uns beten: Liebender Gott, in deinen Sohn Jesus Christus zeigst du uns deine Liebe und deine Herrlichkeit. In ihm kommst du uns nahe, richtest uns auf und verbindest uns in dir. Wir bitten dich für diesen Gottesdienst und für unser Zeugnis in der Welt:
**A** Hilf uns deine Liebe und deine Herrlichkeit zu bezeugen.
**L** Amen

### Einführung in den Gottesdienst

**L** Lichtvolle Momente gibt es immer wieder mal in unserem Leben. Da kommt es uns spontan über die Lippen: „Ist das herrlich!" Davon können wir auch in unserem Alltag zehren: Ein Naturerlebnis, ein großartiges musikalisches Werk, die Begegnung mit Menschen.
Das Volk Israel hat die Erfahrung, Gott zu begegnen, mit Herrlichkeit in Verbindung gebracht. Herrlichkeit und Heiligkeit, so können Menschen Gottes Gegenwart umschreiben. Gott will uns seine Herrlichkeit zeigen, wie es schon das Volk Israel erfahren hat.
Gottes Herrlichkeit wurde für uns sichtbar in seinem Sohn Jesus Christus, dem Fleisch gewordenen Wort des Vaters. Er hat uns hier zusammengeführt, aus den verschiedenen Traditionen des christlichen Glaubens, in denen wir leben. Ihn grüßen wir in unserer Mitte und bitten ihn um sein Erbarmen.

### Kyrie

(Die Gemeinde antwortet mit einem gesprochenen oder gesungenen Kyrie
*z.B. EG 178.9 (orthodox) Kyrie*
   *EG 178.12 (Taize) Kyrie*
   *EG 178.11 (Pert Janssens, 1972) Herr, erbarme dich*
*oder ökumenisch würde auch gut passen: EG 178.10 (Josef Seiffert, 1964) Herr erbarme dich (im alten Gotteslob Nr. 358,3)*

**L** Herr Jesus Christus, du hast uns als deine Gemeinde versammelt, du rufst uns zur immer größeren Einheit im Glauben an dich.– Herr, erbarme dich.
**A** Herr, erbarme dich.
**L** In deinem Wort bist du in unserer Mitte gegenwärtig. Durch dich strahlt Gottes Herrlichkeit in unserem Leben auf.– Christus, erbarme dich.
**A** Christus, erbarme dich.
**L** Du stärkst uns im Glauben, in der Hoffnung und in der Liebe. Du sendest uns aus, dass wir Zeugnis geben von deiner Herrlichkeit. – Herr, erbarme dich.
**A** Herr, erbarme dich.
**L** Der Herr erbarme sich unser. Er nehme von uns, was uns trennt von ihm und voneinander, unsere Sünde und Schuld, und führe uns zum ewigen Leben. Amen.

**Lied: Ehre sei Gott**

*(trad. slawische Melodie)* © *Constantin Miron*

**Alternativen: Große Doxologie** (siehe Ergänzungsmaterial auf der DVD) griechisch mit Übersetzung oder ein anderes „Gloria" Lied: **EG 535**: Gloria sei dir gesungen, **GEmK 461** (Taizé): Gloria, gloria, gloria Patri et Filio, **GL 105:** Gloria in excelsis Deo et in terra pax;

**Tagesgebet**

*Herr, unser Gott*
*Du hast uns ins Leben gerufen,*
*Du rufst uns ein Leben lang.*
*Im Lärm unseres Lebens,*
*im Alarm unserer Zeit.*
*Die stille Nacht ist längst verklungen,*
*mit ihrem Lobgesang der Engel.*
*Lass uns aufs Neue jenen vollen Klang hören,*
*lass uns Deine Herrlichkeit schauen*
*wecke in uns die Sehnsucht nach Dir und Deiner Herrlichkeit. Amen*
*©J-H. Wanink*

Alternative:

*Gott.*
*Du bist uns nahe,*
*noch bevor wir zu dir kommen.*
*Du bist bei uns,*
*noch bevor wir uns aufmachen zu dir.*
*Sieh deine Gemeinde, die auf dich schaut:*
*Sieh unsere Sehnsucht nach Glück,*
*unseren Willen zum Guten*
*und unser Versagen.*
*Erbarme dich unserer Armut und Leere.*

*Fülle sie mit deinem Leben,*
*mit deinem Glück,*
*mit deiner Liebe.*
*Darum bitten wir durch Jesus Christus, unseren Bruder und Herrn.*
*Messbuch © 2019 staeko.net*

## Du zeigst uns deine Herrlichkeit (5. Mose 5,24) – Gottes Wort hören

### Lied
Wer Gottes Wort hört und lebt danach © Ulrich Walter,2004
(aus: Kinder-Kirchen-Hits oder Liederbuch: Lebensweisen)
GEmK 427 Das Wort aus Gottes Herz und Mund
GEmK 429 Gottes Wort ist ein Licht in der Nacht

### Schriftlesung
Deuteronomium (5. Mose) 5,23-29 (Predigttext)

### Psalm
Psalm 104, 1-4+24+27-31

### Halleluja
z.B. GL 174.1 oder 174.2

### Evangelium
Johannes 1,1-5+9-14

### Halleluja
z.B. GL 174.1 oder 174.2

### Predigt: 5. Mose 5, 23 – 29

#### Impuls – Grundgedanken zum Thema Herrlichkeit im Gesetz
In Dtn 5, 23-33 wird Herrlichkeit Gottes (v. 24) und Gebote Gottes (v. 29) in Zusammenhang gebracht. Am ehesten erinnert das an Psalm 119,18: Öffne meine Augen, damit ich schaue die Wunder aus deinem Gesetz. (Elberfelder Bibel). Oder auch an Psalm 19,8: Das Gesetz des HERRN ist vollkommen und erquickt die Seele; das Zeugnis des HERRN ist zuverlässig und macht den Einfältigen weise (Elberfelder Bibel). Dies setzt voraus, dass man die Herrlichkeit mit Vollkommenheit gleichsetzt.
Beim Nachdenken über den Zusammenhang zwischen Herrlichkeit und Gesetz legt sich der Schluss nahe, dass dieser Zusammenhang im Sinne einer Heiligung des Lebens verstanden werden kann. In den Geboten steckt ein Anteil der Herrlichkeit Gottes, folgen wir diesen Geboten, gewinnen wir Anteil an der Herrlichkeit. Befolgen der Gebote Gottes ist also gleichbedeutend mit der Heiligung des Lebens. 3. Mose 20,7f: So sollt ihr euch heiligen und sollt heilig sein, denn ich bin der HERR, euer Gott, und sollt meine Ordnungen einhalten und sie tun. Ich bin der HERR, der euch heiligt.

Dem entspricht es neutestamentlich, wenn Jesus in der Bergpredigt über die Erfüllung des Gesetzes redet. Mt 5,48: „Ihr nun sollt vollkommen sein, wie euer himmlischer Vater vollkommen ist." Paulus formuliert: Denn Gott hat uns nicht zur Unreinheit berufen, sondern in Heiligung. Deshalb nun, wer dies verwirft, verwirft nicht einen Menschen, sondern Gott, der auch seinen Heiligen Geist in euch gibt (1. Thessalonicher 4,7f). In Bezug auf Jesus Christus bedeutet dies: „Wen Gott nämlich auserwählt hat, der ist nach seinem Willen auch dazu bestimmt, seinem Sohn ähnlich zu werden." (Römer 8,29)

*Eine ausformulierte Predigt und Andachten / Impulse zum Text finden auch sich auf der DVD*

### Instrumentalmusik oder Chor

### Im Glauben antworten

. . . . . . . . . . . . . . . . . . . . . . . . . . . . . . . . . . . . . . . . . . . . . . . . . . . . . . . . . . . . . . . . . . . . . . . . . . . . . . . . . . . . . . . . . . .

### Kreative Möglichkeit / Zeugnis oder Lobpreisgebet / Lied zum Thema Herrlichkeit Gottes entdecken

Wenn mit mehreren Gemeinden in ökumenischer Gemeinschaft gefeiert wird, besteht hier die Möglichkeit, Zeugnisse im Vorfeld von einzelnen Gemeindegliedern der verschiedenen Gemeinden zu den untenstehenden Fragen zu erbitten.

Im Gottesdienst selbst könnten Karten und Stifte bereitliegen, auf denen Teilnehmer / Teilnehmerinnen notieren können:

* Wo habe ich Gottes Herrlichkeit erlebt / "geschaut"?
* Wo begegne ich Gott? Wo ist mir Gott in seiner Herrlichkeit begegnet?
* Was hilft mir dabei, Gottes Herrlichkeit „zu schauen"?

Danach kann die Möglichkeit angeboten werden, darüber miteinander ins Gespräch zu kommen (z.B. mit dem Sitz-Nachbarn, oder in Kleingruppen, Bienenkörben, etc.).

### Vorschlag Lobpreislied

GL 414   Herr, unser Herr, wie bist du zugegen

### Vorschlag Lobpreisgebet

**L**  Heiliger Gott.
  Du bist unsagbar größer,
  als wir Menschen begreifen,
  du wohnst im unzugänglichen Licht,
  und doch bist du uns nahe.

**A**  GEmK 469: „Hagios ho Theos" (Heiliger großer Gott)
  **oder**
  GEmK 468 / GL 386: „Laudate omnes gentes"

**L**  Deine Herrlichkeit erkennen wir in dem,
  was du an uns getan hast:
  Du bist uns mit der Macht deiner Gottheit zu Hilfe gekommen

und hast uns durch deinen menschgewordenen Sohn
Rettung und Heil gebracht.

**A** GEmK 469: „Hagios ho Theos" (Heiliger großer Gott)
GEmK 468 / GL 386: „Laudate omnes gentes"

**L** Durch seinen Tod und seine Auferstehung
hat er uns von der Sünde und von der Knechtschaft des Todes befreit
und zur Herrlichkeit des neuen Lebens berufen.

**A** GEmK 469: „Hagios ho Theos" (Heiliger großer Gott)
GEmK 468 / GL 386: „Laudate omnes gentes"

**L** In ihm sind wir ein auserwähltes Geschlecht,
dein heiliges Volk, dein königliches Priestertum.
So verkünden wir die Werke deiner Macht,
denn du hast uns aus der Finsternis in dein wunderbares Licht gerufen.

**A** GEmK 469: „Hagios ho Theos" (Heiliger großer Gott)
GEmK 468 / GL 386: „Laudate omnes gentes"

**L** Stärke uns durch deinen Heiligen Geist,
damit wir durch unser ganzes Leben Zeugnis geben
von deinem Licht und von deiner Herrlichkeit.
Dir sei Lob und Preis, heute und in Ewigkeit.

**A** GEmK 469: „Hagios ho Theos" (Heiliger großer Gott)
GEmK 468 / GL 386: „Laudate omnes gentes"

## Glaubensbekenntnis
- Nicänum in ökumenischer Fassung, wenn orthodoxe Christen mitfeiern. In der ökumenischen Fassung entfällt im Artikel über den Heiligen Geist das erste „und dem Sohn". Es heißt: „der aus dem Vater hervorgeht".
- Apostolisches Glaubensbekenntnis
- Als gesungenes Bekenntnis: GL 355 bzw. EG 184: „Wir glauben Gott im höchsten Thron"
- oder ein anderes Bekenntnislied

## Fürbitten mit Gebetsruf
*Der Gebetsruf kann gesprochen oder gesungen werden*

**Gesprochen**: auf das „Christus, höre uns!" antwortet die Gemeinde: „Christus, erhöre uns!" Nach jeder Fürbitte – vor dem „Christus, höre uns!" – sollte auf einen Moment der Stille geachtet werden. Das „Christus, höre uns! – Christus, erhöre uns!" entfällt, wenn die Gemeinde mit einem der folgenden Kehrverse antwortet.

**Gesungen**: z.B. GL 632,1      Erhöre uns Herr
Oder: Thuma Mina 156      „O Lord hear my prayer"

**L** Lasst uns nun Fürbitte halten und unsere Bitten unserem Herrn Jesus Christus anvertrauen.

**L** Lasst uns beten für alle, die in unseren Kirchen und Gemeinschaften Leitungsverantwortung tragen, die um den rechten Weg in unserer Zeit ringen und oft Verzagtheit in ihrem Herzen spüren. *(Stille)* Christus, höre uns.

**A** **Christus, erhöre uns! oder z.B. „O Lord hear my prayer!"**

**L** Beten wir für die Menschen, die durch das Handeln oder Unterlassen von Verantwortlichen Verletzung an Leib und Seele, Missbrauch und Enttäuschung erfahren haben, auch für jene, die keinen anderen Weg sahen, als die Gemeinschaft ihrer Kirche zu verlassen. *(Stille)* Christus, höre uns.

**A** **Christus, erhöre uns! oder z.B. „O Lord hear my prayer!"**

**L** Lasst uns beten für unsere Schwestern und Brüder, die auch unter schwierigen Bedingungen mit Zuversicht und Freude Zeugnis geben von Gottes Herrlichkeit und Liebe. *(Stille)* Christus, höre uns.

**A** **Christus, erhöre uns! oder z.B. „O Lord hear my prayer!"**

**L** Beten wir für alle Menschen, die unter Krieg, Not und Gewalt leiden, die ihre Heimat verlassen und ein Leben in Sicherheit und Frieden erhoffen. Beten wir auch für die Frauen und Männer in den Regierungen und Parlamenten unseres Landes und Europas, die Wege suchen, um die Situation der Menschen zu verbessern und ihnen zu helfen. *(Stille)* Christus, höre uns.

**A** **Christus, erhöre uns! oder z.B. „O Lord hear my prayer!"**

**L** In einem Moment der Stille sprechen wir in unserem Herzen unsere persönlichen Anliegen aus. (oder noch eine Fürbitte aus aktuellem Anlass)

### Vater unser

**L** Alle unsere Bitten fassen wir zusammen in dem Gebet, das der Herr uns gelehrt hat.

oder:

**L** Wir haben den Geist empfangen, der uns zu Kindern Gottes macht. Darum wagen wir zu sprechen:

**A** Vater unser im Himmel ...

### Friedensgruß

**L** Wir sind alle berufene Zeugen der Herrlichkeit Gottes zu sein. Das sind wir, indem wir seiner Friedensverheißung vertrauen und uns seinen Frieden zusprechen. Gebt einander ein Zeichen des Friedens.

### Kollekte

*(den Kollektenzweck legt jede Gemeinde vor Ort fest, ein Vorschlag findet sich unten)*

**L** Weil wir aus der Fülle Gottes leben, wollen wir mit denen teilen, die unsere Solidarität brauchen. Die Konkretion erfolgt vor Ort z.B.: die nicht im Frieden leben / unserer Partnergemeinde, etc. Mit unserer Kollekte zeigen wir ihnen unsere Verbundenheit.

**Kollektenvorschlag**

Projekt: Die christliche Jugend zum Umgang mit Gottes Wort ermächtigen.

Die Christen in Pakistan machen 1,6% der Bevölkerung aus. Sie gehören meist zur armen Unterschicht. Viele von ihnen können nicht lesen und schreiben. So wissen sie auch wenig vom Wort Gottes und können auch keine Auskunft geben, wenn Muslime ihnen Fragen stellen über ihren Glauben. Wie viele Götter verehren Christen? Esst ihr in der Fastenzeit? Was bedeutet Trinität? Gerade junge Menschen brauchen hier dringend Hilfe. Denn sie sind die Grundpfeiler des Christentums in Pakistan. Darum gibt es Programme, die sie in die Lage versetzen sollen, als mündige Christen zu leben und im Dialog mit Muslimen Auskunft über ihren Glauben zu geben. Schritte dazu sind z. B. für junge Menschen in Pakistan:

- Jugend durch das Wort Gottes mit den Inhalten ihres Glaubens vertraut machen
- Täglich Bibel lesen
- Aufgaben erkennen, wo immer sie leben und arbeiten
- Der Kirche helfen, Jugendliche als Träger von Gottes Wort zu sehen
- Eine einzige Person kann etwas ändern in der Familie, eine Familie ändert etwas in der Gesellschaft, die Gesellschaft ändert eine Nation.

Mit ihrer Spende ermöglichen Sie den Druck von Bibeln und Lernmaterialien, Kurse für junge Menschen und Zusammenkünfte von christlichen Jugendlichen an mehreren Orten in Pakistan.

Spendenkonto: Liga-Bank
IBAN: DE94750903000006451551
BIC: GENODEF1MO5

**Lied**

| EG 395 / GEmK 387 | Vertraut den neuen Wegen |
| GL 453 / GEmK 488 | Bewahre uns Gott, behüte uns Gott |
| GL 446 / GEmK 573 | Lass uns in deinem Namen Herr |

**Raum für Mitteilungen**

## Sendung und Segen

**Segen**

**L** Geht mit dem Segen dessen, der uns (euch) im Glanz seiner Herrlichkeit und Liebe leben lässt.

**L** Der Friede Gottes, der alles Verstehen übersteigt,
bewahre unsere (eure) Herzen und Gedanken
in der Gemeinschaft mit Christus Jesus. –
Und so segne uns (euch) der allmächtige Gott,
der Vater und der Sohn und der Heilige Geist.

**A** Amen.

**Postludium oder Gemeindelied**

# Medienempfehlungen

Roland Kohm

Die aufgeführten Dokumentarfilme und Kurzspielfilme erschließen zu den jeweiligen Themen weitere Zugänge und können mit ihren Bildern den Blick weiten und auch kritische Impulse liefern. Gerade die Kurzspielfilme erlauben mit lebensnahen Geschichten die biblische Realität mit der Gegenwart zu verbinden. Reizvoll dabei ist immer wieder, wie unterschiedlich die Wahrnehmungen der Zuschauer sind und wie diese unterschiedlichen Perspektiven die Auseinandersetzung und die Diskussion über den biblischen Text bereichern können.

### Vergesst nicht (Arbeitstitel)

Zur Einführung in das Deuteronomium gibt es einen Erklärfilm der deutschen Version des Bibel-Projekts, das eine nichtkommerzielle Nutzung des Films gestattet. Betrieben wird die deutsche Plattform von dem 2016 in Lemgo gegründeten gemeinnützigen Verein *visio:media e.V.* Der Verein hat sich zur Aufgabe gesetzt christliche Medienprojekte zu realisieren.
https://dasbibelprojekt.de/videos/deuteronomium/
https://dasbibelprojekt.de/fuenf-buecher-mose/

### Begegnung mit der Bibel, Nummern 04 und 05: Mose und Aaron – Exodus

*Hans-Werner Schmidt, Deutschland 1992, je 15-20 Min, farbig, Kurzspielfilme, ab 12 Jahren*
Zur Illustration der Mose-Geschichte eignen sich die Folgen 04 und 05.
*   4. Folge: Tanz um das goldene Kalb (2. Mose 32-34). Der Rückfall des erwählten Volkes in den Götzendienst.
*   5. Folge: Exodus (2. Mose 3-12). Auszug aus der Sklaverei. Berufung Moses und Auszug der Israeliten aus Ägypten.

## 1. Gott zieht voran (Dtn 34,1-12)

### Der Sinn des Lebens

*Animationsfilm, Deutschland 2018, 2 Min, ab 14 Jahren*
„Sinn des Lebens" ist ein Filmsampler; die Empfehlung bezieht sich auf den dort enthaltenen Animationsfilm „Megatrick" (2 Min.): Eine Zeichnerin möchte mit einem Trick eine gerade Linie zeichnen. Doch sie erreicht den anvisierten Punkt nur auf Umwegen – eine Metapher auf das Leben, in dem man sich ebenfalls Ziele setzt und sie nicht geradlinig erreicht. Am Ende steht das Leben mit all seiner Dynamik und seinen Wirrungen da – das genaue Gegenteil einer statischen Linie.

### Anregungen und Fragen zur Diskussion
*   Wie spiegelt sich die kurze Handlung in Ihrer eigenen Lebensgeschichte wider?
*   Worin erkennen Sie Parallelen zum Deuteronomium?
*   Was gibt Kraft, die Hoffnung nicht zu verlieren und das Ziel im Auge zu behalten?

### Die Enthüllung der Bibel

*Thierry Ragobert, Frankreich / Deutschland 2005, 4 x 52 Min., farbig, Dokumentarfilmreihe mit ausführlichem und vielfältigem didaktischem Material, ab 16 Jahren*

Die vierteilige Dokumentationsreihe hinterfragt fakten- und textkritisch die Aussagen der Bibel und zieht hierzu neue archäologische Funde heran. Dabei wird die Verlässlichkeit der Bibel als historische Faktenquelle stark relativiert. Es geht dabei um folgende Fragen: Was wissen wir über die Patriarchen, den Exodus, die Landnahme oder die Rolle des Deuteronomiums? Im Zusammenhang der Bibelwoche gibt Folge 2 wichtige Hintergrundinformationen. Sie beschäftigt sich mit der Zeit des Exodus über die Zeit König Hiskia bis hin zu König Josia.

## 2. Ich bin dein Gott (Dtn 5,1-22)

### Die Macht der zehn Gebote
*Friedel Klütsch, Deutschland 2012, 44 Min, farbig, Dokumentarfilm aus der zweiteiligen Reihe „Terra X – Bibelrätsel", ab 14 Jahren*
Die Dokumentation geht der Frage nach, warum die Zehn Gebote als einzige Gesetzessammlung aus der Zeit des Alten Orients bis heute Bestand haben. Begleitet von Margot Käßmann befasst sich die filmische Recherche mit der Erfolgsgeschichte der Zehn Gebote, die sich bis in die Formulierungen moderner Rechtsordnungen hinein verfolgen lassen.

### Anregungen und Fragen zur Diskussion
* Was sagt der Film über die Entstehung und Bedeutung der Zehn Gebote? Welche Aussagen werden zu Mose gemacht?
* Margot Käßmann bezeichnet sich im Film selbst als „Glaubende". Wie ist ihr Zugang zur Bibel?
* Worin drückt sich die heutige Bedeutung der Zehn Gebote aus? Welche Beispiele führt der Film an?
* Welche Rolle spielen Regeln und Gebote in ihrem Alltag? Helfen Ihnen die Zehn Gebote bei Entscheidungen und schwierigen Situationen?
* Kann man durch die Befolgung der Zehn Gebote Gott näher sein?
* Was macht Ihrer Meinung nach die Attraktivität dieser Regeln aus? Welche Beispiele führt der Film an?

## 3. Treue zu Gott (Dtn 6, 4-9 + 20-25)

### Die 10 Gebote: 01. Banker's Blues
*Ilyas Mec, Deutschland 2009, 29 Min, farbig, Dokumentarfilm, ab 14 Jahren*
Die Lebensgeschichte des Bankers und Unternehmensberaters Rudolf Wötzel erfährt auf dem Höhepunkt seiner Karriere eine überraschende Wendung: Die Hinwendung zu neuen Lebenswerten wie Freundschaft und Gelassenheit. „Dieses goldene Kalb hat mich angelächelt und ich hab' es angehimmelt". Mit diesem Satz beschreibt Rudolf Wötzel seine damalige Lebenseinstellung und bringt sie damit in biblische Zusammenhänge. Der Film liefert Impulse, eigene Ideale zu überdenken.

### Anregungen und Fragen zur Diskussion
* Wie nehmen Sie das Leben von Rudolf Wötzel wahr? Was hat ihn zur Veränderung bewogen? Ist das eine Umkehr zur Religion?
* Was würden Sie ihm raten?

- Was können Sie aus seiner Geschichte lernen?
- Wie können wir zu Gott im Alltag finden?

## 4. Segen und Fluch (Dtn 7,1-10)

### How long, not long
*Michelle Kranot / Uri Kranot, Dänemark 2016, 6 Min, farbig, Animationsfilm, ab 14 Jahren*
Der animierte Experimentalfilm taucht Szenen aus TV-Nachrichten und der Geschichte, sowie Bilder von Flüchtenden und sich begegnenden Menschen in schöne, verfremdende Farben und montiert sie zu einer eindrücklichen Collage für Toleranz und Menschenrechte. Im Zentrum steht ein Zitat aus einer bekannten Rede Martin Luther Kings, das die Menschheit zu Besonnenheit und Verantwortungsbewusstsein mahnt.

### Anregungen und Fragen zur Diskussion
- Was hat Sie beim Film besonders angesprochen? Welche Gefühle löst er aus?
- Auf welche Ereignisse spielt der Film an? Was blieb unverständlich?
- Welche Rolle spielt Religion in dem Film? Welche Gefahren gehen von Religion aus?
- Wie kann christlicher Glaube konsequent gelebt werden, jenseits von Engstirnigkeit und Radikalisierung?

## 5. Dankbarkeit (Dtn 8,1-20)

### Der Sinn des Lebens – Armadingen
*Philipp Käßbohrer / Anne Isensee / Sebastian Freisleder, Deutschland 2018, 1 Kurzspielfilm 26 Min., ab 14 Jahren*
In „Armadingen" aus dem Filmsampler „Der Sinn des Lebens" verändert die Nachricht vom nahen Weltende das eintönige Leben eines älteren Paares grundlegend. Mit einem Mal sieht der Protagonist Walter die Welt neu und sich selbst mit existenziellen Fragen konfrontiert. Walter ist gezwungen, sein Leben und seine Ehe zu überdenken. Wird er sich für ein neues Leben in Vertrauen auf die Liebe entscheiden? Das Ende bleibt offen, doch Walter hat begonnen, dankbar zu sein und sich zu verändern.

### Anregungen und Fragen zur Diskussion
- Wie und warum verändert sich Walter? Welches Motiv verändert seine Perspektive? Welche Rolle spielen dabei Erinnerungen?
- Was beginnt er in seinem Leben zu schätzen?
- Womit versucht Walter in den letzten Lebensstunden Sinn zu erfahren bzw. welche Antwort gibt der Film auf die Sinnfrage?
- Wie könnte ein Dankgebet Walters lauten?

## 6. Mitmenschlichkeit (Dtn 10,17-19 + 15,7-11)

### Barmherzigkeit

*Katholisches Filmwerk, Deutschland 2016, 76 Min, farbig, 7 Kurzfilme, ab 8 Jahren*
Filmsampler, darin der Titel „Bis gleich" von Benjamin Wolff (2015, 21 Min.): Eine anrühren-de Geschichte über Freundschaft, Nähe und Distanz. Eine Seniorin und ein Senior beobachten sich täglich, wie sie aus Langeweile aus ihren gegenüberliegenden Wohnungen auf die Straße schauen. Als der Mann wegen eines Schlaganfalls im Bett liegen muss, fasst sich die alte Frau ein Herz und ermöglicht ihm mit Spiegeln, aus dem Fenster zu schauen.

### Anregungen und Fragen zur Diskussion

* Was zeichnet die täglichen Begegnungen der beiden Figuren aus?
* Erörtern Sie in der Gruppe, wer für mich wann und wie in meinem Leben gesorgt hat (Kindheit, Jugend, Erwachsenenalter etc.)
* Im Raum verteilt hängen drei Plakate, auf dem je eines der folgenden Stichworte steht: „Für mich sorgen" – „Für andere sorgen" – „Dafür sorgen, dass ich bei Bedarf versorgt wer-den". Die Teilnehmer stellen sich zu dem Plakat, auf dem steht, was sie am besten können. Die Teilnehmer nehmen die Verteilung wahr und diskutieren in den Gruppen, die sich am Plakat eingefunden haben, folgende Impulse: Wie / Worin zeigt sich diese Fähigkeit?

### How long, not long

*Michelle Kranot / Uri Kranot, Dänemark 2016, 6 Min, farbig, Animationsfilm*
Siehe oben.

## 7. Wähle das Leben (Dtn 30,11-19)

### Der Sinn des Lebens – Armadingen

*Philipp Käßbohrer / Anne Isensee / Sebastian Freisleder, Deutschland 2018, 1 Kurzspielfilm 26 Min., ab 14 Jahren*
siehe oben.

### Wie erhalten Sie die aufgeführten Medien?

Ob die aufgeführten Titel in der regional zuständigen Evangelischen oder Katholischen Me-dienzentrale entliehen werden können bzw. als Download verfügbar sind, muss jeweils bei der zuständigen Medienstelle erfragt werden. Zentrale Anlaufstelle ist das Medienportal der Evangelischen und Katholischen Medienzentralen im Internet. Hier erhalten Sie die Kontakt-daten der Medienstellen, weitergehende Informationen zum Film, Arbeitsmaterial, Vorschau-en und Bewertungen.
www.medienzentralen.de

# Literaturempfehlungen

**Egbert Ballhorn, Georg Steins, Regina Wildgruber, Uta Zwingenberger (Hrsg.), 73 Ouvertüren. Die Buchanfänge der Bibel und ihre Botschaft. Mit einem Vorwort von Arnold Stadler, Gütersloher Verlagshaus, 2018.**

Es gibt Handbücher und Übersichtswerke, von denen man weiß, dass sie hilfreich und informativ sind. Die benutzt man, wenn man etwas nachschlagen muss und legt sie wieder beiseite, wenn man gelesen hat, was man wissen wollte. Und es gibt Handbücher, in denen man sich festliest und beim Lesen noch ein Kapitel weiterliest, weil es spannend ist und man noch mehr erfahren möchte. Die „73 Ouvertüren" gehören zu der letztgenannten Sorte. Es ist ein Handbuch, ein Nachschlagebuch, ein Lesebuch zur Bibel. Die Zahl 73 meint die 73 Bücher der Bibel. Hier wird ökumenisch gezählt und die Bücher, die in den evangelischen Bibeln als Apokryphen bezeichnet werden, gehören dazu. Ökumenisch ist auch das ganze Werk. Unter der Herausgeberschaft von Egbert Ballhorn, Georg Steins, Regina Wildgruber und Uta Zwingenberger haben sich die „73 Ouvertüren" von 50 Autorinnen und Autoren – durchweg namhafte Exegetinnen und Exegeten – zu einem Gesamtklang zusammengefügt. Die 73 Ouvertüren sind verständliche Texte, die den neuesten bibelwissenschaftlichen Stand repräsentieren, in denen man die Leidenschaft für die Bibel spürt und die dazu locken, die Bibel einfach selbst zu lesen.

Jedes biblische Buch wird von seinen Anfangssatz bzw. vom Anfangsabschnitt – seiner Ouvertüre – her erschlossen. Dahinter steht der Gedanke, dass der Anfang eines Textes über dessen Verständnis entscheidet. In den ersten Sätzen scheint auf, was es zu entdecken gilt. Schlüsselworte klingen an. Blickrichtungen werden gezeigt. Die ersten Sätze sind wie Hinweisschilder, die – wenn man sie zu lesen versteht – nicht nur zeigen, wohin der Leseweg führen kann, sondern auch wie man sich auf dem Weg zurechtfindet. Die Ouvertüren helfen dabei, die Hinweisschilder zu erkennen und mit ihrer Hilfe das biblische Buch zu verstehen. Dabei stehen nicht der literarische Charakter im Vordergrund, sondern die theologischen Einsichten, die zur „Erschließung unserer Welt als Gottes Welt" (S. 235) führen. Die Ouvertüren sind insofern immer auch eine Einführung in das einzelne Buch. Die Besonderheit und die eigene Botschaft tritt hervor.

Prägnante Titel für jedes Buch zeigen, worum es jeweils geht. Man kann die Titel wie einen Spoiler für die einzelne Ouvertüre lesen oder aber auch als eine Lesehilfe, mit der man sich dem biblischen Buch in der eigenen Lektüre annähern und es zu verstehen suchen kann. So lautet z.B. der Titel für das Buch Numeri „Den wahren Geschmack des Wassers erkennt man in der Wüste". Unter dieser Überschrift wird ausgeführt, wie der Aufbruch, von dem der erste Satz in dem „unterschätzt" 4. Buch Mose (S. 57) spricht, die Leserinnen und Leser dazu herausfordert, sich mit dem durch die Wüste ziehenden Israel zu identifizieren und sich zu entscheiden, auf welcher Seite sie stehen wollen (S. 68). Der Titel „Knigge für Außenseiter" für den ersten Brief des Petrus zeigt, wie auch die Ouvertüren zum Neuen Testament den Kern des jeweiligen biblischen Buches in den Blick nehmen und zugleich die Leserschaft neugierig auf das eigene Lesen macht. Die in der Diaspora lebenden Adressaten des Briefes lesen, wie sie den „schmalen Pfad zwischen Abgrenzung und Anpassung zu wählen und Spielräume der Integration auszuloten" (S. 634) vermögen. Was als „Knigge" für die ersten Adressaten bezeichnet wird, erschließt sich dann für die Heutigen so, wie die Etikette beim Freiherrn von Knigge. Sie ist heute auch nicht in allem anwendbar, aber die Grundfigur der Höflichkeit ist das Bleibende.

Lust auf das eigene Bibellesen machen die Ouvertüren. Da werden die Makkabäerbücher mit „Game of Thrones" verglichen (S. 216), da wird Hesekiel als Meister des Grotesken und Surrealen bezeichnet (S. 344). Da ersteht Paulus, am Boden liegend, mit blutig geschlagenem Kopf vor den Augen der Leserschaft und spricht mit monotoner Stimme ausgerechnet die Worte vom Hohen Lied der Liebe (S. 524).

Die einzelnen Bücher stehen nicht nur für sich. Sie werden in den Gesamtzusammenhang der biblischen Überlieferung gestellt. Verbindungen und Verweise aufeinander in den Büchern werden gezeigt. Die Verknüpfungen machen das innerbiblische Gespräch sichtbar und zeigen, wie der zur Schrift gewordene Diskussionsprozess dazu einlädt, weiter zu lesen, das Gespräch fortzusetzen und letztlich den biblischen Impulsen von Neuem Raum zu gewähren (S. 85). Die Vernetzungen innerhalb der Bibel werden vor allem in den sieben Abschnitten herausgearbeitet, die den einzelnen Textgattungen gewidmet sind. Die sieben Abschnitte stellen die biblischen Bücher einer Gattung in den Gesamtzusammenhang der Bibel. Dabei werden die Besonderheiten und ihr Beitrag zum Ganzen der Bibel beleuchtet. Sie rücken in den Vordergrund, wie sich die Leseeinsichten verändern, wenn die Bibel als Tora, als Geschichte, als Weisheitsliteratur, als Prophetie, als Evangelium, als Brief und als Apokalypse gelesen wird. Damit begleiten die Autoren die Leserschaft zu einer Neuentdeckung der Bibel. Sie schicken die Leser auf den Weg, damit sie erleben, was Arnold Stadler in seinem Vorwort ankündigt: „Wenn er ein Buch zu Ende gelesen hat, ist es wie auf einem Nachhauseweg, und das glücklich gelesene Buch wird diesen Menschen von nun an in ein neues Leben begleiten" (S. 24).

*Katharina Wiefel-Jenner, Mai 2019*

**Huub Oosterhuis: Alles für Alle. Ein Glaubensbuch für das 21. Jahrhundert, Patmos, 2018, Ostfildern.**

Wie kann man für Menschen des 21. Jahrhunderts nachvollziehbar von Gott und vom Glauben reden? Huub Oosterhuis nähert sich dieser Herausforderung auf seine ganz eigene Art: in poetischer Sprache, den biblischen Erzählungen nachsinnend. Er entfaltet die Grundfragen des christlichen Glaubens konsequent innerweltlich und zugleich konsequent biblisch. Dabei ist der Aufbau seines Buches klassisch theologisch-trinitarisch angelegt: Gott, Jesus Christus, Leben aus dem Geist. Im dritten Abschnitt geht es auch um Formen der Spiritualität. Insgesamt sind seine Überlegungen sehr vom zentralen biblischen Thema der Gerechtigkeit bestimmt. Für Oosterhuis ist Gerechtigkeit die Wirkung und Erfahrung Gottes in dieser Welt. Sie wird im Herzen der Menschen von Gott hervorgerufen. Damit ist ein gerechtes Leben in einer gerechten Gesellschaft durch die Menschen ermöglicht. Gott *ist* nicht einfach, sondern er ist im Werden, im Geschehen. Gottes Mit-sein wird im Mit-sein anderer Menschen erfahren. Gott ist die Kraft, die im Menschen das Gute stärkt, die Schöpfungs- und Befreiungskraft, die Solidarität und Mitleid im Menschen weckt und stärkt.

Diesen Gott findet Oosterhuis in den biblischen Erzählungen. Diese Erzählungen von einer Liebeskraft sind das, was Gott in uns Gestalt werden lässt. Die Frage nach Gottes Existenz jenseits dieser Erzählungen und jenseits menschlicher Erfahrung ist für Oosterhuis unsinnig. Wenn es Gott *gibt*, dann ist Gott größer und jenseits unseres Erkennens. Aber fassbar wird Gottes Wirklichkeit in den Geschichten und Bildern der Bibel, die uns Gott *poetisch* begreifen lassen. Die Bibel spricht nach Oosterhuis von einem Gott, der nicht ohne Menschen die Welt rettet oder in ihr handelt, der nicht direkt in die Welt eingreift. Das Transzendente findet seinen Ausdruck in Immanentem. Mehr können wir laut Oosterhuis nicht sagen.

Diesen Aspekt des biblischen Gottesbildes beschreibt Ooosterhuis sehr plastisch. In seiner wunderschönen, poetischen Sprache findet Oosterhuis unverbrauchte und einfühlsame Worte, die ermutigen und anrühren. Er bringt die vertrauten biblischen Erzählungen neu zum Leuchten. Die biblische Botschaft wird begreifbar und praktisch: Eine sehr viel menschenwürdigere Gesellschaft ist machbar. „Du kannst es vollbringen" ist ein biblisches Mantra, so das zentrale Anliegen von Oosterhuis.

Oosterhuis' Worte sind wunderbar klar und nah am Denken und an der Sprache unserer Zeit. Die Einteilung in kurze Sinnabschnitte lädt zum Verweilen bei einem Gedanken ein. Mitunter brauchen die Worte auch Zeit zum Nachklingen. Sie suchen und finden eine Resonanz in der Seele der Lesenden.

Allerdings verzichtet Oosterhuis bewusst darauf, solche Aspekte des biblischen Gottesbildes darzustellen, die sehr wohl mit Gottes aktivem und unabhängigem Eingreifen in unsere Welt rechnen. Manchmal bezeichnet Oosterhuis diese Beschreibung Gottes als bildhaft und baut sie so in seine Darstellung ein. Wenn das nicht möglich ist, distanziert er sich von solchen Gedanken als unzulässig und verfälschend. Folgerichtig distanziert sich Oosterhuis auch von traditionellen Interpretationen biblischer Texte. Eine Interpretation des Kreuzes Jesu als Sühneopfer verwirft er ebenso wie die Vorstellung, Gott könne Sünden vergeben. Sünden vergeben können sich Menschen nur gegenseitig und Jesus habe konsequent für andere gelebt und sich selbst für andere in Liebe hingegeben. Durch Jesus glauben wir an Geben und Empfangen, an Zugehörigkeit und Solidarität. Ebenso folgerichtig distanziert sich Oosterhuis auch von der aktuell erlebbaren Kirche. Seine Vision, die sich für ihn aus den Visionen Mose und Jesu speist: eine Verwandlung der Welt durch eine Verwandlung der Menschen durch die sanfte Kraft von Gottes Ausstrahlung in die Welt.

Wer sich mit dieser Vision auf den Weg macht, erfährt Gottes Mit-sein. Für den ist beten eine Übung im Sich-sehnen. Ein Aufbruch etwas zu wollen, um aus der Trägheit und Gleichgültigkeit herauszufinden. Eine Übung im Warten und Tragen lernen. Beten ist ein innermenschlicher Vorgang sich auf das Gute auszurichten und daran zu wachsen.

Oosterhuis' Buch ist für Menschen des 21. Jahrhunderts anschlussfähig. Man spürt seine Leidenschaft für die biblische Erzählung. Man freut sich beim Lesen an der Virtuosität seiner Sprache und an seiner liebevollen Leidenschaft für die Menschen. Oosterhuis ist konsequent in der Beschränkung auf das Weltlich-Immanente, in dem sich Transzendentes und auf Zukunft Gerichtetes, also Göttliches manifestiert. Durch diese selbstgewählte Beschränkung übergeht er allerdings prominente Aspekte des biblischen Zeugnisses. Ob diese Aspekte wirklich für Menschen des 21. Jahrhunderts nicht mehr aussagekräftig und bedeutsam sind, muss der Lesende selbst beurteilen.

*Weitere Literaturempfehlungen zu folgenden Werken finden Sie auf DVD:*
- **Veronika Hoffmann:** *Zweifeln und glauben.* Camino, Stuttgart 2016, Verlag Katholisches Bibelwerk.
- **Martina Baur-Schäfer, Ulrike Verwold** (Hrsg.): *Himmlisch genießen. Gutes für Leib und Seele.* Deutsche Bibelgesellschaft, edition chrismon, Leipzig, Stuttgart 2018.
- **Maria Häusl** (Hrsg.): *Vom Garten Eden bis zu Salomos Weinstock. Pflanzen der Bibel.* Katholisches Bibelwerk Stuttgart, 2018.
- **Pat und David Alexander** (Hrsg.): *Das große Handbuch zur Bibel.* SCM Brockhaus, Witten, Katholisches Bibelwerk Stuttgart, 2018.
- **Kenneth Bailey:** *Jesus war kein Europäer. Die Kultur des Nahen Ostens und die Lebenswelt der Evangelien.* SCM Brockhaus, Witten 2018.

## Weitere Materialien

**Katharina Wiefel-Jenner**
**„Lebensregeln für den Weg und für zu Hause"**
Auslegungen zu sieben Abschnitten aus dem Deuteronomium
Gemeindeheft zur 79. Bibelwoche 2019/20
Hrsg. vom Gemeindedienst der Evangelischen Kirche in Mitteldeutschland in Zusammenarbeit mit der Arbeitsgemeinschaft Missionarische Dienste, Berlin
ca. 32 Seiten; € 0,55 (Staffelpreise)

**Auslieferung über:**
Gemeindedienst der EKM, Zinzendorfplatz 3, 99192 Neudietendorf, Fon: 036202 / 7717-90,
Fax: 036202 / 7717-98, E-Mail: gemeindedienst@ekmd.de, www.gemeindedienst-ekm.de

**P. Riede / M. Uhlig**
**„Neuland in Sicht"**
Arbeitshilfe mit DVD zur Bibelwoche zum Deuteronomium
Broschüre, 21 x 29,7 cm, 70 Seiten, € 9,00, Mengenrabatt
**Ab 01.09.2019 zu beziehen bei:**
**www.shop-ekiba.de**
Amt für Missionarische Dienste, Blumenstraße 1-7, 76133 Karlsruhe
Fax: 0721 / 9175-25311, E-Mail: amd@ekiba.de, www.ekiba.de/amd

**Bibel aktuell 152**
**5. Mose – Der Herr ist Gott**
Impulse für lebensbezogene Bibelarbeit
Hrsg. vom Amt für missionarische Dienste der Evangelischen Landeskirche in Württemberg
21 x 29,7 cm, 32 Seiten, farbig
Das Heft wird gegen Spende versandt. Überweisungsträger wird beigefügt
1. Moses Tod und Vermächtnis
2. Gesetz zur Freiheit
3. Wie ein Tattoo ...
4. Erwählt aus Liebe
5. Gottes Wort als Lebensmittel
6. Solidarität mit Armen und Fremden
7. Segen oder Fluch?

**Bestellungen bei:**
Missionarische Dienste / Evang. Bildungszentrum / Redaktion Bibel aktuell
Dagmar Loncaric, Markus Munzinger
Amt für Missionarische Dienste, Grüninger Str. 25, 70599 Stuttgart
Tel. 0711-45804-9402, Email: Dagmar.Loncaric@elk-wue.de, markus.munzinger@elk-wue.de
www.missionarische-dienste.de

# Arbeitshilfen zur Bibelwoche 2019/2020

**Dominik Markl / Kerstin Offermann**

**„Vergesst nicht…"**
Exegesen, Anregungen und Bibelarbeiten zum Deuteronomium
Ökumenische Bibelwoche 2019/2020

**Arbeitsbuch**
Texte zur Bibel 35
kartoniert, s/w-Abbildungen, 16,5 x 23,5 cm, ca. 160 Seiten, ISBN 978-3-7615-6551-3,
Best.-Nr. 156 319, WGS 1543, € 24,00 (D) / € 23,70 (A) / sFr 34,50

**Wolfgang Baur**
**„Vergesst nicht…"**
Zugänge zum Philipperbrief
Ökumenische Bibelwoche 2018/2019

**Teilnehmerheft**
geheftet, durchgehend farbig, 16,5 x 24 cm, ca. 48 Seiten, 978-3-7615-6550-6,
Best.-Nr. 156 318, WGS 1543, ca. € 2,30 (D) / € 2,40 (A) / sFr 3,50, Mengenpreise für Endkunden:
Ab 10 Ex. € 1,95 (D), ab 25 Ex. € 1,85 (D), ab 50 Ex. € 1,75 (D)

**Volker Lehnert**
**In seinen Wegen wandeln**
Der Gemeinde zur Bibelwoche - Sieben Bibelarbeiten zum Deuteronomium
Ökumenische Bibelwoche 2019/2020
geheftet, 14,8 x 21 cm, ca. 48 Seiten, ISBN 978-3-7615-6660-2, Best.-Nr. 156 321, WGS 1543, €3,50
(D) / € 3,60 (A) / sFr 5,50, Mengenpreise für Endkunden: ab 10 Ex. € 3,30 (D), ab 25 Ex. €3,10 (D),
ab 50 Ex. € 2,90 (D)

**Plakat zur Bibelwoche**
DIN A3, mit Platz für individuellen Eindruck
ISBN 978-3-7615-6661-9, Best.-Nr. 156 320, WGS 1543, € 3,99 (D) / € 4,20 (A) / sFr 5,90

**Flyer**
Bibelwoche 2019/2020
Best.-Nr. 9371, DIN lang, gratis

**Zu beziehen bei:**
Neukirchener Verlagsgesellschaft mbH, Postfach 10 12 65, 47497 Neukirchen-Vluyn
Fon: 02845 / 392-218, Fax: 02845 / 33689
E-Mail: info@nvg-medien.de, Internet: www.nvg-medien.de

# Inhalt der DVD

**1. Texte zur Bibel und Teilnehmerheft**

**2.Bibelübersetzungen**

Bibel in gerechter Sprache, Gute Nachricht Bibel (durchgesehen 2018), Lutherbibel (revidiert 2017)

**3. Übersicht über die Abende der Bibelwoche**

**4. Materialien und Ergänzungen zu den Abenden**
1. Dtn 31,1-13; 34,1-12: Google-Luftaufnahme vom Nebo
2. Dtn 5,1-22: Vergleich der Dekalogfassungen, Postkarte 10 Gebote, Parallelstellen Bibel und Koran, Gedicht Yakov Azriel
3. Dtn 6,4-9; 6,20-25: Wie man Jugendliche zum Fragen motiviert, Bible Art Journaling
4. Dtn 7,1.10; 28,45-57: Jahresbericht Diakonie, Reminiszere-Heft der EKD, Landnahme-Dokument
5. Dtn 8: Bilder zum Thema „Weg", Kontextueller Bibeldialog
6. Dtn 10,17; 15,1-15: Essays „Argumentieren und Streiten wie Jesus", „Umgang mit Rechtspopulismus" von Katharina Wiefel-Jenner, Impulse zum „Kontextuellen Bibellesen"
7. Dtn 30: Wahl-O-Mat, Das Herz im Deuteronomium, Bible Art Journaling, Kontextueller Bibeldialog Bibel & Alltag
Hinweis zum Bildmaterial des British Museum
Fotos vom Berg Nebo
Lied zur Bibelwoche

**5. Bilder zur Bibelwoche von Josef Ebnöther**

**6. Cartoons von Johann Mayr**

**7. Meine Woche zur Bibel (Kerstin Offermann)**

**8. Bible Art Journaling**

**9. praise&pray**

**10. Öffentlichkeitsarbeit**
Grafik-Elemente (Plakat zur Bibelwoche, Buchcover) Einladungstext zur Bibelwoche: Gemeindebriefartikel

**11. Ökumenischer Bibelsonntag (Arbeitsgruppe der ACK)**

**12. Literatur- und Medienempfehlungen**
Wissenschaftliche Artikel von Prof. Markl

**13. Autorenverzeichnis**

# Autorenverzeichnis

### Dominik Markl

ist Jesuit und Professor für Hebräische Bibel am Päpstlichen Bibel-institut in Rom. Er ist Mitherausgeber von Bibel: Jugendbibel der Katholischen Kirche mit einem Vorwort von Papst Franziskus (Augs-burg 2015) und Herausgeber von Elijah und seine Raben: Wie Georg Sporschill die Bibel für das Leben liest (Wien 2016).

### Kerstin Offermann

ist leidenschaftliche Pfarrerin, verheiratet, zwei Kindern, lebt in Greifenstein in Hessen. Sie ist begeistert davon, dass durch die Bi-beltexte immer wieder überraschend Gott redet, und begeistert dafür, mit andern zusammen diese Entdeckung zu machen.

### Wolfgang Baur

ist Stellvertretender Direktor des Katholischen Bibelwerks e. V. und verheiratet mit einer evangelischen Theologin. Das ökumenische Paar hat drei erwachsene Kinder. Seit dem gemeinsamen Studium in Jerusalem sind zwei Überzeugungen immer präsent: Die Bibel ist Grundlage allen Glaubens und Lebens als Christen, und wir verste-hen diese Urkunde des Glaubens am besten, wenn wir sie aus ganz unterschiedlichen Perspektiven (ökumenisch und auch interre-ligiös) gemeinsam entdecken. Dafür bietet die Bibelwoche eine großartige Chance.

### Johannes Beer

lebt und arbeitet als Pfarrer in Herford. Er ist verheiratet und hat zwei Kinder. Kunst und Bibel gehören unbedingt zu seinem Leben. Mit Begeisterung arbeitet er in diesem Spannungsfeld.

### Bernd Densky

ist Teil der ACK-Arbeitsgruppe* für den Ökumenischen Bibelsonntag. Er ist verheiratet, hat vier erwachsene Kinder und war nach seinem Magisterstudium an der evangelischen Fakultät der Philipps-Universität in Marburg seit 1984 Gemeindepastor von mehreren Gemeinden des Bundes Evangelisch-Freikirchlicher Gemeinden. In all den Jahren war er auch Delegierter seiner Kirche in den regionalen ACKs und in der Bundes-ACK.

### Katharina Falkenhagen

Pfarrerin in Frankfurt (Oder), geb. 1966, verheiratet, 7 Kinder.
Die Bibelwoche inspiriert mich zum persönlichen Bibelstudium im turbulenten Alltag von Familie und Pfarramt. Die intesive Beschäftigung mit einem biblischen Buch gibt der Gemeinde und mir die Chance, die jeweiligen Texte genau anzuschauen und in den persönlichen Alltag hinein sprechen zu lassen. Die Bibelwoche leistet für mich einen wichtigen Beitrag zur modernen „Inneren Mission".

### Sven Körber

ist als Religionspädagoge im Amt für missionarische Dienste der Ev. Kirche von Westfalen für die Werkstatt Bibel in Dortmund zuständig. Es fasziniert ihn, immer wieder neu zu entdecken, wie die Botschaft der Bibel im Alltag erfrischend aktuell bleibt: „Gott ist mit uns."

### Roland Kohm

Roland Kohm arbeitet als Medienpädagoge im Evangelischen Medienhaus in Stuttgart und widmet sich seit über 20 Jahren der kirchlichen Filmbildung. Er erlebt auf Kursen und Veranstaltungen immer wieder, wie Kurzfilme zu intensiven Gesprächen über den Glauben anregen.

**Dörte Melzer**

ist Diplom-Bibliothekarin, leitet die Büchereifachstelle der Evangelischen Kirche von Westfalen und lebt in Bielefeld. Sie freut sich, wenn sie außerhalb der Bibel literarische Texte findet, die die biblische Botschaft mit neuen Worten und in anderem Kontext erzählen oder durch sprachliche Verfremdung aufmerken lasse und zum Nachdenken anregen.

**Rita Müller-Fieberg**

verheiratet, zwei Kinder, kommt aus Bergisch Gladbach (NRW). Ob in der Lehrerfortbildung, mit Studierenden, mit „kleinen" oder „großen" Menschen: Bleibend spannend findet sie, dass wir beim Hören auf die Bibel eigentlich alle immer wieder gemeinsam Lernende und Beschenkte sind.

**Claudia Elisabeth Pfeiffer**

ist Referentin für Bibelprojekte bei der Deutschen Bibelgesellschaft und lebt mit ihrem Mann in Gärtringen in der Nähe von Stuttgart. Schon im Pfarrdienst war es der gebürtigen Thüringerin ein Anliegen biblische Texte relevant in das Leben der Menschen zu sprechen. Für sie ist die Bibel wie ein vergrabener Schatz – je tiefer man gräbt, umso wertvoller werden die Erkenntnisse.

**Kerstin-Dominika Urban**

arbeitet im Amt für Gemeindedienst in Nürnberg als Referentin im Bereich Öffentlichkeitsarbeit und Kirchentag. Ihr liegt die Verknüpfung von biblischen Texten und Alltagserfahrungen am Herzen.

**Katharina Wiefel-Jenner**

ist Pfarrerin und lebt in Berlin. Mit Leidenschaftlich unterrichtet sie vor allem die Menschen, die selbst mit Leidenschaft in ihren Gemeinden predigen, mit anderen Gottesdienste feiern und selbst unterrichten. Bibellesen gehört für sie zur Basis des Lebens und Arbeitens in der Gemeinde. Deswegen müssen alle bei ihr damit rechnen, dass sie durch sie regelmäßig an den großen Schatz der Bibel erinnert werden und auch an die Bedeutung der biblischen Überlieferung für alles im Leben.

**Stephan Zeipelt**

lebt mit seiner Frau und seinen beiden Kindern in der Fußballhauptstadt Dortmund. Er ist Pfarrer der schönsten Pfarrstelle der westfälischen Landeskirche: in der Werkstatt Bibel des Amtes für missionarische Dienste darf er mit allen Altersgruppen die Bibel und ihre Inhalte vorstellen und Menschen zeigen, wie aktuell Gott in seinem Wort heute zu jedem redet.